AtV

Ob Eiertrudeln in der Lausitz, Osterlämmer, die nur mit einer großen Portion des dazugehörigen Osterwassers hinuntergespült werden können, oder auch nur das obligate Eierbemalen mit anschließendem Suchen derselben, Ostern – das Fest des Frühlings, der Liebe, des Aufatmens nach langen, kalten Wintermonaten – ist reich an Bräuchen, skurrilen und schönen. Sie sind von jeher Gegenstand literarischer Betrachtung gewesen, deren schönste in diesem Band zusammengefaßt sind: Siegfried Lenz' Ostertisch, der nur gedeckt werden kann, indem man sich Fisch, Schinken und Schnaps zusammenklaut, um dann – nach einer saftigen Prügelei – mit den Bestohlenen gemeinsam das Ostermahl zu halten, Anton Tschechows unbedeutender Mensch, der das Fest damit begeht, über die Gratulation an seinen Vorgesetzten zu grübeln, damit dieser ihm auch ja das höhere Pöstchen gibt, Wolfdietrich Schnurres imaginäres Riesenosterei oder das erotische Osterfeuer, durch das der dreizehnjährige Jonas in der ersten Nacht mit seiner Kindheitsliebe Britta in einer Geschichte von Hans-Henner Hess geht.

Frohe Ostern!

Geschichten zum Eiersuchen

Herausgegeben
von Margit Bräuer

Aufbau Taschenbuch Verlag

ISBN 3-7466-1946-7

1. Auflage 2003

Umschlaggestaltung Torsten Lemme
unter Verwendung einer Illustration
von Cartoon Peter Gaymann © Cartoon concept, Hannover
Druck Nørhaven Paperback A/S, Viborg
Printed in Denmark

www.aufbau-taschenbuch.de

Inhalt

Siegfried Lenz
Der Ostertisch 9

Anatole France
Der Christus aus dem Ozean 16

Vladimir Nabokov
Osterregen 21

William Faulkner
Schall und Wahn 30

Hermann Hesse
Die Verlobung 43

Alexander Kuprin
Wie eine Familie 64

Wolfdietrich Schnurre
Wovon man lebt 73

Guy de Maupassant
Im Frühling 82

Selma Lagerlöf
Das Rotkehlchen 90

Gustavo Adolfo Bécquer
Das Miserere 97

Jitzchak Leib Perez
Der Zauberkünstler 110

Wladimir Korolenko
Die Nacht vor dem Auferstehungsfest 116

Antonio Carbonaro
Ostern 124

Ana Maria Matute
Das Osterlämmchen 132

Hans-Henner Hess
Osterglühen 134

Anton Tschechow
Ein unbedeutender Mensch 150

Marie Luise Kaschnitz
Der Deserteur 155

Selim Özdogan
Opferfest 164

Leonid Andrejew
Bargamot und Garaska 175

Oscar Wilde
Der eigensüchtige Riese 187

Scholem Alejchem
Pessach im Dorfe 193

Tanja Dückers
Osterfeuer 206

Lew Tolstoi
Auferstehung 218

Erich Kästner
Die Entlarvung des Osterhasen 241

Quellenverzeichnis 247

Siegfried Lenz

Der Ostertisch

Alec Puch, ein schöner, gesunder Vater, hatte seine Brut auf einem Schleppkahn untergebracht, den ihm sein Onkel, ein riesiger Mensch namens Manoah, vererbt hatte. Die Brut: damit sind gemeint die drei zarten Söhne des Alec Puch, welche, wie er sich auszudrücken beliebte, redlich erworben waren. Ob redlich oder nicht – die drei zarten Menschen, Wunder an Anmut und Abrichtung, stammten alle von verschiedenen Müttern, ein Umstand, den man nur dadurch erklären kann, daß Alec Puch einst Gehilfe war bei einem wandernden Scherenschleifer. Und da er, aus verschiedenen Gründen, Kinder liebte, hatte er sie zu sich geholt. Allerdings, bitte sehr, ehrte er das Andenken der Mütter, indem er seine Söhne nach den Ortschaften rief, in denen sie die masurische Welt erblickt hatten. Diese Ortschaften hießen: Sybba, Schissomir und Quaken.

Seit geraumer Zeit also, wie gesagt, lebten die drei Knaben mit Alec Puch, ihrem schönen, gesunden Vater, auf dem Schleppkahn. Dieser Kahn sah aus – na, wie wird er ausgesehen haben: wie ein schwarzer Holzschuh voll Flöhe, so sah er aus. Hier wimmelte es, da bewegte sich was, hier roch es, da gab es piepsenden Laut: überall Interessantes, überall Neuigkeit und Abenteuer. Man aß angenehm, man badete gelegentlich, man schlief unter dem milden Glucksen der Flußwellen bis in den späten Vormittag – das Paradies war niemals näher.

Eines Tages, gleich wird gesagt, wann, erhob sich, während noch Nebel auf der Wiese lagen, ein nie gehörtes Gebrüll auf dem Vorschiff. Der da brüllte: es war Alec Puch höchstpersönlich. Er brüllte, fast wie im Schmerz, die Namen der zarten Knaben, und da sein Gebrüll den Trompeten von Jericho in nichts nachstand, flog die Brut aus den ererbten Hängematten und rannte augenreibend an Deck. Die Söhne stellten sich, in der Reihe der Ortschaften, die ihr Vater durchlaufen hatte, auf dem Achterschiff auf, fröstelten leicht und warteten auf den, der ihnen den Schlaf gestohlen hatte. Und plötzlich erschien er, ein schönes, gesundes Gesicht, rosige Backen, schwarze Haare, ein annehmbares Herrchen sozusagen, wenngleich dieses Herrchen etwas zur Schau trug, das die Söhne tief erschreckte. Alec Puch nämlich trug eine so ungeheure Leidensmiene zur Schau, als hätte man ihm gleich sämtliche Zehen abgeklemmt. Na, er stellte sich hin vor die fröstelnden Knaben, ein Blick voll düsterer Liebe lief die Reihe entlang, und plötzlich, was geschah dann? Alec Puch weinte. Weinte einmal kurz, aber ausgiebig, sah dann die Söhne mit versonnener Zärtlichkeit an und sprach folgendermaßen: »Der Tag«, sprach er, »meine Söhne, ist nahe. Wehe, wenn ihr noch nichts habt gehört vom Lamm: Ostern. Wer von euch noch nichts gehört hat vom Lamm, ich werd ihn prügeln, bis er weiß das und sogar noch mehr. Aber das Lamm, ihr Lachudders: klein, ganz ganz klein, und sauber. Und ausgeschlafen. Und gaaanz weiß. Ehrenwort. Und sagt nichts, das kleine, weiße, liebliche Lamm. Eine Schneeflocke, verstanden! Das ist das Lamm. Ostern: Wehe, wer nicht kennt das Lamm. Kleines, gewaschenes, fröhliches Lamm. Anders als ihr.«

Alec Puch, der rosige Vater, konnte nicht weitersprechen, denn wie man schon gespürt haben wird, erstickten Tränen die weitere Rede, und er trat, in haltloser Rührung, an die Reling, weinte hingebungsvoll und ließ die zarten Knaben frieren.

Doch unvermutet – die Knaben waren nicht darauf gefaßt und aßen, was sie in ihren Taschen gefunden hatten – schoß er herum, lachte, ging mit ausgebreiteten Armen auf seine Lachudders zu, küßte sie intensiv, und nachdem er sich etwas Eßbares von ihnen geliehen hatte, sprach er so:

»Wir haben, Cholera, lange genug ohne gesellschaftlichen Verkehr gelebt. Das ist, was soll ich viel sagen, nicht gut. Und darum werden wir, Söhne, morgen das geben, was man einen Ostertisch zu nennen pflegt. Vielleicht gleich vor dem Schiffchen. So ein Ostertisch: wer ihn mitgemacht hat einmal – vergessen kann er ihn nie. Man braucht Fische dazu und Schinken, und, wie sich's gehört, einige Fläschchen zum Trinken. Nur, wenn ich bitten darf, nicht zu knapp.«

»Den Tisch«, sagte die Ortschaft Quaken, »den Tisch, bitte sehr, haben wir schon.«

»Und wir haben«, fügte die Ortschaft Sybba hinzu, »auch die Bänke. Hier liegen, dreht euch nur um, Bretter genug.«

»Damit«, sprach Alec Puch, »kommen wir zu dem Unwichtigen: worunter ihr zu verstehen habt Fische, Schinken, und, wenn ich bitten darf, nicht zu knapp zu trinken.«

»Es wird«, sagte die Ortschaft Schissomir, schon im Stimmbruch, »alles beschafft werden zur Freude. Unser Ostertisch wird fröhlich sein und lieblich wie das Lamm. – Habe ich richtig gesprochen?«

»Richtig«, sagten die Brüder und nickten.

Sodann küßte Alec Puch seine Söhne, und sie begaben sich, getrennt voneinander, in das Dorf hinüber, wo, wie gemeinhin vor Ostern, einer der bewegten und erstaunlichen masurischen Märkte stattfand. Und hier, worauf man vielleicht gespannt sein mag, geschah folgendes zum Nutzen des beschlossenen Ostertisches: Alec Puch, ein, wie gesagt, rosiges, annehmbares Herrchen, spazierte ein wenig auf und ab, trat, leidlich interessiert, an einen Fischstand heran, rümpfte die Nase, beklopfte die Fische – na, spielte so nach Herzenslust den hochmütigen Käufer. Die Fischfrau, eilfertig, ziemlich bedripst obendrein, plierte dazu, sagte auch gelegentlich was, aber das Herrchen ließ sich nicht beschabbern. Und während das Herrchen, äußerst kritisch, die Fische drückte, beklopfte, beroch, in manche sogar hineinhorchte, wer kam da an? Gut, sagen wir mal, es war die Ortschaft Quaken, die da ankam. Tat natürlich so, als ob das Herrchen nie dagewesen wäre, einfach unbekannt war man sich. Und während so die Fischfrau das unentschlossene Herrchen anplierte, griff Quaken, gewissermaßen die Entschlossenheit höchstpersönlich, ohne zu riechen und zu klopfen, in den Kasten, schnappte sich die beiden Jonasse – womit gemeint sind die größten – und verschwand. Rannte natürlich den Markt entlang, schrie in einem fort »Platz da«, »Zur Seite«, »Aufgepaßt«, – und da er unter wilden Schreien die schleimigen Schwänze der Jonasse mal hierhin wirbelte, mal dahin, wagte keiner, in seiner Nähe zu bleiben, man stob quasi auseinander.

Stob, ja, derweil das annehmbare Herrchen, immer noch bei der Fischfrau, sich bemüßigt fühlte, so zu sprechen: »Mir scheint, Madamchen«, sprach er, »als schulde Ihnen der letzte Käufer noch Geld. Ich werde jetzt, Ehrenwort, dem Burschen nachsetzen, kann sein, daß ich ihn gleich erwische, kann sein auch ein bißchen später. In jedem Fall, Madamchen, nur Mut, werde ich ihn einholen. Ich finde ihn wieder.« Die Fischfrau sagte darauf: »Schnell, Herrchen, schnell. Er hat die größten.« – »Das ist«, sagte Alec Puch, »um so besser«, und er wandte sich um und verfolgte die diebische Ortschaft Quaken.

So traf man sich also am Schleppkahn, verwahrte die Fische, träumte einen spärlichen Augenblick lang vom bevorstehenden Ostertisch – man sah ihn schon köstlich gebogen – und zog wieder los. Wieder: das war notwendig zur Erfüllung des zweiten Wunsches, wonach auf einem Ostertisch prangen, oder sollen wir sagen: blühen muß ein hinreichend kolossaler Schinken, frisch angeschnitten nach Möglichkeit.

Die – wenn es erlaubt ist zu sagen – Blume allen Fleisches war lange entdeckt, blühte gleichsam schwitzend in einem Rauchfang, nur ein bißchen hoch ohne Leiter, und war Eigentum eines finsteren Menschen namens Bondzio. Dieser Bondzio, je nun, er war höflich, hatte ein Einsehen, dieser finstere Einzelgänger, und verließ sein Haus, als der

Schinken vonnöten war, um das Kunstwerk des Ostertisches zu vollenden.

Auf den Plan trat diesmal die Ortschaft Sybba, ein Jüngelchen von anmutiger Magerkeit, oder, wenn man will: ein Bindfaden mit Beinen. Die Leiter war zur Hand, sie stand schon an Bondzios Haus, und hoch auf dem Sims, in gnädiger Dunkelheit, turnte der Bindfaden herum, ging platt durch den Rauchfang wie unsereins durch die Tür, lupfte die Schinkenblume vom Haken, pflückte sie auf seine Art und schleppte sie keuchend nach oben. Doch kaum war er oben, wer kam heranspaziert? Das Unglück selbst, noch dazu uniformiert. Das Unglück hieß Schneppat, lachte blöd und wichtig und war von Beruf Gendarm. Na, steckte seine gebrochene Nase auch prompt in diese Angelegenheit und begann ungefähr so: »Was geht hier, Alec Puch, vor sich?« Alec Puch – wer wird es ihm nicht nachfühlen? – zitterte; zitterte so lange, bis er sich ausgezittert hatte, und dann sprach er folgendermaßen: »Es ist, hol's der Teufel, doch Ostern. Das Lamm, sauber, lieblich, kleine, gaaanz kleine Schneeflocke. Und weiß! Wir wollten, ach Gottchen, von wegen Ostern dem Bondzio einen Schinken bringen. Er hat abgeschlossen, du meine Güte, und nun, um uns zu helfen, wollten wir ihm eine Freude machen und den Schinken hineinwerfen in das Haus. Gerade durch den Kamin.«

»Das ist«, sagte Schneppat nach langer Gedankenarbeit, »verboten. Es könnte, Alec Puch, leicht sein, daß unter dem Kamin Zerbrechliches steht, Eier vielleicht oder so. Ihr solltet den Schinken, aber wirklich, wieder runterbringen und es einmal, sagen wir, später versuchen.«

»Wir waren, Max Schneppat, noch nie aufsässig«, sagte Alec. »Das Gesetz geht uns, nun, es geht uns, wollen wir einmal sagen: es geht uns einfach über alles.«

Und damit flötete er dem Bindfaden auf dem Dachfirst, fing den Schinken auf, den Bindfaden hinterher; man wünschte sich friedlichen Ostertisch und empfahl sich.

Somit fehlten, wie man errechnet hat, auf dem Ostertisch nur noch ein paar Fläschchen, die zu besorgen die Ortschaft Schissomir ausersehen war – aus folgendem Grund: Dieses melancholische, stimmbrüchige Bürschchen hatte eine höchst seltene Begabung, die nämlich, zu jeder Zeit, wo immer es stand, ohnmächtig zu werden. Verkniff sich einfach nur ein Weilchen die Luft, lief grün an, das Bürschchen, zauberte sich eine tragische Blässe ins Gesicht und kippte mit verdrehten Augen um. So.

Und diesmal erlaubte es sich umzukippen vor der Kneipe eines Menschen Ludwig Karnickel, was zur Folge hatte, daß sich alsbald ein Menschenauflauf bildete. Ludwig Karnickel hüpfte aus seinem Kneipchen heraus, machte Männchen sozusagen, um das Unglück auch mitzubekommen, und stellte auf solche Art, und nicht zu knapp, die Fläschchen für den Ostertisch. Denn während er das Unglück begutachtete, begutachtete der schöne Alec nebst zwei Söhnen seine Regale: wonach der Ostertisch komplett war.

So saß man, mit friedlichen Aussichten, an Bord des Schleppkahns und dachte an das liebliche Lamm, als Alec Puch ein Gebrüll vernehmen ließ, wie es zu Anfang beschrieben wurde. Die Brut flog aufs Achterschiff, bildete eine zitternde Reihe, während Alec, den schönen Kopf gesenkt, herausstürzte und rief:

»Es ist«, rief er, »alles Dreck. Der ganze Ostertisch, sag' ich euch, Schmutz. Denn wir haben vergessen das Wichtigste. Und was wird, bitte schön, das Wichtigste sein? Die Gäste natürlich! Wir haben vergessen die Gäste. Wo wollt ihr, könnt ihr das sagen, zu dieser Stunde Gäste besorgen? Stehlen?« – »Es ist«, sagte die Ortschaft Quaken, »nie zu spät für alles, was sein soll. – Hab' ich richtig gesprochen?«

»Richtig«, bestätigten seine Brüder und nickten.

Dann verließ man in eiligem Schwarm das Schiffchen, schwärmte hierhin und dorthin – Fragen, Bedauern, Kopfschütteln, mit einem Wort: es war ein Kreuz mit den Gästen, denn wie zu erwarten stand, hatten sich schon fast alle verpflichtet. Nur drei – niemand wird sich unterstehen, dies Osterwunder anzuzweifeln –, drei Gäste, mithin, waren noch frei. Es handelte sich: um die Fischfrau, um den finsteren Menschen Bondzio und den bereits bekannten Ludwig Karnickel. Man bat sie – sie kamen.

Kamen schon am frühen Morgen zum Flüßchen herab, wo der Schleppkahn vertäut lag, inspizierten die Umgebung, man wechselte Höflichkeiten, und schließlich wurde der Ostertisch gedeckt. Und dann wurde gegessen und getrunken bis in den späten Abend, man plauderte angenehm über das liebliche Lamm, vertrieb sich die Zeit mit Komplimenten und versicherte sich gegenseitiger Sympathie.

Bis – ja, bis der Schinken einmal so lag, daß Bondzio die Kerbe erkennen konnte, die er hineingeschnitten hatte. Da begann der Spektakel, an dem sich, wie es bei solchen Geschichten üblich ist, bald auch die Fischfrau beteiligte, die ihre glotzäugigen Jonasse wiedererkannt hatte, und natürlich auch Ludwig Karnickel. Man rannte über die Wiesen, verfolgte einander, schwang Knüppel und drohte, bis unversehens Alec Puch einen Schrei ausstieß, einen Schrei, welcher folgendes wiedergab: »Das Lamm!«

Und wirklich, was kam da am Flüßchen entlangspaziert? Ein Lamm, klein und weiß wie eine Schneeflocke. Die Gesellschaft stürzte hinzu, vergessen waren Streit und Drohung, man rupfte zarteste Blättchen für das Tier, streichelte es, na, man brachte sich fast um.

»Es ist«, sagte der schöne Alec, »das reine Wunder. Ehrenwort.«

Die Gäste sahen sich gezwungen, ihm beizupflichten, man schüttelte sich die Hände, umarmte einander, die Luft war erfüllt von Flötenton und Jubelklang, und als man auseinanderging, sprach der finstere Mensch Bondzio: »Es war«, sprach er, »Gevatterchen, insgesamt ein ansprechender Ostertisch. Vor allem, unter uns gesagt, weil jeder auf seinen persönlichen Geschmack angesprochen wurde. Das ist, wie man zugeben wird, nicht leicht.«

Anatole France

Der Christus aus dem Ozean

In jenem Jahre ertranken mehrere von den Männern, die aus Saint-Valéry zum Fischfang ausgefahren waren, im Meer. Man fand ihre von der Flut angespülten Leichname zusammen mit den Trümmern ihrer Boote am Strand, und neun Tage lang sah man auf der unebenen Straße, die zur Kirche führt, mit den Händen getragene Särge, hinter denen weinend unter ihrem großen Umhang die Witwen gingen wie Frauen aus der Bibel.

So wurden auch der Schiffer Jean Lenoël und sein Sohn Désiré im großen Kirchenschiff aufgebahrt unter dem Gewölbe, an dem sie kurz zuvor als fromme Gabe für die Heilige Jungfrau einen Segler mit voller Takelage aufgehängt hatten. Sie waren gerechte und gottesfürchtige Männer gewesen. Und Herr Guillaume Truphème, der Pfarrer von Saint-Valéry, sagte nach der Absolution mit tränenerstickter Stimme:

»Niemals haben wir, damit sie dort das Gericht Gottes erwarten, so wackere Männer und gute Christen in die geweihte Erde gesenkt wie Jean Lenoël und seinen Sohn Désiré.«

Und während die Boote mit ihren Schiffern an der Küste verlorengingen, versanken große Fahrzeuge auf der offenen See, und es verging kein Tag, an dem der Ozean nicht ein Wrackstück an Land warf. Eines Tages nun entdeckten Kinder, die mit einem Segelboot unterwegs waren, eine Gestalt, die auf dem Meer lag. Es war ein Christus in Menschengröße, aus hartem Holz geschnitzt und in natürlichen Farben bemalt; es schien sich um eine alte Arbeit zu handeln. Der Herrgott schwamm mit ausgebreiteten Armen auf dem Wasser. Die Kinder zogen ihn an Bord und brachten ihn heim nach Saint-Valéry. Um seine Stirn lag die Dornenkrone, und seine Füße und Hände waren durchbohrt. Aber die Nägel fehlten, ebenso das Kreuz. Mit seinen noch zum Aufopfern und Segnen geöffneten Armen stellte er sich so dar, wie ihn Joseph von Arimathia und die heiligen Frauen gesehen hatten, als sie ihn in das Leichentuch hüllten.

Die Kinder übergaben ihn dem Herrn Pfarrer Truphème, der zu ihnen sagte:

»Dieses Bildnis des Heilands ist eine Arbeit von früher, und der es geschaffen hat, ist gewiß schon lange tot. Die Händler aus Amiens und Paris verkaufen zwar für hundert und noch mehr Francs wunderbare Statuen, aber man muß zugeben, daß die Handwerker von früher auch ihre Vorzüge hatten. Doch vor allem freue ich mich deswegen darüber, weil ich meine, daß Christus so mit ausgebreiteten Armen nach Saint-Valéry gekommen ist, weil er die grausam geprüfte Gemeinde segnen und zugleich verkünden will, daß er Mitleid hat mit den armen Leuten, die unter Lebensgefahr auf Fischfang gehen. Er ist der Gott, der auf den Wassern gegangen ist und die Netze des Petrus gesegnet hat.«

Und nachdem der Herr Pfarrer Truphème die Christusfigur in der Kirche auf das Tuch des Hauptaltars hatte niederlegen lassen, ging er hin und bestellte beim Zimmermann Lemerre ein schönes Kreuz aus massivem Eichenholz.

Als es fertig war, hängte man den Herrgott daran mit neuen Nägeln und richtete ihn im Kirchenschiff über der Kirchenvorsteherbank auf.

Da sah man erst, daß seine Augen voller Barmherzigkeit waren und gleichsam feucht von himmlischem Erbarmen.

Einer der Kirchenvorsteher, der dem Anbringen des Kruzifixes beiwohnte, glaubte Tränen über das göttliche Antlitz rinnen zu sehen. Als am anderen Morgen der Herr Pfarrer mit dem Ministranten die Kirche betrat, um seine

Messe zu lesen, war er sehr überrascht, das Kreuz über der Vorsteherbank leer und die Christusfigur auf dem Altar liegend anzutreffen.

Sobald er das Meßopfer gefeiert hatte, ließ er den Zimmermann rufen und fragte ihn, warum er die Christusfigur von ihrem Kreuz abgenommen habe. Aber der Zimmermann antwortete, er habe sie nicht einmal berührt, und nachdem er den Kirchendiener und die Vorsteher befragt hatte, wußte Herr Truphème für gewiß, daß niemand die Kirche betreten hatte seit dem Augenblick, da der Herrgott auf seinen Platz über der Kirchenvorsteherbank gebracht worden war.

Da hatte er das Gefühl, diese Dinge hätten den Charakter eines Wunders, und er bedachte sie mit kluger Umsicht. Am folgenden Sonntag sprach er davon in der Predigt zu seinen Pfarrkindern und lud sie ein, durch ihre Gaben zur Aufrichtung eines neuen Kreuzes beizutragen, das schöner als das erste sein sollte und würdiger, den zu tragen, der die Welt erlöst hat.

Die armen Fischer von Saint-Valéry gaben so viel Geld, wie sie konnten, und die Witwen brachten ihren Ring. So konnte Herr Truphème sich bald darauf nach Abbeville begeben und ein herrlich schimmerndes Kreuz aus schwarzem Holz bestellen, über dem eine Tafel mit der Inschrift INRI in goldenen Lettern hing. Zwei Monate später befestigte man es an demselben Platz wie das erste und nagelte die Christusfigur darauf zwischen die Lanze und den Schwamm.

Aber Jesus verließ es ebenso wie das andere und legte sich noch in der Nacht auf den Altar.

Als der Herr Pfarrer ihn dort am Morgen fand, fiel er auf die Knie und betete lange. Das Gerücht von diesem Wunder verbreitete sich in der ganzen Gegend, und die Damen von Amiens veranstalteten Sammlungen für den Christus von Saint-Valéry. Aus Paris erhielt Herr Truphème Geld und Juwelen, und die Gattin des Marineministers, Frau

Hyde de Neuville, übersandte ihm ein Herz aus Diamanten. Unter Benutzung all dieser Kostbarkeiten schuf ein Goldschmied aus der Rue de Saint-Sulpice in zwei Jahren ein Kreuz aus Gold und Edelsteinen, das im Jahre 18.., am zweiten Sonntag nach Ostern, mit großem Prunk in der Kirche von Saint-Valéry geweiht wurde. Aber Er, der das Schmerzenskreuz nicht gescheut hatte, entfloh von diesem so kostbaren Kreuz und legte sich von neuem auf das weiße Leinen des Altars.

Aus Angst, ihn zu kränken, ließ man ihn diesmal dort liegen, und er ruhte dort seit über zwei Jahren, als Pierre, der Sohn von Pierre Caillou, zum Herrn Pfarrer Truphème kam und ihm berichtete, er habe auf dem Strand das richtige Kreuz unseres Herrgotts gefunden.

Pierre war ein harmloser Schwachsinniger, und weil er nicht genug Verstand besaß, um seinen Lebensunterhalt zu verdienen, gab man ihm sein Brot aus Barmherzigkeit; er war beliebt, weil er nie etwas Böses tat. Aber er hielt zusammenhanglose Reden, auf die niemand hörte.

Dennoch war Herr Truphème, der unablässig über das Mysterium des Christus aus dem Ozean nachdachte, betroffen von dem, was der arme Irre ihm gesagt hatte. Er begab sich mit dem Kirchendiener und zwei Vorstehern an die Stelle, wo das Kind nach seinen Worten ein Kreuz gesehen hatte, und er fand dort zwei mit Nägeln besetzte Bretter, die das Meer lange mit sich gewälzt hatte und die tatsächlich ein Kreuz bildeten.

Es waren Wrackstücke von einem lange zurückliegenden Schiffbruch. Auf dem einen Brett erkannte man noch zwei schwarz aufgemalte Buchstaben, ein J und ein L, und es konnte kein Zweifel daran bestehen, daß dies ein Überrest des Bootes von Jean Lenoël war, der fünf Jahre zuvor mit seinem Sohn Désiré im Meer umgekommen war.

Der Kirchendiener und die Vorsteher begannen bei diesem Anblick zu lachen über den Trottel, der die gebrochenen Planken eines Schiffes für das Kreuz Christi hielt. Aber der Herr Pfarrer Truphème gebot ihrem Spott Einhalt. Er hatte viel nachgedacht und viel gebetet, seit der Christus aus dem Ozean zu den Fischern gekommen war, und das Mysterium der unendlichen Barmherzigkeit begann ihm einzuleuchten. Er kniete auf dem Sand nieder und sprach das Gebet für die verstorbenen Gläubigen; dann befahl er dem Kirchendiener und den Vorstehern, dieses Wrackstück auf ihre Schultern zu nehmen und in der Kirche abzustellen. Als das geschehen war, hob er den Christus vom Altar, legte ihn auf die Bretter des Bootes und nagelte ihn eigenhändig mit den vom Meer zerfressenen Nägeln daran fest.

Auf seinen Befehl trat das Kreuz schon am nächsten Tage über der Vorsteherbank an die Stelle des Kreuzes aus Gold und Edelsteinen. Der Christus aus dem Ozean hat sich nie davon gelöst. Er hat auf dem Holz bleiben wollen, auf dem Menschen gestorben sind, indem sie seinen Namen und den Namen seiner Mutter angerufen haben. Und dort scheint er mit seinem halbgeöffneten, erhabenen und leidvollen Mund zu sprechen: »Mein Kreuz ist gemacht aus allen Leiden der Menschen; denn ich bin wahrhaftig der Gott der Armen und Unglücklichen.«

Vladimir Nabokov

Osterregen

An jenem Tag hatte die alte und alleinstehende Schweizerin – Josephina Lwowna war sie in der russischen Familie genannt worden, bei der sie einst zwölf Jahre verbrachte – ein halbes Dutzend Eier gekauft, einen schwarzen Pinsel und zwei Purpurknöpfchen Wasserfarbe. An jenem Tag blühten die Apfelbäume, die Reklame des Lichtspieltheaters an der Ecke spiegelte sich, Beine zuoberst, in einer blanken Pfütze, und morgens waren die Berge jenseits des Genfer Sees gänzlich von seidigem Flor verhangen gewesen, ähnlich dem halb durchsichtigen Papier, das Radierungen in teuren Büchern bedeckt. Der Flor versprach einen heiteren Tag, aber die Sonne glitt nur kurz über die Dächer der schrägen Steinhäuschen und die tropfnassen Drähte der Spielzeugstraßenbahn, dann löste sie sich erneut in Nebelschwaden auf, es wurde ein stiller Tag, frühlingshaft bewölkt, gegen Abend jedoch blies von den Bergen ein schwerer, eisiger Wind, und Josephina, die auf dem Heimweg war, bekam einen solchen Hustenanfall, daß sie unter der Haustür taumelte, blaurot anlief und sich auf ihren stramm gewickelten Schirm stützte, der schmal war wie ein schwarzer Spazierstock.

Im Zimmer war es schon dunkel. Als sie die Lampe anzündete, fiel Licht auf ihre Hände, hagere, von glänzender Haut überzogene Hände mit Alterssommersprossen und weißen Fleckchen auf den Fingernägeln. Josephina breitete ihre Einkäufe auf dem Tisch aus, warf Mantel und Hut aufs Bett, goß Wasser in ein Glas, und nachdem sie das schwarzumrandete Pincenez aufgesetzt hatte, das ihre dunkelgrauen Augen streng werden ließ unter den dichten, am

Nasensattel zusammengewachsenen Trauerbrauen, ging sie daran, die Eier anzumalen. Doch das Karminrot der Wasserfarbe wollte nicht haften, sie hätte wohl eine chemische Farbe kaufen sollen, hatte aber nicht zu fragen gewußt, hatte sich geniert, es zu erklären. Sie überlegte, ob sie nicht zu einem ihr bekannten Apotheker gehen sollte, zumal sie auch gleich Aspirin kaufen könnte. Ihr Körper war so schlapp, von der Hitze schmerzten die Augäpfel; nur still dasitzen, still nachdenken mochte sie. Heute war bei den Russen Karsamstag.

Seinerzeit hatten zerlumpte Gestalten auf dem Newski-Prospekt besondere Zangen verkauft. Mit diesen Zangen ließen sich die Eier so gut packen und aus der dunkelblauen oder orangegelben heißen Flüssigkeit herausnehmen. Es gab dazu aber auch Holzlöffel, sie pochten leicht und satt gegen die dicken Wände der Gläser, in denen würzig die Farbflüssigkeit dampfte. Die Eier trockneten dann in großen Haufen – die roten bei den roten, die grünen bei den grünen. Auch anders noch wurden sie gefärbt: Man wickelte sie fest in einen Lappen, in dem eine Art Abziehbild lag, dem Musterstück einer Tapete gleich. Und wenn der Lakai nach dem Kochen den riesigen Topf aus der Küche zurückbrachte, war es so vergnüglich, die Fäden loszuwickeln und die gesprenkelten, marmorierten Eier aus den feuchten, warmen Lappen herauszunehmen; sanfter Dunst stieg von ihnen auf, kindlicher Geruch.

Merkwürdig war für die alte Schweizerin die Erinnerung, daß sie zeit ihres Lebens in Rußland Heimweh gehabt und an die Freunde zu Hause melancholische, wunderschöne lange Briefe geschrieben hatte, wie überflüssig sie sich immer vorkomme, wie unverstanden. Allmorgendlich war sie nach dem Frühstück mit ihrem Zögling Hélène im breiten, offenen Landauer spazierengefahren, vor sich den dicken Kutscherhintern, der einem blauen Riesenkürbis glich, und daneben der gebeugte Rücken des greisen Lakaien – mit Goldknöpfen, Kokarden. Und an russischen

Wörtern kannte sie nichts weiter als »Kutscher«, »tische-tische«, »nitschewo« ...

Sobald der Krieg begann, hatte sie Petersburg mit vager Erleichterung verlassen. Sie stellte sich vor, nun würde sie sich immerfort am Geplauder abendlicher Freunde delektieren, an der Gemütlichkeit ihres Heimatstädtchens. Doch es kam gerade umgekehrt; ihr wahres Leben – das heißt, jener Teil des Lebens, wenn der Mensch sich am heftigsten und tiefsten Dingen und Menschen anschließt – hatte dort in Rußland stattgefunden, das sie unbewußt liebgewonnen und begriffen hatte und wo jetzt weiß der Himmel was los war ... Und morgen war das orthodoxe Osterfest.

Josephina Lwowna seufzte geräuschvoll, stand auf und machte das Vorsatzfenster besser zu. Sie sah auf die Uhr, eine schwarze Uhr an einem Nickelkettchen. Trotz allem, sie mußte etwas unternehmen mit diesen Eiern. Sie waren als Geschenk für die Platonows bestimmt, ein älteres russisches Ehepaar, das sich kürzlich in Lausanne niedergelassen hatte, in diesem ihr vertrauten und fremden Städtchen, wo man schwer Luft bekam und wo die Häuser wie zufällig in der Gegend standen, krumm und schief entlang der steilen, verwinkelten Sträßchen.

Sie hing ihren Gedanken nach, dem Dröhnen in den Ohren lauschend, dann schreckte sie auf, goß ein Fläschchen lila Tinte in eine Blechdose und senkte vorsichtig ein Ei hinein.

Leise öffnete sich die Tür. Wie eine Maus huschte die Nachbarin, Mlle. Finard, herein, auch eine ehemalige Gouvernante – klein, hager, das gänzlich silbergraue Haar kurzgeschnitten, um die Schultern ein schwarzes, wie von Schmelz überzogenes Tuch. Als Josephina ihre Mäuseschrittchen hörte, deckte sie unbeholfen eine Zeitung über die Dose und die Eier, die auf Fließpapier trockneten.

»Was wollen Sie? Ich mag es nicht, wenn man so bei mir eintritt ...«

Mlle. Finard schaute von der Seite auf Josephinas erregtes Gesicht, sagte nichts, war aber schrecklich gekränkt und verließ schweigend, mit demselben trippelnden Gang, das Zimmer.

Die Eier hatten jetzt eine giftig violette Farbe. Auf eines, das nicht gefärbt war, beschloß sie, die Anfangsbuchstaben des Ostergrußes* zu malen, wie das in Rußland immer gemacht wurde. Der erste Buchstabe, das X, gelang ihr gut, an den zweiten konnte sie sich jedoch beim besten Willen nicht recht erinnern, und statt eines B kam zuletzt ein ungeschicktes, schiefes Я zustande. Als die Tinte ganz trocken war, wickelte sie die Eier in weiches Toilettenpapier und legte sie in ihre Ledertasche.

Doch was für eine quälende Schlappheit ... Am liebsten hätte sie sich ins Bett gelegt, heißen Kaffee getrunken und die Beine ausgestreckt. Sie fröstelte, es stach ihr in den Augenlidern. Und als sie auf die Straße trat, drängte wieder das trockene Gekodder des Hustens die Kehle hoch. Draußen war es menschenleer, naßkalt und dunkel. Die Platonows wohnten ganz in der Nähe. Sie saßen am Teetisch, und der kahlköpfige, dünnbärtige Platonow, der ein Sergehemd mit schiefem Kragen trug, stopfte gelben Tabak in Hülsen, als Josephina Lwowna mit dem Schirmknauf gegen die Tür pochte und eintrat.

»Oh, guten Abend, Mademoiselle!«

Sie setzte sich zu ihnen und begann geschmacklos und wortreich davon zu reden, daß morgen das russische Osterfest sei. Stück für Stück zog sie die violetten Eier aus der Tasche. Platonow bemerkte das mit den lila Buchstaben X. Я., und er mußte lachen.

»Was sie da für jüdische Initialen drauffabriziert hat ...«

Seine Gattin, eine korpulente Dame mit Kummerblick und gelbbrauner Perücke, lächelte flüchtig; sie bedankte sich gleichmütig, wobei sie die französischen Vokale lang-

* die kyrillischen Anfangsbuchstaben von »Christos woskres« – (russ.) »Christus ist auferstanden«.

zog. Josephina begriff nicht, warum die beiden gelacht hatten. Ihr war heiß und traurig zumute. Wieder begann sie zu reden; sie spürte, daß sie nicht das Richtige sagte, konnte sich aber nicht bremsen.

»Ja, in diesen Zeiten gibt es in Rußland kein Osterfest ... Rußland ist arm. Oh, ich erinnere mich, wie sich alle auf den Straßen küßten. Und meine kleine Hélène war an diesem Tag wie ein Engel ... Oh, ich weine nächtelang, wenn ich an Ihre wunderschöne Heimat denke ...«

Den Platonows waren solche Gespräche immer unangenehm. Wie verarmte reiche Leute ihr Elend verbergen und noch stolzer, noch unzugänglicher werden, so unterhielten auch sie sich niemals mit Dritten über die verlorene Heimat, und Josephina glaubte deshalb insgeheim, sie liebten Rußland überhaupt nicht. Wenn sie sie besuchte, stellte sie sich gewöhnlich vor, sie müsse nur anfangen, mit Tränen in den Augen über dieses wunderschöne Rußland zu sprechen, plötzlich würden auch die Platonows in Tränen ausbrechen, ebenfalls Erinnerungen hervorkramen und erzählen, und so würden sie zu dritt die ganze Nacht sitzen, sich erinnern und weinen und sich gegenseitig die Hand drücken.

In Wirklichkeit kam es niemals dazu ... Platonows Bärtchen nickte höflich und teilnahmslos, während seine Frau nur darauf erpicht war zu erfahren, wo man möglichst billig Tee oder Seife ergattern konnte.

Platonow ging erneut daran, Papirossy zu stopfen; seine Frau verstaute sie gleichmäßig in Pappschachteln. Beide hatten damit gerechnet, sich noch hinlegen zu können, bevor sie sich zur Messe begaben, in die griechische Kirche gleich um die Ecke ... Am liebsten hätten sie geschwiegen, ihren Gedanken nachgehangen, allein durch Blicke gesprochen, durch ein besonderes, gleichsam zerstreutes Lächeln – über den auf der Krim umgekommenen Sohn, über österlichen Kleinkram, über die Hauskapelle auf der Potschtamtskaja; aber da mußte diese geschwätzige, sentimentale Alte mit ihren unruhigen dunkelgrauen Augen hereingeschneit kommen und seufzen, und sie würde sitzen bleiben bis zu dem Augenblick, da sie selbst aus dem Haus gingen.

Josephina verstummte. Sie wünschte inbrünstig, daß sie vielleicht zum Kirchgang eingeladen würde und anschließend zum Ostermahl. Sie wußte, daß die Platonows am Abend zuvor Kulitsche gebacken hatten, und obwohl sie natürlich nichts hätte essen können, sie fröstelte zu sehr, trotzdem – es wäre schön gewesen, warm und festtäglich.

Platonow knirschte mit den Zähnen, um ein Gähnen zu unterdrücken, und blickte verstohlen auf sein Handgelenk, auf das Zifferblatt unter dem Gitter. Josephina begriff, daß man sie nicht auffordern würde. Sie erhob sich.

»Sie brauchen ein wenig Ruhe, meine guten Freunde. Aber bevor ich gehe, möchte ich Ihnen noch sagen –« Sie trat nahe zu Platonow, der sich ebenfalls erhoben hatte, und rief laut und mit Fehlern aus:

»Christus ist auferstanden!«

Dies war ihre letzte Hoffnung, eine Sturmflut heißer, süßer Tränen und österlicher Küsse hervorzulocken und eine Einladung zum gemeinsamen Ostermahl ... Doch Platonow richtete lediglich die Schultern gerade und lachte ruhig.

»Na, sehen Sie, Mademoiselle, Sie sagen das wunderbar auf russisch ...«

Als sie auf die Straße trat, brach sie in Schluchzen aus; das Taschentuch gegen die Augen gepreßt, ging sie leicht taumelnd, und der Seidenstock ihres Schirms pochte aufs Trottoir. Der Himmel war hoch und unruhig: ein trüber Mond, Wolkentürme wie Ruinen. Beim erleuchteten Lichtspieltheater spiegelten sich die ausgestellten Füße des krausköpfigen Chaplin in der Pfütze. Und als Josephina unter rauschenden, Tränen vergießenden Bäumen den See entlangging, der einer Nebelwand glich, da sah sie: Am Rand einer kleinen Mole leuchtete spärlich eine smaragdgrüne Laterne, und in die schwarze Schaluppe, die unten im Wasser schwappte, kletterte etwas Großes, Weißes ... Sie schaute trotz der Tränen genauer hin: Ein riesiger alter Schwan hatte sich aufgeplustert, schlug mit dem Flügel und wälzte sich, plump wie eine Gans, mühsam über die Bordkante; die Schaluppe geriet ins Schaukeln, und grüne Kreise strömten über das schwarze, ölige Wasser, das in Nebel überging.

Josephina überlegte, ob sie nicht doch in die Kirche gehen sollte. Aber in Petersburg war sie nur in der Backsteinkirche der Reformierten am Ende der Morskaja gewesen, und nun hatte sie Hemmungen, ein orthodoxes Gotteshaus zu betreten, sie wußte nicht, wann sie sich bekreuzigen, wie sie die Finger zusammenlegen mußte, sie hätte sich einen Verweis zuziehen können. Durchdringender Schüttelfrost hielt sie gepackt. In ihrem Kopf vermengten sich das Rascheln und Klatschen des Laubs, die schwarzen Wolken – und die Ostererinnerungen, die Berge vielfarbiger Eier, der bräunliche Glanz der Isaaks-Kathedrale ... Umnebelt, betäubt, schleppte sie sich irgendwie nach Hause und stieg die Treppe hoch, wobei ihre Schulter gegen die Wand stieß; dann zog sie sich aus – schwankend, mit den Zähnen ganze Trommelwirbel klappernd – und fiel entkräftet, mit seligem, verwundertem Lächeln ins Bett. Fieberwahn, stürmisch und mächtig wie wogender Glockenklang, ergriff von ihr Besitz. Die Berge vielfarbiger Eier zerstoben mit einem runden Klacken; durchs Fenster herein brach – sei es die Sonne, sei es ein Hammel aus Butter mit goldenen Hörnern, wuchs immer mehr und erfüllte das ganze Zimmer mit heißem Gelb. Die Eier aber rollten hinauf und hinab über glänzende Brettchen, klackten gegeneinander, die Schale riß – und im Eigelb waren himbeerrote Schlieren ...

So phantasierte sie die ganze Nacht, und erst morgens trat die noch gekränkte Mlle. Finard zu ihr ins Zimmer – und stöhnte auf vor Schreck, rannte den Doktor holen.

»Eine kruppöse Lungenentzündung, Mademoiselle.«

Durch die Fieberwellen blitzten die Tapetenblumen, das Silberhaar der Alten, die ruhigen Augen des Doktors – blitzten auf und verschwammen, und erneut wurde ihr Herz von einem erregten Glückstosen erfaßt, märchenhaft blau strahlte der Himmel, wie ein gigantisches gefärbtes Ei, es dröhnten die Glocken, und jemand trat ins Zimmer, der aussah – sei es wie Platonow, sei es wie Hélènes Vater, und kaum hereingekommen, faltete er eine Zeitung auseinander, legte sie auf den Tisch, setzte sich selbst in einiger Entfernung hin und blickte bald auf Josephina, bald auf die weißen Blätter, und das mit bedeutsamem, bescheidenem, leicht verschmitztem Lächeln. Und Josephina wußte, daß dort in der Zeitung eine wunderbare Botschaft stand, aber sie konnte die schwarze Überschrift, die russischen Buchstaben einfach nicht entziffern – der Besucher dagegen lächelte unentwegt und blickte bedeutsam, und es kam ihr vor, als würde er ihr jetzt gleich das Geheimnis eröffnen, das Glück bestätigen, das sie vorausahnte – doch langsam löste der Mann sich auf, zog die schwarze Wolke der Besinnungslosigkeit herauf ...

Dann wurden die Fieberträume erneut bunt, rollte der Landauer über die Uferstraße, Hélène schleckte mit einem Holzlöffel heiße, grellbunte Farbe, breit glitzerte die Newa, und Zar Peter sprang plötzlich vom ehernen Pferd, das beide Hufe aufs Mal zu Boden senkte; er trat zu Josephina, ein Lächeln auf dem stürmischen, grünen Gesicht, umfaßte sie – und küßte sie auf die eine Wange, dann die andere, seine Lippen waren sanft und warm, und als er zum dritten Mal ihre Wange berührte, schlug sie mit einem Glücksstöhnen um sich, breitete die Arme aus – und wurde mit einemmal ruhig.

Am sechsten Krankheitstag, frühmorgens nach der Krisis, kam Josephina Lwowna zu sich. Vor dem Fenster schimmerte hell ein weißer Himmel, senkrecht fiel der Regen, rauschte und gluckste in den Dachrinnen. Ein nasser Zweig reckte sich quer über die Fensterscheibe, und das Blatt ganz am Ende erzitterte ständig unter den Regenschlägen, es neigte sich, ließ von der grünen Spitze einen großen Tropfen fallen und erzitterte von neuem, und von neuem rollte ein feuchter Strahl darüber, hing ein langer, lichter Ohrschmuck herab – und fiel ...

Josephina kam es vor, als flösse ihr Regenkühle durch die Adern, sie konnte den Blick nicht losreißen von dem strömenden Himmel – und der wogende, hingebungsvolle Regen war so angenehm, so rührend erzitterte das Blatt, daß sie am liebsten gelacht hätte, Lachen erfüllte sie, war aber noch tonlos, überschwemmte den Körper, kitzelte den Gaumen – gleich würde es herausplatzen …

Links in der Zimmerecke scharrte etwas und stöhnte. Bebend von dem in ihr wachsenden Lachen, lenkte sie den Blick vom Fenster weg und wandte das Gesicht. Auf dem Boden lag bäuchlings die Alte in ihrem schwarzen Tuch, die kurzgeschnittenen silbernen Haare wippten ärgerlich, sie rutschte umher und streckte die Hand unter den Schrank, wohin das Wollknäuel gerollt war. Ein schwarzer Faden kroch unterm Schrank vor zum Stuhl, wo Stricknadeln und ein unfertiger Strumpf lagen.

Beim Anblick des schwarzen Rückens von Mlle. Finard, der rutschenden Beine und der Knopfstiefeletten ließ Josephina das Lachen aus sich herausbrechen, sie schüttelte sich, gurrend und keuchend, unter ihrem Federbett, da sie fühlte, daß sie auferstanden war, daß sie zurückgekehrt war von weither, aus dem Nebel des Glücks, der Wunder und der österlichen Herrlichkeit.

William Faulkner

Schall und Wahn

»Ich weiß, du nimmst es mir übel«, sagte Mrs. Compson, »daß ich sie heute in die Kirche gehen lasse.«

»Wohin?« sagte Jason. »Ist denn die verdammte Truppe immer noch nicht weg?«

»In die Kirche«, sagte Mrs. Compson. »Es wird ein besonderer Ostergottesdienst für die Schwarzen abgehalten. Ich habe Dilsey schon vor zwei Wochen versprochen, daß sie hingehen dürfen.«

»Mit andern Worten: kaltes Mittagessen«, sagte Jason, »wenn überhaupt ein Mittagessen.«

»Ich weiß, es ist meine Schuld«, sagte Mrs. Compson. »Ich weiß, du nimmst es mir übel.«

»Was denn?« sagte Jason. »Du hast doch Christus nicht von den Toten auferstehen lassen, oder?« ...

Es hatte zu regnen aufgehört. Der Wind kam jetzt aus Südost, die Wolken zerrissen, und der Himmel blaute auf. Über dem Hügel hinter den Bäumen und Dächern und Türmen der Stadt lag wie ein verschossener Tuchfetzen ein Sonnenstreifen, der alsbald fortgewischt wurde. Der Wind trug den Schall einer Glocke heran, dann fielen wie auf ein verabredetes Zeichen weitere Glocken ein und nahmen den Schall auf und wiederholten ihn.

Die Tür der Hütte ging auf, und Dilsey trat heraus, wieder mit ihrem braunen Umhang über dem purpurroten Kleid, aber diesmal trug sie bis zum Ellbogen reichende, einmal weiß gewesene Handschuhe und kein Kopftuch. Sie ging zum Hof und rief nach Luster. Sie wartete eine Zeitlang, dann ging sie zum Haus und dicht an der Mauer entlang bis zur Kellertür und schaute hinein.

Auf der Treppe saß Ben. Vor ihm hockte Luster auf dem feuchten Boden. In der linken Hand hielt er eine Säge, deren Blatt sich unter dem Druck seiner Hand ein wenig bog, und er war gerade dabei, mit einem alten Holzschlegel, den Dilsey seit mehr als dreißig Jahren zum Teigkneten benutzte, über das Blatt zu streichen. Die Säge gab einen einzelnen trägen sirrenden Ton von sich, dessen nicht lebensfähige Munterkeit sofort erstarb und der das Blatt als dünnen, klaren Bogen zwischen Lusters Hand und dem Boden zurückließ. Und doch schwang er unerklärlicherweise nach.

»So hat der's gemacht«, sagte Luster. »Ich habe bloß noch nich das richtige Ding zum Streichen.«

»So, das machst du also?« sagte Dilsey. »Gib den Schlegel her«, sagte sie.

»Ich mach ihn nich kaputt«, sagte Luster.

»Gib den Schlegel her«, sagte Dilsey. »Un trag die Säge wieder hin, wo du sie her hast.«

Er legte die Säge hin und gab ihr den Schlegel. Da fing Ben wieder trostlos und pausenlos zu heulen an. Es war gar nichts. Nur Ton. Man konnte meinen, der Ton sei von Ewigkeit her gewesen und Unrecht und Leid hätten durch eine bestimmte Konstellation der Planeten für einen Augenblick Stimme erlangt.

»Nu hör dir das an«, sagte Luster. »So geht das jetz schon, seit wir aus'm Haus sin. Ich weiß nich, was heut in ihn gefahrn is.«

»Bring ihn mir mal«, sagte Dilsey.

»Komm, Benjy«, sagte Luster. Er ging die Treppe hinunter und nahm Ben beim Arm. Gefügig ging er mit, langgezogen, heiser heulend wie ein Schiff – ein Ton, der schon anzuheben schien, noch ehe er einsetzte, und aufzuhören schien, ehe er abbrach.

»Lauf und hol seine Mütze«, sagte Dilsey. »Un mach

kein Lärm, daß dich Miss Car'line nich hört. Und 'n bißchen schnell. 's wird sonst zu spät.«

»Die hört uns ja doch, wenn du Benjy nich zum Schweigen bringst«, sagte Luster.

»Er hört schon auf, wenn wir hier weg sin«, sagte Dilsey. »Er riecht's. Deshalb is er so.«

»Was riecht er, Mammy?« sagte Luster.

»Hol jetz lieber seine Mütze«, sagte Dilsey. Luster ging. Sie standen in der Kellertür, Ben eine Stufe unter ihr. Der Himmel war jetzt aufgerissen zu dahinjagenden Flecken, die ihre eilenden Schatten aus dem verwahrlosten Garten heraus über den zerbrochenen Zaun und den Hof schleiften. Langsam und regelmäßig strich Dilsey über Bens Kopf und glättete die Fransen auf seiner Stirn. Er heulte still vor sich hin. »Pscht«, machte Dilsey, »pscht. Wir gehn ja gleich. Still jetz.« Er heulte leise und stetig weiter.

Luster kam zurück, einen neuen, steifen Strohhut mit buntem Band auf dem Kopf und eine Mütze in der Hand. Der Hut hob Lusters Schädel für den Beschauer mit allen Flächen und Ecken hervor, wie es ein Punktscheinwerfer getan hätte. Die Form des Hutes war so einzigartig, so ausgefallen, daß man im ersten Augenblick meinen konnte, der Hut sitze auf dem Kopf von jemand, der dicht hinter Luster stehe. Dilsey betrachtete den Hut.

»Warum hast'n nich den alten Hut aufgesetzt?« sagte sie.

»Hab ihn nich gefunden«, sagte Luster.

»Hätt ich mir ja denken könn. Hast ihn wohl gestern abend so gut versteckt, daß du'n jetz nich finden kannst. Wirst ihn bloß ruiniern.«

»Och, Mammy«, sagte Luster. »'s wird schon nich regnen.«

»Woher willst'n das wissen? Du setzt jetz dein alten Hut auf un legst den neuen weg.«

»Och, Mammy.«

»Dann nimm dein Schirm mit.«

»Och, Mammy.«

»Kannst ja wählen«, sagte Dilsey. »Entweder dein alten Hut oder 'n Schirm. Was, is mir gleich.«

Luster ging zur Hütte. Ben heulte still vor sich hin.

»Komm«, sagte Dilsey, »die holn uns schon ein. Jetz hörn wir's dann gleich singen.« Sie gingen ums Haus herum zum Gartentor. »Pscht«, machte Dilsey immer wieder, während sie die Anfahrt hinuntergingen. Sie kamen ans Tor. Dilsey machte es auf. Hinter ihnen kam Luster mit dem Regenschirm die Einfahrt herunter. Neben ihm ging eine Frau. »Da kommen sie«, sagte Dilsey. Sie gingen durchs Tor. »Na, also denn«, sagte sie. Ben verstummte. Luster und seine Mutter holten sie ein. Frony hatte ein hellblaues Seidenkleid an und einen blumengeschmückten Hut auf. Sie war sehr schlank und hatte ein leeres, aber hübsches Gesicht.

»Du trägst da sechs Wochen Arbeit auf'm Leib«, sagte Dilsey. »Was machst'n, wenn's regnet?«

»Naß wern, denk ich«, sagte Frony. »Kann den Regen ja nich abstelln.«

»Mammy redt heut immerzu vom Regen«, sagte Luster.

»Wenn ich mich nich um euch kümmer, dann tut's doch keiner«, sagte Dilsey. »Los jetz, wir kommen sowieso schon zu spät.«

»Heut predigt Revrend Shegog«, sagte Frony.

»So?« sagte Dilsey. »Wer is'n das?«

»Is von Saint Luui«, sagte Frony. »Der bekannte Prediger.«

»Na«, sagte Dilsey, »is aber auch dringend nötig, daß mal einer diesen nichtsnutzigen jungen Niggern Gottesfurcht einbleut.«

»Revrend Shegog predigt heut«, sagte Frony. »Hab ich wenigstens gehört.«

Sie gingen die Straße hinunter. Unter den vom Wind zerrissenen Glockentönen und hie und da durch vereinzelte, schüchterne Sonnenstreifen schritten in hellen Gruppen weiße Kirchgänger die lange, lange Straße entlang. Der böige Südost wirkte nach warmen Tagen kalt und rauh.

»Ich würd ihn ja nich immer in die Kirche mitnehmen, Mammy«, sagte Frony. »Die Leute reden drüber.«

»Was für Leute?« sagte Dilsey.

»Ich hör's eben«, sagte Frony.

»Un ich kann dir genau sagen, was das für Leute sin«, sagte Dilsey. »Weißes Gesindel. Das ist's. Meint, er is nich gut genug für die weiße Kirche, aber die Niggerkirche is auch nich gut genug für ihn.«

»Sei's, wie's will, sie reden drüber«, sagte Frony.

»Dann schick sie nur zu mir«, sagte Dilsey. »Kannst ihnen sagen, der liebe Gott kehrt sich nich dran, ob einer gescheit is oder nich. Bloß so 'n weißes Gesindel schert sich drum.«

Eine Straße bog im rechten Winkel ab und führte hinunter in einen aufgeweichten Fahrweg. Zu beiden Seiten fiel das Land jetzt steil ab; unten eine breit auslaufende Ebene, betüpfelt mit kleinen Hütten, deren verwitterte Dächer mit dem Straßenniveau auf gleicher Höhe lagen. Sie erhoben sich auf winzigen lehmigen Grundstücken, die mit allem möglichen Abfall – Ziegeln, Brettern, Scherben, lauter wertlos gewordenen Dingen – übersät waren. Alles, was hier wuchs, waren Dornenranken, Maulbeerbäume, Robinien und Sykomoren, Bäume, die ebenfalls teilhatten an der ausgedörrten Wildnis, welche die Häuser umgab; Bäume, bei denen sogar Keime und Knospen nur trauriges und hartnäckiges Überbleibsel des Septembers zu sein schienen, als wäre selbst der Frühling an ihnen vorbeigegangen und hätte es ihnen überlassen, sich von dem penetranten und unverkennbaren Negergeruch zu nähren, in dem sie aufwuchsen.

Als sie vorbeikamen, riefen die Neger, die unter den Türen standen, immer wieder Dilsey zu:

»Schwester Gibson, wie geht's, wie steht's?«

»Gut. Un euch?«

»Auch gut, danke.«

Sie kamen aus den Hütten und klommen die schattengebende Böschung zur Straße hinauf: Männer in würdevollem

Dunkelbraun oder Schwarz, mit goldenen Uhrketten und ab und zu mit einem Spazierstock; junge Leute in billigen, knallig blauen oder gestreiften Tuchen und verwegenen Hüten; Frauen in ein wenig steifen, raschelnden Roben und Kinder in abgetragenen Kleidern der Weißen, Kinder, die Ben mit der Scheu von Nachttieren beäugten.

»Wetten, daß du dich nich traust, ihn anzufassen.«

»Wieso'n nich?«

»Wetten, daß du dich nich traust. Wetten, daß du Angst hast.«

»Der tut keinem was. Der is doch verrückt.«

»Der da nich. Hab ihn schon mal angefaßt.«

»Wetten, daß du's jetz nich tust.«

»Miss Dilsey könnt ja gucken.«

»Du tätst es sowieso nich.«

»Der tut keinem was. Der is doch verrückt.«

Dauernd sprachen ältere Leute Dilsey an, aber Dilsey ließ, wenn es nicht gerade sehr alte Leute waren, Frony antworten.

»Mammy ist's heut nich gut.«

»Tut mir aber leid. Na, Revrend Shegog hilft ihr bestimmt. Der wird ihr Trost gebn un ihr die Last vom Herzen nehm.«

Die Straße stieg wieder an, und vor ihnen lag ein Bild, das wie eine Theaterkulisse aussah. Eingelassen in eine Kerbe aus rotem Lehm und gekrönt von Eichen, schien die Straße plötzlich abgeschnitten wie ein Band. Auf der einen Seite reckte eine verwitterte Kirche, die aussah wie gemalt, ihren baufälligen Turm empor, und die ganze Szene war so flach und ohne Perspektive wie ein bemalter Karton, den man gegen das winddurchwehte Sonnenlicht des Weltraums und eines mit Glockenklang erfüllten Aprilmorgens an den äußersten Rand der platten Erde gestellt hat. Langsam und sonntäglich bedächtig schoben sie sich zur Kirche. Die Frauen und Kinder gingen hinein, die Männer blieben noch draußen und unterhielten sich verhalten in kleinen

Gruppen, bis die Glocke zu läuten aufhörte. Dann betraten auch sie die Kirche.

Sie war mit Blumen aus Gemüsegärten und Hecken und mit Bändern aus buntem Kreppapier kärglich geschmückt. Über der Kanzel hing eine verbeulte Weihnachtsglocke, eine von denen, die sich wie eine Ziehharmonika zusammenlegen lassen. Die Kanzel war noch leer, doch der Chor stand schon auf seinem Platz, und die Sänger fächelten sich, obwohl es gar nicht warm war.

Die meisten der Frauen hatten sich auf der einen Seite des Raums versammelt. Sie plauderten miteinander. Dann schlug die Glocke einmal an, und sie strebten zu ihren Plätzen, und die Gemeinde saß einen Augenblick in gespannter Erwartung. Wieder schlug die Glocke einmal an. Der Chor erhob sich und fing zu singen an, und die ganze Gemeinde wandte gleichzeitig die Köpfe, als sechs Kinder – vier Mädchen mit schmetterlingsartigen, aus schmalen Tuchstreifen gebundenen Haarschleifen in den straff geflochtenen Zöpfen und zwei Jungen mit kurzgeschorenen Köpfen – hereinkamen und den Mittelgang hinaufschritten, miteinander verbunden durch eine Girlande aus weißen Bändern und Blumen und gefolgt von zwei hintereinander gehenden Männern. Der hintere Mann war sehr groß, hatte eine milchkaffeebraune Hautfarbe und gab in seinem Bratenrock und mit der weißen Halsbinde eine eindrucksvolle Erscheinung ab. Sein Kopf hatte etwas Gebieterisches und Tiefsinniges, und sein Hals legte sich über dem Kragen in dicke Wülste. Da sie ihn aber alle kannten, reckten sie noch immer die Köpfe nach hinten, als er schon längst vorbei war, und erst mit dem Ausklingen des Chorgesangs merkten sie, daß der geistliche Gast bereits eingetreten war, und als sie dann den ihrem Pastor vorausgehenden Mann auch vor diesem die Kanzel betreten sahen, lief ein unbeschreiblicher Laut durch die Menge, ein Seufzer des Erstaunens und der Enttäuschung.

Der Gast war auffallend klein und trug einen schäbigen

Lüsterrock. Er hatte ein verrunzeltes schwarzes Gesicht wie ein alter kleiner Affe. Und die ganze Zeit, während der Chor wieder sang und auch die sechs Kinder aufstanden und mit dünnen, ängstlichen, tonlosen Flüsterstimmchen einfielen, hingen aller Augen geradezu bestürzt an dem unansehnlichen Männchen, das neben der massigen Gestalt des Ortsgeistlichen noch zwergenhafter und bäurischer wirkte. Immer noch betrachteten sie ihn bestürzt und ungläubig, als der Pastor sich erhob und ihn vorstellte, mit einer vollen, rollenden Stimme, deren salbungsvoller Klang die Bedeutungslosigkeit des Gastes nur noch unterstrich.

»Un die mußten bis Saint Luui gehn, um so was zu finden«, flüsterte Frony.

»Ich hab's schon erlebt, daß sich der Herr noch ganz andrer Werkzeuge bedient hat«, sagte Dilsey. »Sei still«, sagte sie zu Ben. »Gleich singen sie wieder.«

Als sich der Gastprediger erhob und zu reden begann, klang es, als spräche ein Weißer. Seine Stimme war kalt und eintönig. Sie schien zu laut, um zu ihm zu gehören, und sie lauschten zuerst aus reiner Neugierde, als hätten sie einen sprechenden Affen vor sich. Allmählich beobachteten sie ihn wie einen Seiltänzer. Bald vergaßen sie seine unansehnliche Erscheinung über der Virtuosität, mit der er auf dem kalten, schwingungslosen Draht seiner Stimme dahinlief und balancierte und sich in die Tiefe stürzte, so daß die Gemeinde, als er sozusagen im Sturzflug wieder neben dem Lesepult landete, den einen Arm in Schulterhöhe darauf gestützt und sein Affenkörper starr wie eine Mumie oder eine seelenlose Hülle, schließlich aufseufzte, als erwachte sie aus einem Traum, und eine leichte Bewegung durch die Reihen ging. Unablässig fächelte sich der Chor hinter der Kanzel. Dilsey flüsterte: »Still. Gleich singen sie wieder.«

Dann sagte eine Stimme: »Brüder.«

Der Prediger hatte sich nicht gerührt. Sein Arm lag noch quer überm Pult, und er verharrte in dieser Haltung, während das rollende Echo seiner Stimme zwischen den Wänden verhallte. Sie unterschied sich von seiner bisherigen Stimme wie Tag und Nacht, und ihr tragisches Timbre glich dem eines Alt-Horns, und sie drang in ihre Herzen und tönte dort weiter, als ihr nachhallendes Echo bereits verklungen war.

»Brüder un Schwestern«, sagte sie noch einmal. Der Prediger nahm seinen Arm vom Pult und ging davor auf und ab, die Hände hinter dem Rücken verschränkt, eine magere, in sich selbst verkrümmte Gestalt, gleich einem Menschen, der lange im Kampf mit der unerbittlichen Erde gelegen hat, »mir wurde die Erkenntnis und das Blut des Lammes zuteil!« Gekrümmt und die Hände hinter dem Rücken verschränkt, stampfte er unter den Papiergirlanden und der Weihnachtsglocke auf und ab. Er glich einem kleinen, abgeschliffenen Felsen, überspült von den immer wieder anrollenden Wellen seiner Stimme. Mit seinem Körper schien er die Stimme zu nähren, die, gleich einem Buhldämon, die Zähne in sein Fleisch geschlagen hatte. Und es war, als ob die Gemeinde mit eigenen Augen zusähe, wie die Stimme ihn aufzehrte, bis er nicht mehr war und sie nicht mehr waren und nicht einmal mehr eine Stimme war, sondern nur noch ihre Herzen in psalmodierendem Wechselgang miteinander sprachen, ohne der Worte zu bedürfen, so daß, als er wieder zum Pult zurückkehrte, das Affengesicht emporgehoben und in der Haltung ganz ein gelassener, gemarterter Gekreuzigter, der über seine jämmerliche Bedeutungslosigkeit hinauswuchs und sie einfach aufhob, sich ihnen ein langgezogenes Stöhnen entrang – und dann der Sopran einer Frau: »O Jeesus!«

Im windzerrissenen Licht leuchteten die trüben Fensterscheiben über ihnen in gespenstischer Wiederkehr auf. Draußen auf der Straße fuhr ein Auto vorbei, mühte sich über den sandigen Boden und war bald nicht mehr zu hören. Dilsey saß kerzengerade, die Hand auf Bens Knie. Zwei Tränen rollten über ihre eingefallenen Wangen, rollten über das tausendfache Leuchten von Opfer und Verzicht und Zeit.

»Brüder«, flüsterte der Geistliche heiser, ohne sich zu rühren.

»Ja Jeesus!« sagte die Frauenstimme, noch gedämpft.

»Brrüüder un Schwesterrn!« Wieder erklang seine Stimme wie ein Hornstoß. Er nahm den Arm vom Pult und richtete sich auf und hob beide Hände. »Mir wuurrde die Erkänntnis un dass Bluut des Lamm-es zuteill!« Sie merkten gar nicht, daß sein Tonfall und seine Aussprache in die eines Negers übergingen, sie saßen nur sich wiegend auf ihren Bänken und ließen sich von der Stimme gefangennehmen.

»Wenn die langenn, kaltenn ... Oh, ich saage euch, Brrüüder, wenn die langenn, kaltenn ... ich sähe das Licht un ich sähe dass Worrt, arrme Sünnder! Sie zogen dahiin im Ägypterland, die schwankenden Tri-umphwagen, die Geschlächter, sie zogen dahiin. War mal 'n rei-cher Mann: wo iss er nuu, o meine Brrüüder? War mal 'n arrmer Mann: wo iss er nuu, o meine Schwesterrn? Oh, ich saage euch, wenn ihr nich die rettende Milch un den Tauu haabet, wenn die langenn, kaltenn Jahre dahiinfließen!«

»Ja Jeesus!«

»Ich saage euch, Brrüüder, un ich saage euch, Schwesterrn, ess wirrd 'ne Zei-t kom-men. Un der arrme Sünn-der sagt: Lasset mich niederliegenn beim Herrn, lasset mich niederlegenn mei-ne Lasst. Wass aber wirrd dann Jeesus saagen, o meine Brrüüder, o meine Schwesterrn? Is dir die Erkänntnis un dass Bluut des Lam-mes zuteill geworrn? Denn ess iss kein Platz nich in Himmel for jedenn!«

Er wühlte in seinem Rock und zog sein Taschentuch heraus und wischte sich damit über sein Gesicht. Ein tiefer, vielstimmiger Ton stieg auf aus der Gemeinde: »Mmmmmmmmmm!« Und die Frauenstimme sagte: »Ja Jeesus! Jeesus!«

»Brrüüder! Sähet die Kinn-dlein, wo da sitzn. War nich auch Jeesuss einesss wie sie? Sein Mammy mußt erlei-denn die Glorie un die Schmärr-zen. Wie soo mann-chmal mag sie ihn, wenn's Nacht wuurde, in'en Arr-menn gehaltn ham, wo ihn die Engel in Schlaaf sangn, un wie soo mann-chmal mag sie aus dr Tür geschaut ham un die röm'sche Polizei vorbeigehn sähn ham.« Er stampfte auf und ab und wischte sich übers Gesicht. »Hööret, meine Brüder! Ich sähe den Taag. Marie sitzt in'er Tür mit Jeesuss auf'm Schoß, mit'em kleinen, kleinen Jeesuss. Genau wie die Kinner da, dr kleine, kleine Jeesuss. Ich höre sie singn, die Engel, sie singn von Friedn un Herrlichkeit; ich sähe die zu'nen Äuglein; ich sähe Marie aufsprringn, sähe die Soldatngesich-ter: Wir wern ihn tööten! Wir wern ihn tööten! Wir wern dein klein Jeesuss tööten! Ich hör dass Wei-nen un dass Klaagen von dr aarmen Mammy oh-ne Rettung un Worrt von Gott!«

»Mmmmmmmmmmmmmm! Jeesus! Kleiner Jeesus!« Und eine weitere Stimme hebt an:

»Ich seh's, o Jeesus! Oh, ich seh's!« Und dann noch eine, ohne Worte, wie Blasen, die im Wasser aufsteigen.

»Ich sähe es, Brrüüder! Ich sähe es! Sähe dass ruchlose, blendende Bild! Ich sähe Golgathaa un die Kreuzesbäume, sähe den Dieb un den Mörrder un den Geringsten unter ihnen; ich hööre dass Prah-len un dass Höh-nen: Bist du Jeesuss, so heb doch dein Kreuz auf un wandle! Ich hööre dass Heuln dr Frau-en un die Klaagen am Aabend; ich hööre dass Wei-nen un Schrei-en, un ich sähe Gott mit abgewandtem Gesicht: Die ham Jeesuss gemorrdet; die ham mein Sohn gemorrdet!«

»Mmmmmmmmmmmmmm! Jeesus! Ich seh's, o Jeesus!«

»Oh, ihr blindn Sünn-der! Meine Brrüüder, ich saage euch; meine Schwesterrn, ich saage euch, wenn dr Herr Sein allmächtges Antliss abwenndet un saggt: Iss kein Platz nich in Himmel for jedenn! Ich sähe den verwai-sten Gott Seine Pforrte verschließen; ich sähe die willde Fluut sich ranwälzenn; ich sähe den Tood unn die Finn-sterniss auf den Geschlächtern lasstenn ewiglich! Dann aber, ha! Brrüüder! Brrüüder! Wass sähe ich? Wass sähe ich, o Sünnder? Ich sähe die Auf-er-steh-hung un das Licht; sähe den holdn Jeesuss, un er saagt: Sie ham mich getöötet, auf daß ihr eewig läbet; ich bin gestorm, auf daß die, wo sähn un glaubn, nimmer sterrben. Meine Brrüüder, o meine Brrüüder! Ich sähe den Jüng-sten Taag herreinbrächn un hööre die goldnen Posau-nen die Glorie verkünndn un die vonn den Tooten auferstehn, wo dass Bluut un die Erkänntnis des Lammes ham!«

Inmitten der Stimmen und der Hände saß Ben, verzückt der weiche blaue Blick. Dilsey saß kerzengerade neben ihm und weinte starr und still und gestählt vom Blut des in ihr beschworenen Lamms.

Als sie durch den hellen Mittag mit den verstreuten Kirchgängern, die sich in Gruppen gedämpft unterhielten, den sandigen Fahrweg entlanggingen, weinte sie immer noch, ohne die Gespräche der andern wahrzunehmen.

»Das is mir noch 'n Prediger, alle Wetter! Zuerst hat er ja nach gar nichts ausgesehn, aber dann – was?«

»Der hat die Kraft un die Herrlichkeit gesehn, der bestimmt!«

»Woll, woll. Der hat's gesehn. Von Angesicht zu Angesicht hat der's gesehn.«

Dilsey sagte kein Wort, und ihr Gesicht zuckte nicht einmal, als die Tränen sich durch die tiefen und gewundenen Rinnen ihren Weg bahnten, und sie machte sich auch gar nicht die Mühe, sie abzuwischen, und schritt mit hoch erhobenem Kopf dahin.

»Hör doch auf, Mammy«, sagte Frony. »Die Leute gucken schon. Un gleich kommen wir an Weißen vorbei.«

»Ich hab den Anfang un das Ende gesehn«, sagte Dilsey. »Kümmre dich nich um mich.«

»Anfang und Ende wovon?« sagte Frony.

»Kümmre dich nich drum«, sagte Dilsey. »Ich hab den Anfang gesehn, un jetz seh ich das Ende.«

Kurz bevor sie die Straße erreichten, blieb sie stehen, hob ihren Rock hoch und trocknete sich die Augen mit dem Saum ihres obersten Unterrocks. Dann gingen sie weiter. Ben tappte neben Dilsey her und sah Luster zu, der, den Schirm in der Hand und den neuen, in der Sonne leuchtenden Strohhut verwegen aufs Ohr gesetzt, vor ihnen herlief und Unsinn machte, sah ihm zu, wie ein täppischer großer Hund einem springlebendigen kleinen zusieht. Sie kamen ans Gartentor und gingen hinein. Sofort begann Ben wieder zu wimmern, und eine Weile blickten sie die Einfahrt hinauf zu dem viereckigen, farblosen Haus mit seiner verfallenen Säulenhalle.

Hermann Hesse

Die Verlobung

In der Hirschengasse gibt es einen bescheidenen Weißwarenladen, der gleich seiner Nachbarschaft noch unberührt von den Veränderungen der neuen Zeit dasteht und hinreichenden Zuspruch hat. Man sagt dort noch beim Abschied zu jedem Kunden, auch wenn er seit zwanzig Jahren regelmäßig kommt, die Worte: »Schenken Sie mir die Ehre ein andermal wieder«, und es gehen dort noch zwei oder drei alte Käuferinnen ab und zu, die ihren Bedarf an Band und Litzen in Ellen verlangen und auch im Ellenmaß bedient werden. Die Bedienung wird von einer ledig gebliebenen Tochter des Hauses und einer angestellten Verkäuferin besorgt, der Besitzer selbst ist von früh bis spät im Laden und stets geschäftig, doch redet er niemals ein Wort. Er kann nun gegen siebzig alt sein, ist von sehr kleiner Statur, hat nette rosige Wangen und einen kurz geschnittenen grauen Bart, auf dem vielleicht längst kahlen Kopfe aber trägt er allezeit eine runde steife Mütze mit stramingestickten Blumen und Mäandern. Er heißt Andreas Ohngelt und gehört zur echten, ehrwürdigen Altbürgerschaft der Stadt.

Dem schweigsamen Kaufmännlein sieht niemand etwas Besonderes an, es sieht sich seit Jahrzehnten gleich und scheint ebensowenig älter zu werden, als jemals jünger gewesen zu sein. Doch war auch Andreas Ohngelt einmal ein Knabe und ein Jüngling, und wenn man alte Leute fragt, kann man erfahren, daß er vorzeiten »der kleine Ohngelt« geheißen wurde und eine gewisse Berühmtheit wider Willen genoß. Einmal, vor etwa fünfunddreißig Jahren, hat er sogar eine »Geschichte« erlebt, die früher jedem Gerbersauer geläufig war, wenn sie auch jetzt niemand mehr erzählen und hören will. Das war die Geschichte seiner Verlobung.

Der junge Andreas war schon in der Schule aller Rede und Geselligkeit abgeneigt, er fühlte sich überall überflüssig und von jedermann beobachtet und war ängstlich und bescheiden genug, jedem andern im voraus nachzugeben und das Feld zu räumen. Vor den Lehrern empfand er einen abgründigen Respekt, vor den Kameraden eine mit Bewunderung gemischte Furcht. Man sah ihn nie auf der Gasse und auf den Spielplätzen, nur selten beim Bad im Fluß, und im Winter zuckte er zusammen und duckte sich, sobald er einen Knaben eine Handvoll Schnee aufheben sah. Dafür spielte er daheim vergnügt und zärtlich mit hinterbliebenen Puppen seiner älteren Schwester und mit einem Kaufladen, auf dessen Waage er Mehl, Salz und Sand abwog und in kleine Tüten verpackte, um sie später wieder gegeneinander zu vertauschen, auszuleeren, umzupacken und wieder zu wiegen. Auch half er seiner Mutter gern bei leichter Hausarbeit, machte Einkäufe für sie oder suchte im Gärtlein die Schnecken vom Salat.

Seine Schulkameraden plagten und hänselten ihn zwar häufig, aber da er nie zornig wurde und fast nichts übelnahm, hatte er im ganzen doch ein leichtes und ziemlich zufriedenes Leben. Was er an Freundschaft und Gefühl bei seinesgleichen nicht fand und nicht weggeben durfte, das gab er seinen Puppen. Den Vater hatte er früh verloren, er war ein Spätling gewesen, und die Mutter hätte ihn wohl anders gewünscht, ließ ihn aber gewähren und hatte für seine fügsame Anhänglichkeit eine etwas mitleidige Liebe.

Dieser leidliche Zustand hielt jedoch nur so lange an, bis der kleine Andreas aus der Schule und aus der Lehre war, die er am obern Markt im Dierlammschen Geschäft abdiente. Um diese Zeit, etwa von seinem siebzehnten Jahre an, fing sein nach Zärtlichkeiten dürstendes Gemüt andere Wege zu gehen an. Der klein und schüchtern gebliebene Jüngling begann mit immer größeren Augen nach den Mädchen zu schauen und errichtete in seinem Herzen einen Altar der Frauenliebe, dessen Flamme desto höher loderte, je trauriger seine Verliebtheiten verliefen.

Zum Kennenlernen und Beschauen von Mädchen jeden Alters war reichliche Gelegenheit vorhanden, denn der junge Ohngelt war nach Ablauf seiner Lehrzeit in den Weißwarenladen seiner Tante eingetreten, den er später einmal übernehmen sollte. Da kamen Kinder, Schulmädchen, junge Fräulein und alte Jungfern, Mägde und Frauen tagaus, tagein, kramten in Bändern und Linnen, wählten Besätze und Stickmuster aus, lobten und tadelten, feilschten und wollten beraten sein, ohne doch auf Rat zu hören, kauften und tauschten das Gekaufte wieder um. Alledem wohnte der Jüngling höflich und schüchtern bei, er zog Schubladen heraus, stieg die Bockleiter hinauf und herunter, legte vor und packte wieder ein, notierte Bestellungen und gab über Preise Auskunft, und alle acht Tage war er in eine andere von seinen Kundinnen verliebt. Errötend pries er Litzen und Wolle an, zitternd quittierte er Rechnungen, mit Herzklopfen hielt er die Ladentür und sagte den Spruch vom Wiederbeehren, wenn eine schöne Junge hoffärtig das Geschäft verließ.

Um seinen Schönen recht gefällig und angenehm zu sein, gewöhnte Andreas sich feine und sorgfältige Manieren an. Er frisierte sein hellblondes Haar jeden Morgen sorgfältig, hielt seine Kleider und Leibwäsche sehr sauber und sah dem allmählichen Erscheinen eines Schnurrbärtchens mit Ungeduld entgegen. Er lernte beim Empfange seiner Kunden elegante Verneigungen machen, lernte beim Vorlegen der Zeuge sich mit dem linken Handrücken auf den Ladentisch stützen und auf nur anderthalb Beinen stehen und brachte es zur Meisterschaft im Lächeln, das er bald vom diskreten Schmunzeln bis zum innigen glücklichen Strahlen beherrschte. Außerdem war er stets auf der Jagd nach neuen schönen Phrasen, die zumeist aus Umstandsworten bestanden und deren er immer neue und köstlichere erlernte und erfand. Da er von Hause aus im Sprechen unbeholfen und ängstlich war und schon früher nur selten einen vollkommenen Satz mit Subjekt und Prädikat ausgesprochen hatte, fand er nun in diesem sonderbaren Wortschatz seine Hilfe und gewöhnte sich daran, unter Verzicht auf Sinn und Verständlichkeit sich und andern eine Art von Sprechvermögen vorzutäuschen.

Sagte jemand: »Heut ist aber ein Prachtwetter«, so antwortete der kleine Ohngelt: »Gewiß – o ja – denn, mit Verlaub – allerdings –.« Fragte eine Käuferin, ob dieser Leinenstoff auch haltbar sei, so sagte er: »O bitte, ja, ohne Zweifel, sozusagen, ganz gewiß.« Und erkundigte sich jemand nach seinem Befinden, so erwiderte er: »Danke gehorsamst – freilich wohl – sehr angenehm –.« In besonders wichtigen und ehrenvollen Lagen scheute er auch vor Ausdrücken wie »nichtsdestoweniger, aber immerhin, keinesfalls hingegen« nicht zurück. Dabei waren alle seine Glieder vom geneigten Kopf bis zur wippenden Fußspitze ganz Aufmerksamkeit, Höflichkeit und Ausdruck. Am ausdrucksvollsten aber sprach sein verhältnismäßig langer Hals, der mager und sehnig und mit einem erstaunlich großen und beweglichen Adamsapfel ausgestattet war. Wenn der kleine schmachtende Ladengehilfe eine seiner Antworten im Stakkato gab, hatte man den Eindruck, er bestehe zu einem Drittel aus Kehlkopf.

Die Natur verteilt ihre Gaben nicht ohne Sinn, und wenn der bedeutende Hals des Ohngelt in einem Mißverhältnis zu dessen Redefähigkeit stehen mochte, so war er als Eigentum und Wahrzeichen eines leidenschaftlichen Sängers desto berechtigter. Andreas war in hohem Grade ein Freund des Gesanges. Auch beim wohlgelungensten Komplimente, bei der feinsten kaufmännischen Gebärde, beim gerührtesten »Immerhin« und »Wennschon« war ihm vielleicht im Innersten der Seele nicht so schmelzend wohl wie beim Singen. Dieses Talent war in den Schulzeiten verborgen geblieben, kam aber nach vollendetem Stimmbruch zu immer schönerer Entfaltung, wenn auch nur im geheimen. Denn es hätte zu der ängstlich scheuen Befangenheit Ohngelts nicht gepaßt, daß er seiner heimlichen Lust und Kunst anders als in der sichersten Verborgenheit froh geworden wäre.

Am Abend, wenn er zwischen Mahlzeit und Bettgehen ein Stündlein in seiner Kammer verweilte, sang er im Dunkeln seine Lieder und schwelgte in lyrischen Entzückungen. Seine Stimme war ein ziemlich hoher Tenor, und was ihm an Schulung gebrach, suchte er durch Temperament zu ersetzen. Sein Auge schwamm in feuchtem Schimmer, sein schön gescheiteltes Haupt neigte sich rückwärts zum Nacken, und sein Adamsapfel stieg mit den Tönen auf und nieder. Sein Lieblingslied war »Wenn die Schwalben heimwärts ziehn«. Bei der Strophe »Scheiden, ach Scheiden tut weh«, hielt er die Töne lang und zitternd aus und hatte manchmal Tränen in den Augen.

In seiner geschäftlichen Laufbahn kam er mit schnellen Schritten vorwärts. Es hatte der Plan bestanden, ihn noch einige Jahre nach einer größeren Stadt zu schicken. Nun aber machte er sich im Geschäft der Tante bald so unentbehrlich, daß diese ihn nicht mehr fortlassen wollte, und da er später den Laden erblich übernehmen sollte, war sein äußeres Wohlergehen für alle Zeiten gesichert. Anders stand es mit der Sehnsucht seines Herzens. Er war für alle Mädchen seines Alters, namentlich für die hübschen, trotz seiner Blicke und Verbeugungen nichts als eine komische Figur. Der Reihe nach war er in sie alle verliebt, und er hätte jede genommen, die ihm nur einen Schritt entgegen getan hätte. Aber den Schritt tat keine, obwohl er nach und nach seine Sprache um die gebildetsten Phrasen und seine Toilette um die angenehmsten Gegenstände bereicherte.

Eine Ausnahme gab es wohl, allein er bemerkte sie kaum. Das Fräulein Paula Kircher, das Kircherspäule genannt, war immer nett gegen ihn und schien ihn ernst zu nehmen. Sie war freilich weder jung noch hübsch, vielmehr einige Jahre älter als er und ziemlich unscheinbar, sonst aber ein tüchtiges und geachtetes Mädchen aus einer wohlhabenden Handwerkerfamilie. Wenn Andreas sie auf der Straße grüßte, dankte sie nett und ernsthaft, und wenn sie in den Laden kam, war sie freundlich, einfach und bescheiden, machte ihm das Bedienen leicht und nahm seine geschäftsmännischen Aufmerksamkeiten wie bare Münze hin. Daher sah er sie nicht ungern und hatte Vertrauen zu ihr, im übrigen aber war sie ihm recht gleichgültig, und sie gehörte zu der geringen Anzahl lediger Mädchen, für die er außerhalb seines Ladens keinen Gedanken übrig hatte.

Bald setzte er seine Hoffnungen auf feine, neue Schuhe, bald auf ein nettes Halstuch, ganz abgesehen vom Schnurrbart, der allmählich sproßte und den er wie seinen Augapfel pflegte. Endlich kaufte er sich von einem reisenden Handelsmanne auch noch einen Ring aus Gold mit einem großen Opal daran. Damals war er sechsundzwanzig Jahre alt.

Als er aber dreißig wurde und noch immer den Hafen der Ehe nur in sehnsüchtiger Ferne umsegelte, hielten Mutter und Tante es für notwendig, fördernd einzugreifen. Die Tante, die schon recht hoch in den Jahren war, machte den Anfang mit dem Angebot, sie wolle ihm noch zu ihren Lebzeiten das Geschäft abtreten, jedoch nur am Tage seiner Verheiratung mit einer unbescholtenen Gerbersauer Tochter. Dies war denn auch für die Mutter das Signal zum Angriff. Nach manchen Überlegungen kam sie zu dem Befinden, ihr Sohn müsse in einen Verein eintreten, um mehr unter Leute zu kommen und den Umgang mit Frauen zu lernen. Und da sie seine Liebe zur Sangeskunst wohl kannte, dachte sie ihn an dieser Angel zu fangen und legte ihm nahe, sich beim Liederkranz als Mitglied anzumelden.

Trotz seiner Scheu vor Geselligkeit war Andreas in der Hauptsache einverstanden. Doch schlug er statt des Liederkranzes den Kirchengesangverein vor, weil ihm die ernstere Musik besser gefalle. Der wahre Grund war aber der, daß dem Kirchengesangverein Margret Dierlamm angehörte.

Diese war die Tochter von Ohngelts früherem Lehrprinzipal, ein sehr hübsches und fröhliches Mädchen von wenig mehr als zwanzig Jahren, und in sie war Andreas seit neuestem verliebt, da es schon seit geraumer Zeit keine ledigen Altersgenossinnen mehr für ihn gab, wenigstens keine hübschen.

Die Mutter hatte gegen den Kirchengesangverein nichts Triftiges einzuwenden. Zwar hatte dieser Verein nicht halb soviel gesellige Abende und Festlichkeiten wie der Liederkranz, dafür war aber die Mitgliedschaft hier viel wohlfeiler, und Mädchen aus guten Häusern, mit denen Andreas bei Proben und Aufführungen zusammenkommen würde, gab es auch hier genug. So ging sie denn ungesäumt mit dem Herrn Sohn zum Vorstande, einem greisen Schullehrer, der sie freundlich empfing.

»So, Herr Ohngelt«, sagte er, »Sie wollen bei uns mitsingen?«

»Ja, gewiß, bitte –«

»Haben Sie denn schon früher gesungen?«

»O ja, das heißt, gewissermaßen –«

»Nun, machen wir eine Probe. Singen Sie irgendein Lied, das Sie auswendig können.«

Ohngelt wurde rot wie ein Knabe und wollte um alles nicht anfangen. Aber der Lehrer bestand darauf und wurde schließlich fast böse, so daß er am Ende doch sein Bangen überwand und mit einem resignierten Blick auf die ruhig dasitzende Mutter sein Leiblied anstimmte. Es riß ihn mit, und er sang den ersten Vers ohne Stocken.

Der Dirigent winkte, es sei genug. Er war wieder ganz höflich und sagte, das sei allerdings sehr nett gesungen und man merke, daß es con amore geschehe, allein vielleicht wäre er doch mehr für weltliche Musik veranlagt, ob er es nicht etwa beim Liederkranz probieren wolle. Schon wollte Herr Ohngelt eine verlegene Antwort stammeln, da legte seine Mutter sich für ihn ins Zeug. Er singe wirklich schön, meinte sie, und sei jetzt nur ein wenig verlegen gewesen, und es wäre ihr gar so lieb, wenn er ihn aufnähme, der Liederkranz sei doch etwas ganz anderes und nicht so fein, und sie gebe auch jedes Jahr für die Kirchenbescherung, und kurz, wenn der Herr Lehrer so gut sein wollte, wenigstens für eine Probezeit, man werde ja alsdann schon sehen. Der alte Mann versuchte noch zweimal begütigend davon zu reden, daß das Kirchensingen kein Spaß sei und daß es ohnehin schon so eng hergehe auf dem Orgelpodium, aber die mütterliche Beredsamkeit siegte zuletzt doch. Es war dem bejahrten Dirigenten noch nie vorgekommen, daß ein Mann von über dreißig Jahren sich zum Mitsingen gemeldet und seine Mutter zum Beistand mitgebracht hatte. So ungewohnt und eigentlich unbequem ihm dieser Zuwachs zu seinem Chore war, machte ihm die Sache im stillen doch ein Vergnügen, wenn auch nicht um der Musik willen. Er bestellte Andreas zur nächsten Probe und ließ die beiden lächelnd ziehen.

Am Mittwoch abend fand sich der kleine Ohngelt pünktlich in der Schulstube ein, wo die Proben abgehalten wurden. Man übte einen Choral für das Osterfest. Die allmählich ankommenden Sänger und Sängerinnen begrüßten das neue Mitglied sehr freundlich und hatten alle ein so aufgeräumtes und heiteres Wesen, daß Ohngelt sich selig fühlte. Auch Margret Dierlamm war da, und auch sie nickte dem Neuen mit freundlichem Lächeln zu. Wohl hörte er manchmal hinter sich leise lachen, doch war er ja gewöhnt, ein wenig komisch genommen zu werden, und ließ es sich nicht anfechten. Was ihn hingegen befremdete, war das zurückhaltend ernste Betragen des Kircherspäule, das ebenfalls anwesend war und, wie er bald bemerkte, sogar zu den geschätzteren Sängerinnen gehörte. Sie hatte sonst immer eine wohltuende Freundlichkeit gegen ihn gezeigt, und jetzt war gerade sie merkwürdig kühl und schien beinahe Anstoß daran zu nehmen, daß er hier eingedrungen war. Aber was ging ihn das Kircherspäule an?

Beim Singen verhielt sich Ohngelt überaus vorsichtig.

Wohl hatte er von der Schule her noch eine leise Ahnung vom Notenwesen, und manche Takte sang er mit gedämpfter Stimme den andern nach, im ganzen aber fühlte er sich seiner Kunst wenig sicher und hegte bange Zweifel daran, ob das jemals anders werden würde. Der Dirigent, den seine Verlegenheit lächerte und rührte, schonte ihn und sagte beim Abschied sogar: »Es wird mit der Zeit schon gehen, wenn Sie sich dranhalten.« Den ganzen Abend aber hatte Andreas das Vergnügen, in Margrets Nähe sein und sie häufig anschauen zu dürfen. Er dachte daran, daß bei dem öffentlichen Singen vor und nach dem Gottesdienst auf der Orgel die Tenöre gerade hinter den Mädchen aufgestellt waren, und malte sich die Wonne aus, am Osterfest und bei allen künftigen Anlässen so nahe bei Fräulein Dierlamm zu stehen und sie ungescheut betrachten zu können. Da fiel ihm zu seinem Schmerze wieder ein, wie klein und niedrig er gewachsen war und daß er zwischen den andern Sängern stehend nichts würde sehen können. Mit großer Mühe und vielem Stottern machte er einem der Mitsinger diese seine künftige Notlage auf der Orgel klar, natürlich ohne den wahren Grund seines Kummers zu nennen. Da beruhigte ihn der Kollege lachend und meinte, er werde ihm schon zu einer ansehnlichen Aufstellung verhelfen können.

Nach dem Schluß der Probe lief alles davon, kaum daß man einander grüßte. Einige Herren begleiteten Damen nach Hause, andere gingen miteinander zu einem Glas Bier. Ohngelt blieb allein und kläglich auf dem Platze vor dem finsteren Schulhause stehen, sah den andern und namentlich der Margret beklommen nach und machte ein enttäuschtes Gesicht, da kam das Kircherspäule an ihm vorbei, und als er den Hut zog, sagte sie: »Gehen Sie heim? Dann haben wir ja einen Weg und können miteinander gehen.« Dankbar schloß er sich an und lief neben ihr her durch die feuchten, märzkühlen Gassen heimwärts, ohne mehr Worte als den Gutenachtgruß mit ihr zu tauschen.

Am nächsten Tag kam Margret Dierlamm in den Laden, und er durfte sie bedienen. Er faßte jeden Stoff an, als wäre er Seide, und bewegte den Maßstab wie einen Fiedelbogen, er legte Gefühl und Anmut in jede kleine Dienstleistung, und leise wagte er zu hoffen, sie würde ein Wort von gestern und vom Verein und von der Probe sagen. Richtig tat sie das auch. Gerade noch unter der Türe fragte sie: »Es war mir ganz neu, daß Sie auch singen, Herr Ohngelt. Singen Sie denn schon lang?« Und während er unter Herzklopfen hervorstieß: »Ja – vielmehr nur so – mit Verlaub«, entschwand sie leicht nickend in die Gasse.

»Schau, schau!« dachte er bei sich und spann Zukunftsträume, ja er verwechselte beim Einräumen zum ersten Male in seinem Leben die halbwollenen Litzen mit den reinwollenen.

Indessen kam die Osterzeit immer näher, und da sowohl am Karfreitag wie am Ostersonntag der Kirchenchor singen sollte, gab es mehrmals in der Woche Proben. Ohngelt erschien stets pünktlich und gab sich alle Mühe, nichts zu verderben, wurde auch von jedermann mit Wohlwollen behandelt. Nur das Kircherspäule schien nicht recht mit ihm zufrieden zu sein, und das war ihm nicht lieb, denn sie war schließlich doch die einzige Dame, zu der er ein volles Vertrauen hatte. Auch fügte es sich regelmäßig, daß er an ihrer Seite nach Hause ging, denn der Margret seine Begleitung anzutragen war wohl stets sein stiller Wunsch und Entschluß, doch fand er nie den Mut dazu. So ging er denn mit dem Päule. Die ersten Male wurde auf diesem Heimgang kein Wort geredet. Das nächste Mal nahm die Kircher ihn ins Gebet und fragte, warum er nur so wortkarg sei, ob er sie denn fürchte.

»Nein«, stammelte er erschrocken, »das nicht – vielmehr – gewiß nicht – im Gegenteil.«

Sie lachte leise und fragte: »Und wie geht's denn mit dem Singen? Haben Sie Freude dran?«

»Freilich ja – sehr – jawohl.«

Sie schüttelte den Kopf und sagte leise: »Kann man denn mit Ihnen wirklich nicht reden, Herr Ohngelt? Sie drücken sich auch um jede Antwort herum.«

Er sah sie hilflos an und stotterte.

»Ich meine es doch gut«, fuhr sie fort. »Glauben Sie das nicht?«

Er nickte heftig.

»Also denn! Können Sie denn gar nichts reden als wieso und immerhin und mit Verlaub und dergleichen Zeug?«

»Ja, schon, ich kann schon, obwohl – allerdings.«

»Ja obwohl und allerdings. Sagen Sie, am Abend mit Ihrer Frau Mutter und mit der Tante reden Sie doch auch deutsch, oder nicht? Dann tun Sie's doch auch mit mir und mit andern Leuten. Man könnte dann doch ein vernünftiges Gespräch führen. Wollen Sie nicht?«

»Doch ja, ich will schon – gewiß –«

»Also gut, das ist gescheit von Ihnen. Jetzt kann ich doch mit Ihnen reden. Ich hätte nämlich einiges zu sagen.«

Und nun sprach sie mit ihm, wie er es nicht gewöhnt war. Sie fragte, was er denn im Kirchengesangverein suche, wenn er doch nicht singen könne und wo fast nur jüngere als er seien. Und ob er nicht merke, daß man sich dort manchmal über ihn lustig mache und mehr von der Art. Aber je mehr der Inhalt ihrer Rede ihn demütigte, desto eindringlicher empfand er die gütige und wohlmeinende Art ihres Zuredens. Etwas weinerlich schwankte er zwischen kühler Ablehnung und gerührter Dankbarkeit. Da waren sie schon vor dem Kircherschen Hause. Paula gab ihm die Hand und sagte ernsthaft:

»Gute Nacht, Herr Ohngelt, und nichts für ungut. Nächstes Mal reden wir weiter, gelt?«

Verwirrt ging er heim, und so weh ihm war, wenn er an ihre Enthüllungen dachte, so neu und tröstlich war es ihm, daß jemand so freundschaftlich und ernst und wohlgesinnt mit ihm gesprochen hatte.

Auf dem Heimweg von der nächsten Probe gelang es

ihm schon, in ziemlich deutscher Sprache zu reden, etwa so wie daheim mit der Mutter, und mit dem Gelingen stieg sein Mut und sein Vertrauen. Am folgenden Abend war er schon so weit, daß er ein Bekenntnis abzulegen versuchte, er war sogar halb entschlossen, die Dierlamm mit Namen zu nennen, denn er versprach sich Unmögliches von Päules Mitwisserschaft und Hilfe. Aber sie ließ ihn nicht dazu kommen. Sie schnitt seine Geständnisse plötzlich ab und sagte: »Sie wollen heiraten, nicht wahr? Das ist auch das Gescheiteste, was Sie tun können. Das Alter haben Sie ja.«

»Das Alter, ja das schon«, sagte er traurig. Aber sie lachte nur, und er ging ungetröstet heim. Das nächste Mal kam er wieder auf diese Angelegenheit zu sprechen. Das Päule entgegnete bloß, er müsse ja wissen, wen er haben wolle; gewiß sei nur, daß die Rolle, die er im Gesangverein spiele, ihm nicht förderlich sein könnte, denn junge Mädchen nähmen schließlich bei einem Liebhaber alles lieber in den Kauf als Lächerlichkeit.

Die Seelenqualen, in welche ihn diese Worte versetzt hatten, wichen endlich der Aufregung und den Vorbereitungen zum Karfreitag, an welchem Ohngelt zum ersten Mal im Chor auf der Orgeltribüne sich zeigen sollte. Er kleidete sich an diesem Morgen mit besonderer Sorgfalt an und kam mit gewichstem Zylinder frühzeitig in die Kirche. Nachdem ihm sein Platz angewiesen worden war, wandte er sich nochmals an jenen Kollegen, der ihm bei der Aufstellung behilflich zu sein versprochen hatte. Wirklich schien dieser die Sache nicht vergessen zu haben, er winkte dem Orgeltreter, und dieser brachte schmunzelnd ein kleines Kistlein, das wurde an Ohngelts Stehplatz hingesetzt und der kleine Mann daraufgestellt, so daß er nun im Sehen und Gesehenwerden dieselben Vorteile genoß wie die längsten Tenöre. Nur war das Stehen auf diese Art mühevoll und gefährlich, er mußte sich genau im Gleichgewicht halten und vergoß manchen Tropfen Schweiß bei dem Gedanken, er könnte umfallen und mit gebrochenen Beinen unter die an der Brüstung postierten Mädchen hinabstürzen, denn der Orgelvorbau neigte sich in schmalen, stark abfallenden Terrassen niederwärts gegen das Kirchenschiff. Dafür hatte er aber das Vergnügen, der schönen Margret Dierlamm aus beklemmender Nähe in den Nacken schauen zu können. Da der Gesang und der ganze Gottesdienst vorüber war, fühlte er sich erschöpft und atmete tief auf, als die Türen geöffnet und die Glocken gezogen wurden.

Tags darauf warf ihm das Kircherspäule vor, sein künstlich erhobener Standpunkt sehe recht hochmütig aus und mache ihn lächerlich. Er versprach, sich späterhin seines kurzen Leibes nicht mehr zu schämen, doch wollte er morgen am Osterfeste ein letztesmal das Kistlein benutzen, schon um den Herrn, der es ihm angeboten, nicht zu beleidigen. Sie wagte nicht zu sagen, ob er denn nicht sehe, daß jener die Kiste nur hergebracht habe, um sich einen Spaß mit ihm zu machen. Kopfschüttelnd ließ sie ihn gewähren und war über seine Dummheit so ärgerlich wie über seine Arglosigkeit gerührt.

Am Ostersonntage ging es im Kirchenchor noch um einen Grad feierlicher zu als neulich. Es wurde eine schwierige Musik aufgeführt, und Ohngelt balancierte tapfer auf seinem Gerüste. Gegen den Schluß des Chorals hin nahm er jedoch mit Entsetzen wahr, daß sein Standörtlein unter seinen Sohlen zu wanken und unfest zu werden begann. Er konnte nichts tun als stillhalten und womöglich den Sturz über die Terrasse vermeiden. Dieses gelang ihm auch, und statt eines Skandals und Unglücks ereignete sich nichts, als daß der Tenor Ohngelt unter leisem Krachen sich langsam verkürzte und mit angsterfülltem Gesicht abwärtssinkend aus der Sichtbarkeit verschwand. Der Dirigent, das Kirchenschiff, die Emporen und der schöne Nacken der blonden Margret gingen nacheinander seinem Blick verloren, doch kam er heil zu Boden, und in der Kirche hatte außer den grinsenden Sangesbrüdern nur ein Teil der nahe sitzenden männlichen Schuljugend den Vorgang wahrgenommen. Über die Stätte seiner Erniedrigung hinweg jubilierte und frohlockte der kunstreiche Osterchoral.

Als unterm Kehraus des Organisten das Volk die Kirche verließ, blieb der Verein auf seiner Tribüne noch auf ein paar Worte beieinander, denn morgen, am Ostermontag, sollte wie jedes Jahr ein festlicher Vereinsausflug unternommen werden. Auf diesen Ausflug hatte Andreas Ohngelt von Anfang an große Erwartungen gestellt. Er fand jetzt sogar den Mut, Fräulein Dierlamm zu fragen, ob sie auch mitzukommen gedenke, und die Frage kam ohne viel Anstoß über seine Lippen.

»Ja, gewiß gehe ich mit«, sagte das schöne Mädchen mit Ruhe, und dann fügte sie hinzu: »Übrigens, haben Sie sich vorher nicht weh getan?« Dabei stieß sie das verhaltene Lachen so, daß sie auf keine Antwort mehr wartete und davonlief. In demselben Augenblick schaute das Päule herüber, mit einem mitleidigen und ernsthaften Blick, der Ohngelts Verwirrung noch steigerte. Sein flüchtig aufgeloderter Mut war nicht minder eilig wieder umgeschlagen, und wenn er von dem Ausflug nicht schon mit seiner Mama geredet und diese nicht schon zum Mitgehen aufgefordert gehabt hätte, so wäre er jetzt am liebsten vom Ausflug, vom Verein und von allen seinen Hoffnungen zurückgetreten.

Der Ostermontag war blau und sonnig, und um zwei Uhr kamen fast alle Mitglieder des Gesangvereins mit mancherlei Gästen und Verwandten oberhalb der Stadt in der Lärchenallee zusammen. Ohngelt brachte seine Mutter mit. Er hatte ihr am vergangenen Abend gestanden, daß er in Margret verliebt sei und zwar wenig Hoffnungen hege, dem mütterlichen Beistande aber und dem Ausflugsnachmittage doch noch einiges zutraue. So sehr sie ihrem Kleinen das Beste gönnte, so schien ihr doch Margret zu jung und zu hübsch für ihn zu sein. Man konnte es ja versuchen; die Hauptsache war, daß Andreas bald eine Frau bekam, schon des Ladens wegen.

Man rückte ohne Gesang aus, denn der Waldweg ging

ziemlich steil und beschwerlich bergauf. Frau Ohngelt fand trotzdem Sammlung und Atem genug, um ernstlich ihrem Sohn die letzten Verhaltensmaßregeln für die kommenden Stunden einzuschärfen und hernach ein aufgeräumtes Gespräch mit Frau Dierlamm anzufangen. Margrets Mutter bekam, während sie Mühe hatte, im Bergansteigen Luft für die notwendigsten Antworten zu erübrigen, eine Reihe angenehmer und interessanter Dinge zu hören. Frau Ohngelt begann mit dem prächtigen Wetter, ging von da zu einer Würdigung der Kirchenmusik, einem Lob für Frau Dierlamms rüstiges Aussehen und einem Entzücken über das Frühlingskleid der Margret über, sie verweilte bei Angelegenheiten der Toilette und gab schließlich eine Darstellung von dem erstaunlichen Aufschwung, den der Weißwarenladen ihrer Schwägerin in den letzten Jahren genommen habe. Frau Dierlamm konnte auf dieses hin nicht anders, als auch des jungen Ohngelt lobend zu erwähnen, der so viel Geschmack und kaufmännische Fähigkeiten zeige, was ihr Mann schon vor manchen Jahren während Andreas' Lehrzeit bemerkt und anerkannt habe. Auf diese Schmeichelei antwortete die entzückte Mutter mit einem halben Seufzer. Freilich, der Andreas sei tüchtig und werde es noch weit bringen, auch sei der prächtige Laden schon so gut wie sein Eigentum, ein Jammer aber sei es mit seiner Schüchternheit gegen die Frauenzimmer. Seinerseits fehle es weder an Lust noch an den wünschenswerten Tugenden für das Heiraten, wohl aber an Zutrauen und Unternehmungsmut.

Frau Dierlamm begann nun die besorgte Mutter zu trösten, und wenn sie dabei auch weit davon entfernt war, an ihre Tochter zu denken, versicherte sie doch, daß eine Verbindung mit Andreas für jede ledige Tochter der Stadt nur willkommen sein könnte. Diese Worte sog die Ohngelt wie Honig ein.

Unterdessen war Margret mit anderen jungen Leuten der Gesellschaft weit vorangeeilt, und diesem kleinen Kreise der Jüngsten und Lustigsten schloß sich auch Ohngelt an, obwohl er alle Not hatte, mit seinen kurzen Beinen nachzukommen.

Wieder waren alle ausnehmend freundlich gegen ihn, denn für diese Spaßvögel war der ängstliche Kleine mit seinen verliebten Augen ein gefundenes Fressen. Auch die hübsche Margret tat mit und zog den Anbeter je und je mit scheinbarem Ernste ins Gespräch, so daß er vor glücklicher Erregung und verschluckten Satzteilen ganz heiß wurde.

Allein das Vergnügen dauerte nicht lange. Allmählich merkte der arme Teufel doch, daß er hinterrücks ausgelacht wurde, und wenn er sich auch darein zu schicken wußte, so ward er doch niedergeschlagen und ließ die Hoffnung wieder sinken. Äußerlich ließ er sich jedoch möglichst wenig anmerken. Die Ausgelassenheit der jungen Leute stieg mit jeder Viertelstunde, und er lachte angestrengt desto lauter mit, je deutlicher er alle Witze und Andeutungen als auf ihn selber gemünzt erkannte. Schließlich endete der Keckste von den Jungen, ein baumlanger Apothekergehilfe, die Neckereien durch einen recht groben Scherz.

Man kam gerade an einer schönen alten Eiche vorüber, und der Apotheker bot sich an, zu versuchen, ob er den untersten Ast des hohen Baumes mit den Händen erreichen könne. Er stellte sich auf und sprang mehrmals in die Höhe, aber es reichte nicht ganz, und die im Halbkreise umherstehenden Zuschauer begannen ihn auszulachen. Da kam er auf den Einfall, sich durch einen Witz wieder in Ehren und einen andern an die Stelle des Ausgelachten zu bringen. Plötzlich griff er den kleinen Ohngelt um den Leib, hob ihn in die Höhe und forderte ihn auf, den Ast zu fassen und sich daran zu halten. Der Überraschte war empört und wäre gewiß nicht darauf eingegangen, hätte er nicht in seiner schwebenden Lage Furcht vor einem Sturze gehabt. So packte er denn zu und klammerte sich an; sobald sein Träger dies aber bemerkte, ließ er ihn los, und Ohngelt hing nun unter dem Gelächter der Jugend hilflos hoch am Aste, mit den Beinen zappelnd und zornige Schreie ausstoßend.

»Herunter!« schrie er heftig. »Nehmen Sie mich sofort wieder herunter, Sie!«

Seine Stimme überschlug sich, er fühlte sich vollkommen vernichtet und ewiger Schande preisgegeben. Der Apotheker aber meinte, nun müsse er sich loskaufen, und alle jubelten Beifall.

»Sie müssen sich loskaufen«, rief auch Margret Dierlamm.

Da konnte er doch nicht widerstehen.

»Ja, ja«, rief er, »aber schnell!«

Sein Peiniger hielt nun eine kleine Rede des Inhalts, daß Herr Ohngelt schon seit drei Wochen Mitglied des Kirchengesangvereins wäre, ohne daß jemand ihn habe singen hören. Nun könne er nicht eher aus seiner hohen und gefährlichen Lage befreit werden, als bis er der Versammlung ein Lied vorgesungen habe.

Kaum hatte er gesprochen, so begann Andreas auch schon zu singen, denn er fühlte sich von seinen Kräften verlassen. Halb schluchzend fing er an: »Gedenkst du noch der Stunde« – und war noch nicht mit der ersten Strophe fertig, so mußte er loslassen und stürzte mit einem Schrei herab. Alle waren nun doch erschrocken, und wenn er ein Bein gebrochen hätte, wäre er gewiß eines reumütigen Mitleids sicher gewesen. Aber er stand zwar blaß, doch unversehrt wieder auf, griff nach seinem Hute, der neben ihm im Moose lag, setzte ihn sorgfältig wieder auf und ging schweigend davon – denselben Weg zurück, den sie gekommen waren. Hinter der nächsten Wegbiegung setzte er sich am Straßenrande nieder und suchte sich zu erholen.

Hier fand ihn der Apotheker, der ihm mit schlechtem Gewissen nachgeschlichen war. Er bat um Verzeihung, ohne eine Antwort zu erhalten.

»Es tut mir wirklich sehr leid«, sagte er nochmals bittend, »ich hatte gewiß nichts Böses im Sinn. Bitte verzeihen Sie mir, und kommen Sie wieder mit!«

»Es ist schon gut«, sagte Ohngelt und winkte ab, und der andere ging unbefriedigt davon.

Wenig später kam der zweite Teil der Gesellschaft mit den älteren Leuten und den beiden Müttern dabei langsam angerückt. Ohngelt ging zu seiner Mutter hin und sagte:

»Ich will heim.«

»Heim? Ja warum denn? Ist was passiert?«

»Nein. Aber es hat doch keinen Wert, ich weiß es jetzt gewiß.«

»So? Hast du einen Korb gekriegt?«

»Nein. Aber ich weiß doch –«

Sie unterbrach ihn und zog ihn mit.

»Jetzt keine Faxen! Du kommst mit, und es wird schon recht werden. Beim Kaffee setz ich dich neben die Margret, paß auf.«

Er schüttelte bekümmert den Kopf, gehorchte aber und ging mit. Das Kircherspäule versuchte eine Unterhaltung mit ihm anzufangen und mußte es wieder aufgeben, denn er blickte schweigend geradeaus und hatte ein gereiztes und verbittertes Gesicht, wie es niemand an ihm je gesehen hatte.

Nach einer halben Stunde erreichte die Gesellschaft das Ziel des Ausflugs, ein kleines Walddorf, dessen Wirtshaus durch seinen guten Kaffee bekannt war und in dessen Nähe die Ruinen einer Raubritterburg lagen. Im Wirtsgarten war die schon länger angekommene Jugend lebhaften Spielen hingegeben. Jetzt wurden Tische aus dem Hause gebracht und zusammengerückt, die jungen Leute trugen Stühle und Bänke herbei; frisches Tischzeug wurde aufgelegt und die Tafeln mit Tassen, Kannen, Tellern und Backwerk bestellt. Frau Ohngelt gelang es richtig, ihren Sohn an Margrets Seite zu bringen. Er aber nahm seines Vorteils nicht wahr, sondern dämmerte im Gefühl seines Unglücks trostlos vor sich hin, rührte gedankenlos mit dem Löffel im erkaltenden Kaffee und schwieg hartnäckig trotz allen Blicken, die seine Mutter ihm sandte.

Nach der zweiten Tasse beschlossen die Anführer der Jungen, einen Gang nach der Burgruine zu tun und dort

Spiele zu machen. Lärmend erhob sich die Jungmannschaft samt den Mädchen. Auch Margret Dierlamm stand auf, und im Aufstehen übergab sie dem mutlos verharrenden Ohngelt ihr hübsches perlengesticktes Handtäschlein mit den Worten:

»Bitte bewahren Sie mir das gut, Herr Ohngelt, wir gehen zum Spielen.« Er nickte und nahm das Ding zu sich. Die grausame Selbstverständlichkeit, mit der sie annahm, er werde bei den Alten bleiben und sich nicht an den Spielen beteiligen, wunderte ihn nicht mehr. Ihn wunderte nur noch, daß er das alles nicht von Anfang an bemerkt hatte, die merkwürdige Freundlichkeit bei den Proben, die Geschichte mit dem Kistlein und alles andere.

Als die jungen Leute gegangen waren und die Zurückgebliebenen weiter Kaffee tranken und Gespräche spannen, verschwand Ohngelt unvermerkt von seinem Platz und ging hinterm Garten übers Feld dem Walde zu. Die hübsche Tasche, die er in der Hand trug, glitzerte freudig im Sonnenlicht. Vor einem frischen Baumstrunk machte er halt. Er zog sein Taschentuch heraus, breitete es über das noch lichte, feuchte Holz und setzte sich darauf. Dann stützte er den Kopf in die Hände und brütete über traurigen Gedanken, und als sein Blick wieder auf die bunte Tasche fiel und als zugleich mit einem Windzug die Schreie und Freudenrufe der Gesellschaft herüberklangen, neigte er den schweren Kopf tiefer und begann lautlos und kindlich zu weinen.

Wohl eine Stunde lang blieb er sitzen. Seine Augen waren wieder trocken und seine Erregung verflogen, aber das Traurige seines Zustandes und die Hoffnungslosigkeit seiner Bestrebungen waren ihm jetzt noch klarer als zuvor. Da hörte er einen leichten Schritt sich nähern, ein Kleid rauschen, und ehe er von seinem Sitze aufspringen konnte, stand die Paula Kircher neben ihm.

»Ganz allein?« fragte sie scherzend. Und da er nicht antwortete und sie ihn genauer anschaute, wurde sie plötzlich ernst und fragte mit frauenhafter Güte: »Wo fehlt es denn? Ist Ihnen ein Unglück geschehen?«

»Nein«, sagte Ohngelt leise und ohne nach Phrasen zu suchen. »Nein. Ich habe nur eingesehen, daß ich nicht unter die Leute passe. Und daß ich ihr Hanswurst gewesen bin.«

»Nun, so schlimm wird es nicht sein –«

»Doch, gerade so. Ihr Hanswurst bin ich gewesen, und besonders noch den Mädchen ihrer. Weil ich gutmütig gewesen bin und es redlich gemeint habe. Sie haben recht gehabt, ich hätte nicht in den Verein gehen sollen.«

»Sie können ja wieder austreten, und dann ist alles gut.«

»Austreten kann ich schon, und ich tu es lieber heut als morgen. Aber damit ist noch lange nicht alles gut.«

»Warum denn nicht?«

»Weil ich zum Spott für sie geworden bin. Und weil jetzt vollends keine mehr –«

Das Schluchzen übernahm ihn beinahe. Sie fragte freundlich: »– und weil jetzt keine mehr –?«

Mit zitternder Stimme fuhr er fort: »Weil jetzt vollends kein Mädchen mehr mich achtet und mich ernst nehmen will.«

»Herr Ohngelt«, sagte das Päule langsam, »sind Sie jetzt nicht ungerecht? Oder meinen Sie, ich achte Sie nicht und nehme Sie nicht ernst?«

»Ja, das wohl. Ich glaube schon, daß Sie mich noch achten. Aber das ist es nicht.«

»Ja, was ist es denn?«

»Ach Gott, ich sollte gar nicht davon reden. Aber ich werde ganz irr, wenn ich denke, daß jeder andere es besser hat als ich, und ich bin doch auch ein Mensch, nicht? Aber mich – mich will – mich will keine heiraten!«

Es entstand eine längere Pause. Dann fing das Päule wieder an:

»Ja, haben Sie denn schon die eine oder andre gefragt, ob sie will oder nicht?«

»Gefragt! Nein, das nicht. Zu was auch? Ich weiß ja vorher, daß keine will.«

»Dann verlangen Sie also, daß die Mädchen zu Ihnen kommen und sagen: ach Herr Ohngelt, verzeihen Sie, aber ich möchte so schrecklich gern haben, daß Sie mich heiraten! Ja, auf das werden Sie freilich noch lang warten können.«

»Das weiß ich wohl«, seufzte Andreas. »Sie wissen schon, wie ich's meine, Fräulein Päule. Wenn ich wüßte, daß eine es so gut mit mir meint und mich ein wenig gut leiden könnte, dann –«

»Dann würden Sie vielleicht so gnädig sein und ihr zublinzeln oder mit dem Zeigefinger winken! Lieber Gott, Sie sind – Sie sind –«

Damit lief sie davon, aber nicht etwa mit einem Gelächter, sondern mit Tränen in den Augen. Ohngelt konnte das nicht sehen, doch hatte er etwas Sonderbares in ihrer Stimme und in ihrem Davonlaufen bemerkt, darum rannte er ihr nach, und als er bei ihr war und beide keine Worte fanden, hielten sie sich plötzlich umarmt und gaben sich einen Kuß. Da war der kleine Ohngelt verlobt.

Als er mit seiner Braut verschämt und doch tapfer Arm in Arm in den Wirtsgarten zurückkehrte, war alles schon zum Aufbruch bereit und hatte nur noch auf die zwei gewartet. In dem allgemeinen Tumult, Erstaunen, Kopfschütteln und Glückwünschen trat die schöne Margret vor Ohngelt und fragte: »Ja, wo haben Sie denn meine Handtasche gelassen?«

Bestürzt gab der Bräutigam Auskunft und eilte in den Wald zurück, und das Päule lief mit. An der Stelle, wo er so lang gesessen und geweint hatte, lag im braunen Laube der schimmernde Beutel, und die Braut sagte: »Es ist gut, daß wir noch einmal herüber sind. Da liegt ja auch noch dein Sacktuch.«

Alexander Kuprin

Wie eine Familie

Es war vor … mir will es wahrlich manchmal scheinen, es seien schon dreißig Jahre seit damals vergangen: so viele Ereignisse, Begegnungen, Städte, Erfolge, Mißerfolge, Freuden und Leiden gab es zwischen damals und heute. Ich lebte in Kiew, weit draußen, wo Podol beginnt, am Fuße des Alexander-Hügels, im »Dneprhafen«, einer Absteige, die von einem ehemaligen Schiffskoch, den man wegen Trunksucht entlassen hatte, und seiner Frau Anna Petrowna unterhalten wurde, einer wahren Hyäne an Heimtücke, Habgier und Bösartigkeit.

Wir waren sechs, die ständig hier wohnten, alles alleinstehende Leute. In Zimmer Nr. 1 wohnte der am längsten hier logierende Dauergast. Er war einstmals Kaufmann gewesen, Besitzer eines Geschäfts für Orthopädieartikel und Korsette, doch dann begann er zu spielen und verlor beim Kartenspiel sein ganzes Vermögen; eine Zeitlang arbeitete er als Kommis, doch die Spielleidenschaft warf ihn völlig aus der Bahn. Jetzt fristete er Gott weiß was für ein erbärmliches und abscheuliches Dasein. Tagsüber schlief er, und spät abends schlich er sich in irgendwelche geheimen Spielhöllen, die es am Dneprufer, entlang dem großen Flußhafen, in großer Menge gab. Er war – wie alle, die aus Leidenschaft und nicht aus Berechnung spielen – ein großzügiger, höflicher Mensch und ein Fatalist.

In Nr. 3 wohnte der Ingenieur Butkowski. Wollte man ihm Glauben schenken, so hatte er das Institut für Forstwirtschaft, das Institut für Bergbau, das Institut für Eisenbahnwesen und das Institut für Technologie absolviert, nicht gerechnet seine Hochschulstudien im Ausland. Und in der Tat, was seine diversen Kenntnisse betraf, so ähnelte er einer prallgefüllten farcierten Wurst oder einem Koffer, in den man vor Reiseantritt jede Menge Zeugs hineingestopft, sich mit dem Bauch gegen den Deckel gestemmt und den Koffer mit Müh und Not abgeschlossen hat, und wenn man ihn öffnet, quillt alles heraus. Er redete wie ein Wasserfall und sogar ohne gefragt zu sein über das Lotsenhandwerk, über das Flugwesen, die Botanik, die Statistik, über die Baumkunde, die Politik, die fossilen Brontosaurier, über Astronomie, die Schanzkunst, über Septakkorde und Dominanten, über Geflügelzucht, Gemüseanbau, über die Aufforstung von Schluchten und über die städtische Kanalisation. Er betrank sich einmal im Monat drei Tage lang und sprach dann ausschließlich französisch und schrieb ebenfalls auf französisch kleine Zettel an seine ehemaligen Ingenieurkollegen, in denen er sie um Geld anbettelte. Dann wickelte er sich in ein blaukariertes englisches Plaid ein und schwitzte fünf Tage lang seinen Rausch aus. Sonst tat er nichts, bis auf seine Briefe an alle möglichen Zeitungsredaktionen, die er aus jeglichen Anlässen überallhin verschickte: wegen der Trockenlegung der Polessje-Sümpfe, der Entdeckung eines neuen Sterns oder artesischer Brunnen und ähnliches. Wenn er einmal Geld hatte, so steckte er es in verschiedene Bücher, die auf einem Regal in seinem Zimmer standen, und wenn er es wiederfand, war er höchst überrascht. Ich erinnere mich, wie ich ihn häufig sagen hörte, wobei er das R am Gaumen schnarrte:

»Mein Frrreund, nehmen Sie bitte Elisée Rrreclus vom Rrregal, Band vierrr. Zwischen Seite zweihunderrrt und drrreihunderrrt müssen fünf Rrrubel stecken, die ich Ihnen schulde.«

Er war eigentlich kahlköpfig, hatte aber einen weißen Bart und graue fächerförmige Koteletten.

In Nr. 8 wohnte ich, in Nr. 7 ein Student mit einem dicken, bartlosen Gesicht, der stotterte und ein verzogenes Muttersöhnchen war (heute ist er ein weithin bekannter

Staatsanwalt). In Nr. 6 wohnte ein fetter Baltendeutscher namens Karl, ein Straßenbautechniker und so leidenschaftlicher Biertrinker, daß er vor Gier zitterte. Zimmer Nr. 5 bewohnte die Prostituierte Soja, die von der Vermieterin mehr als wir anderen alle zusammen geschätzt wurde. Erstens weil sie mehr für das Zimmer zahlte als wir und zweitens weil sie stets im voraus bezahlte und drittens weil sie keinerlei Lärm machte, da sie – und auch das sehr selten – nur solide ältere und ruhige Kunden zu sich mitnahm, häufiger aber außerhalb, in fremden Etablissements übernachtete.

Wir waren alle miteinander bekannt und kannten uns wohl doch nicht. Wir borgten uns einer vom anderen eine Prise Tee, eine Nadel, einen Faden, heißes Wasser, eine Zeitung, Tinte, Briefumschläge oder Papier.

Insgesamt gab es neun Zimmer in unserem Asyl. Die restlichen drei wurden für eine Nacht oder für kurze Zeit an zufällig vorbeikommende Pärchen vermietet. Wir hatten nichts dagegen. Wir waren an alles gewöhnt.

Ein schneller südlicher Frühling brach herein. Auf dem Dnepr schwammen schon einzelne Eisschollen: Der Fluß trat so mächtig über die Ufer, daß die tiefliegende linke, die Tschernigower Seite bis zum Horizont überschwemmt war. Die Nächte waren warm und dunkel, und es fielen kurze, aber heftige Regenschauer. Gestern hatten die Knospen der Bäume gerade erst einen grünlichgrauen Schimmer angenommen, und am Morgen wacht man auf und sieht, wie plötzlich die ersten zarten Blättchen hell erstrahlen.

Und da kam auch schon Ostern heran mit der wunderbaren, freudigen, allerheiligsten Osternacht. Ich hatte niemanden, wo ich das Ende der Fastenzeit hätte feiern können, und so schlenderte ich einsam durch die Stadt, ging in die Kirchen hinein, schaute mir die Kreuzesprozessionen und die vielen Lichter an, lauschte dem Glockengeläut und dem Gesang und erfreute mich an den lieblichen Gesichtern der

Kinder und Frauen, die von unten durch die warmen Kerzenflammen beleuchtet wurden. Meine Seele war erfüllt von einer trunkenen Traurigkeit – süß, leicht und friedlich, als trauerte ich ohne Schmerz der verlorenen Reinheit und Klarheit meiner Kindheit nach.

Als ich in meine Pension zurückkehrte, begegnete mir unser stupsnasiger Zimmerkellner Waska, ein flinkes und verschlagenes Bürschchen. Wir tauschten den Osterkuß. Waska grinste von einem Ohr bis zum anderen, wobei er seine Zähne samt Zahnfleisch bleckte, als er mir verkündete:

»Das Fräulein von Nummer 5 läßt Ihnen bestellen, daß Sie zu ihr kommen möchten.«

Ich war etwas erstaunt. Wir kannten einander doch überhaupt nicht.

»Sie hat Ihnen auch ein Briefchen geschrieben«, fuhr Waska fort. »Es liegt dort auf dem Tisch.«

Ich nahm den linierten Zettel, der aus einem Notizbuch gerissen war, und unter der vorgedruckten Rubrik »Einnahmen« las ich folgendes:

»Ser geerte Nummero 8!
Wenn Sie nichts forhaben und es Sie nicht allzu ser scheniert, bitte ich Sie, bei mir auf dem Zimmer die Vastenzeit mit Ferzehr des gesegneten Osterkuchens zu beschließen.
Die Ihnen bekannte
Soja Kramarenkowa.«

Ich klopfte bei dem Ingenieur, um mich mit ihm zu beraten. Er stand vor dem Spiegel und versuchte hartnäckig mit Hilfe sämtlicher Finger, seine widerspenstigen, ungepflegten grauen Haare in Ordnung zu bringen. Er trug ein spekkiges Jackett, das schon so manches erlebt hatte, und um den abgeschabten, am Hals verschossenen Hemdkragen war eine weiße Krawatte gebunden.

Wie sich herausstellte, hatte er ebenfalls eine Einladung bekommen. Wir gingen also gemeinsam.

Soja empfing uns auf der Schwelle, entschuldigte sich und errötete. Sie hatte das ganz und gar durchschnittliche, ganz und gar typische Gesicht einer russischen Prostituierten: einen weichen, gutmütigen, willenlosen Mund, eine leichte Knollennase und hervorstehende brauenlose graue Augen – sogenannte Glubschaugen. Doch ihr Lächeln – ihr jetziges, häusliches, ungekünsteltes Lächeln, so schüchtern, sanft und weiblich – machte Sojas Gesicht für einen Augenblick wunderschön.

Bei ihr saßen bereits der Spieler und der Straßenbauer Karl. Bis auf den Studenten hatten sich hier also sämtliche Dauerbewohner des »Dneprhafens« versammelt.

Ihr Zimmer sah genauso aus, wie ich es mir vorgestellt hatte. Auf der Kommode leere Bonbonnieren, Aufklebebildchen, Schminke und eine Brennschere. An den Wänden verblichene Fotos von bartlosen, kraushaarigen Apothekern, von stolzen Schauspielern en profil und von furchterregenden Fähnrichen mit blankgezogenem Säbel. Auf dem Bett ein ganzer Berg von Kissen unter einer Tülldecke, aber auf dem Tisch, der mit einer selbstausgeschnittenen Papierspitzendecke bedeckt war, prangten ein Osterkuchen, Osterspeise, Ostereier, ein riesiger Räucherschinken und zwei Flaschen mit einem geheimnisvollen Wein.

Wir tauschten den Ostergruß und küßten einander auf die Wange, keusch und manierlich, dann setzten wir uns zum Essen nieder. Wir mögen zu dieser Stunde ein eigenartiges und seltsames Bild abgegeben haben: vier Männer, bis ins Mark gebeutelt und ausgelaugt von einem mißglückten Leben, vier alte Schindmähren, zusammen bestimmt mehr als zweihundert Jahre alt, und die fünfte Person – unsere Gastgeberin – eine nicht mehr junge russische Prostituierte, also das unglücklichste, törichtste und naivste, willenloseste Geschöpf auf unserem ganzen Planeten.

Aber wie rührend linkisch, wie scheu und wie gastfreundlich, wie rücksichtsvoll, schlicht und zuvorkommend war diese Frau!

»Greifen Sie zu«, sagte sie liebenswürdig und reichte uns der Reihe nach den Teller, »greifen Sie doch zu und essen Sie bitte. Sie, Nummer sechs, trinken, wie ich weiß, lieber Bier, Wassja hat es mir erzählt. Es steht neben Ihnen, unter dem Tisch, nehmen Sie nur. Und Ihnen, meine Herren, schenke ich Wein ein. Es ist ein sehr guter Wein. Teneriffa. Ich habe einen Bekannten, einen Dampferkapitän, der trinkt nur diese Sorte.«

Wir vier wußten alles vom Leben, und wir wußten natürlich auch, woher das Geld für diesen ganzen Osterschmaus einschließlich des Bieres und des »Teneriffa« stammte. Aber dieses Wissen störte und bedrückte uns nicht im geringsten.

Soja erzählte von ihren nächtlichen Erlebnissen. Im Brüderkloster, wo sie die ganze Frühmesse stehend mitgefeiert hatte, herrschte ein schrecklicher Andrang, aber Soja hatte einen guten Platz ergattert. Der akademische Chor hatte wundervoll gesungen, und das Evangelium wurde von den Studenten höchstpersönlich gelesen, und zwar nacheinander so gut wie in allen Sprachen, die es überhaupt auf der Welt gibt: auf französisch, auf deutsch, auf griechisch und sogar auf arabisch. Und als dann auf dem Hof der Osterkuchen und die Osterspeise gesegnet wurden, kam es zu einem solchen Gedränge, daß die Gläubigen ihre mitgebrachten Speisen verwechselten und sich in die Haare gerieten.

Dann versank Soja in Gedanken, seufzte ein paarmal und gab sich schwärmerisch den Erinnerungen an die Karwoche bei sich zu Hause auf dem Dorf hin.

»Wir haben Blumen gesammelt, sogenannte Osterblumen, so kleine blaue Blümchen, die als erste zu sprießen beginnen. Wir haben einen Sud daraus gekocht und damit die Ostereier gefärbt. Ein wundervolles Blau war das.

Und um sie gelb zu färben, haben wir die Eier mit Zwiebel umwickelt, wir haben Zwiebelschale darum gebunden, und ab ins heiße Wasser damit. Und außerdem haben wir sie noch mit bunten Läppchen gefärbt. Und dann sind wir eine ganze Woche lang durchs Dorf gezogen und haben die Eier gegeneinander gestoßen. Zuerst mit der Spitze, dann mit dem Hinterteil, und wer das andere Ei kaputtgeschlagen hat, der durfte es behalten. Ein Lausebengel hatte irgendwo in der Stadt ein steinernes Ei aufgetrieben – und damit hat er alle anderen entzweigehauen. Aber als wir dahinterkamen, haben wir ihm das Ei weggenommen und ihn selbst verhauen.

Und die ganze heilige Woche hindurch gab es überall bei uns Schaukeln. Eine ganz große in der Dorfmitte – die war für alle Dorfbewohner. Und dann bei jedem Tor eine kleine Schaukel – ein Brettchen und rechts und links ein Strick. So wurde die ganze Woche über geschaukelt – alle schaukelten, die Jungs und die Mädchen, und alle sangen: ›Christus ist auferstanden, wir sind befreit von allen Banden!‹«

Wir hörten ihr schweigend zu. Das Leben hatte so lange und so erbittert auf uns eingeschlagen, daß es uns anscheinend für alle Zeit jegliche Erinnerungen an die Kindheit, die Familie, die Mutter und an frühere Osterfeste aus dem Kopf herausgeprügelt hat.

Inzwischen war der Kalikovorhang am Fenster von der Morgendämmerung in ein kaltes Blau getaucht worden, das dann dunkler wurde, in Gelb überging und plötzlich unmerklich vom Widerschein der Sonne rosarot gefärbt wurde.

»Haben Sie nichts dagegen, meine Herren, wenn ich das Fenster öffne?« sagte Soja.

Sie hob den Vorhang in die Höhe und öffnete die Fensterflügel ganz weit. Nach ihr traten auch wir anderen alle ans Fenster.

Der Morgen war so hell, klar und feiertäglich rein, als habe jemand in der Nacht diesen tiefblauen Himmel mit den flauschigen weißen Wolken darauf und die hohen alten Pappeln mit ihren zitternden frischen, klebrigen, duftenden

Blättchen in die Hand genommen, sorgfältig gewaschen und behutsam wieder an ihren Platz gestellt. Der Dnepr erstreckte sich unter uns in unübersehbarer Weite – dunkelblau und furchterregend an den Ufern, ruhig und silbern in der Ferne. Von sämtlichen Kirchtürmen der Stadt erklang Glockengeläut.

Plötzlich drehten wir uns alle unwillkürlich um. Der Ingenieur weinte. Mit den Händen den Fensterrahmen umklammernd und die Stirn dagegengepreßt, wackelte sein Kopf hin und her, und sein ganzer Körper erbebte vor Schluchzen. Weiß Gott, was in der greisenhaften, verheerten und verletzten Seele dieses Unglücksraben vor sich ging. Ich kannte sein früheres Leben nur aus einzelnen zufälligen Andeutungen: eine unglückliche Ehe mit einem lasterhaften Frauenzimmer, Veruntreuung von Staatsgeldern, Revolverschüsse auf den Liebhaber der Frau, Sehnsucht nach den Kindern, die bei der Mutter geblieben waren …

Soja seufzte mitleidsvoll, umarmte den Ingenieur, legte seinen ergrauten Kopf mit der roten, höckrigen Glatze auf ihre Brust und streichelte sanft seine Schultern und seine Wangen.

»Ach Sie mein Herzenslieber, Sie mein Ärmster«, sagte sie in singendem Tonfall. »Ich weiß doch nur zu gut, wie schwer ihr es habt. Ihr seid doch alle arme … verstoßene … alte … einsame Hündchen. Aber was hilft's, was hilft's, habt nur Geduld, meine Lieben … So Gott will, wird alles wieder gut, alles wird sich regeln und zum Guten wenden … Ach Sie mein Ärmster, Sie Herzensguter, Lieber …«

Nur mit Mühe fand der Ingenieur seine Fassung wieder. Seine Lider waren aufgequollen, das Weiß in den Augen war gerötet, und die angeschwollene Nase wurde fast blau.

»Verrrdammt, diese verrrfluchten Nerrrven!« sagte er erbost und wandte sich zur Wand um.

An seiner Stimme merkte ich, daß ihm in der Kehle, im Mund und in der Nase noch ätzende, ungeweinte Tränen steckten.

Fünf Minuten später verabschiedeten wir uns, wobei wir alle respektvoll Soja die Hand küßten. Der Ingenieur und ich gingen als letzte, und genau vor Sojas Tür stießen wir mit dem Studenten zusammen, der gerade von seinem Osterbesuch zurückkehrte.

»Oho!« rief er grinsend und zog die Augenbrauen vielsagend in die Höhe. »Hier also sind Sie gewesen? Soso ... Hier also haben Sie das erste Fleisch nach den Fastenwochen genossen?«

Aus seiner Stimme hörte man einen ganz bestimmten, niederträchtigen Ton heraus. Doch der Ingenieur maß ihn von den Stiefelspitzen bis zum Mützenschirm mit einem eiskalten, hoheitsvollen Blick, und nach einer langen Pause sagte er mit unbeschreiblicher Verachtung über die Schulter hinweg:

»Kleine miese Rrratte!«

Wolfdietrich Schnurre

Wovon man lebt

Jedesmal, wenn es auf irgendein Fest zuging, kam eine Zeit, wo mit Vater nichts anzufangen war. Er stand dann seufzend und in Selbstgespräche vertieft herum, blätterte entschlußlos im Konversationslexikon, kaute, leer vor sich hinstarrend, auf seinen rostfarbenen Schnurrbartenden oder fragte unvermutet mitten im ärgsten Verkehrsgewühl einen violett anlaufenden Schupo, was er für besser als Kerzenhalter geeignet hielte: Zwirnsterne oder Bieruntersätze.

Mama war damit (und mit noch einigem anderen) nicht fertig geworden; aber auch Frieda, die dann Mamas Nachfolge antrat, hatte es nicht immer ganz leicht. Doch es lag meistens an ihr; denn daß Vater so oft arbeitslos war, hatte bestimmt nichts mit Faulheit zu tun; Vater hatte eben nur keine Lust, sich den ganzen Tag von mir zu trennen.

»Wie soll ich den Jungen erziehen«, sagte er, »wenn ich ihn bloß zum Abendbrot sehe?«

Frieda schwieg dann und nagte nur finster an ihrer Unterlippe. Dabei hatte sie gar keinen Grund, finster zu sein, denn immer, wenn von insgesamt drei Wochen, die uns noch von einem Fest trennten, so etwa zwei herum waren, trat regelmäßig das Unwahrscheinliche ein: Vaters Züge entwölkten sich, er lud Frieda, die damals noch getrennt von uns wohnte, zu einer Tasse Malzkaffee ein und teilte ihr mit, was er sich diesmal wieder Außergewöhnliches hatte einfallen lassen.

Nur als es dann mal auf Ostern zuging, wollte Vater nichts einfallen. Allerdings war es auch noch keinem seiner Freunde und Bekannten, die uns sonst manchmal geholfen hatten, so schlecht wie in jenem Frühjahr gegangen.

Selbst Friedas Bruder, der Straßenfeger war, hatte seine

Stelle verloren und saß nun den ganzen Tag in Friedas möbliertem Zimmer herum und wollte abwechselnd die Zentrumspartei, das Wetter und den Reichspräsidenten für seine Entlassung verantwortlich machen.

Aber Vaters Sorgen waren kaum weniger drückend; die Unterstützung reichte knapp für die Miete, und obwohl es Tausenden so schlecht ging wie uns, waren die Schaufenster verlockender mit Schokoladenhasen und Marzipaneiern gefüllt denn je. Es nützte wenig, daß ich Vater schwor, ich würde mich um all das nicht kümmern.

»Ich bitte dich!« rief er; »das kann man doch wohl von einem kleinen Jungen nicht gut verlangen.«

»Was heißt hier klein«, sagte ich.

»Nein, nein«, sagte Vater erregt, »sieh dir nur die Schaufenster an.«

»Und wenn sie mir gefallen?« fragte ich.

»Ruhe«, sagte Vater und begann auf seinen Bartenden zu kauen, »Ruhe; mir fällt da, glaub ich, was ein.«

Nein, ihm fiel nichts ein; diesmal nicht.

Frieda schüttelte den Kopf, wenn sie ihn so mit hängenden Schultern in der Küche vor dem Fenster stehen sah.

»Du machst dich noch mal kaputt, Otto«, sagte sie und streifte mich dabei mit einem Blick, als hätte *ich* an all diesen Festen schuld.

»Unsinn«, sagte Vater; »es muß doch eine Möglichkeit geben, diesem Jungen eine Osterfreude zu machen!«

»Kleinigkeit«, sagte Frieda; »du nimmst zwanzig Mark und kaufst ihm was für.«

Darauf knallte sie meistens die Tür. Es war aber nicht Wut, was sie so wegrennen ließ, es war Ohnmacht; denn Frieda war auch arbeitslos.

So etwa vierzehn Tage vor Ostern hielt ich Vaters Grübelei nicht mehr aus. Ich trat zu ihm ans Fenster, und wir schwiegen eine Weile zusammen und sahen auf den Hof und auf die abgestorbene Ulme hinaus.

»Laß uns doch am Ostersonntag einfach zu Hause bleiben«, sagte ich dann, »wir können uns ja am Vormittag noch mal die Bilder im Konversationslexikon ansehen; und am Nachmittag könnte man vielleicht mit Frieda und ihrem Bruder ›Mensch, ärgere dich nicht‹ spielen oder so was.«

Vater seufzte. »Für jeden Durchschnittssonntag ein wundervolles Programm; für Ostern jedoch ein Skandal.«

»Und wenn ich zu Frau Hirschberger ginge und uns ihre Schallplatten borgte? Es sind auch zwei Choräle dabei.«

»Musik«, sagte Vater, »macht es nur schlimmer.«

Mehr fiel mir nun auch nicht mehr ein, und bis zum Abend standen wir nur schweigend am Fenster und sahen raus auf den Hof.

Abends brachte Frieda jetzt immer noch ihren Bruder mit. Er verstand Vater gut. »Wir müssen systematisch vorgehn, Herr Dokter«, sagte er mit der Ordnungsliebe, die ja für ihn als Straßenfeger unerläßlich war; »fangen wir mal bei Ihren Freunden an. Kann Ihnen da einer helfen?«

»Keiner«, sagte Vater gepreßt.

»Weg damit«, sagte der Bruder, als fegte er einen Haufen alter Blätter beiseite. »Weiter: wie steht es mit Ihren Bekannten?«

»Auch nicht besser«, ächzte Vater.

»Schön«, sagte der Bruder aufgekratzt; »nun ist die Sache doch ganz einfach.«

»Darf man mal«, sagte Vater gereizt, »fragen, wieso?«

»Na, doch logisch«, sagte der Bruder, »jetzt wissen Sie, daß es auf *Sie* ankommt und auf niemand sonst.«

So einfach das vielleicht klang, Vater half dieser Hinweis sehr. Es waren keine zwei Tage vergangen, da sah er in der Küche nach, ob noch etwas Malzkaffee da wäre, setzte den Wasserkessel auf den Herd und sagte mir, ich möchte doch Frieda und ihren Bruder mal rüberbitten.

»Hat er gelächelt dabei?« fragte Frieda, als ich es ihr mitgeteilt hatte.

»Nein«, sagte ich.

»Wieso denn gelächelt?« fragte der Bruder.

»Wenn er eine brauchbare Idee hat, lächelt er immer«, sagte Frieda, »deshalb *ist* er doch dauernd so ernst.«

»Vielleicht«, sagte der Bruder, »ist es dennoch eine brauchbare Idee.«

»Nanu«, sagte Frieda; »was sollte denn das dann für eine Idee sein?«

»Mal sehn«, sagte der Bruder, »ich hab da irgendwie Vertrauen zu ihm.«

Frieda nahm einen Zigarettenstummel aus dem Aschenbecher und steckte ihn sich an. »Du Glücklicher«, sagte sie und blies den Rauch an die Decke.

Trotzdem, Vater schien tatsächlich eine leidlich solide Idee gekommen zu sein; als ich wieder von der Straße heraufkam – er hatte mich, wie üblich bei so was, runtergeschickt –, drückten ihm Frieda und ihr Bruder gerade ernst und gesammelt die Hand.

»Es fällt mir schwer, Otto«, sagte Frieda, »aber ich will es tun.«

»Gemacht, Herr Dokter«, sagte der Bruder; »auf mich ist Verlaß.«

»Bruno«, sagte Vater, und noch immer lächelte er nicht, »komm mal her.«

Ich ging mit so kleinen Schritten wie möglich zu ihnen hin.

»Bruno«, sagte Vater und räusperte sich, »was würdest du sagen, wenn du zu Ostern das schönste gefüllte Schokoladen-Ei kriegst, das man sich vorstellen kann?«

»Was ist drin?« fragte ich atemlos.

»Was drin ist«, sagte Vater mühsam, »sollst du selber bestimmen.«

»Und auch bei der Verpackung«, warf Frieda großzügig ein, »hast du ein Wort mitzureden.«

»Laß es dir mit einer hübschen bunten Schleife zusammenbinden«, sagte der Bruder.

»Logisch«, erwiderte ich, »sonst klappt es doch auseinander.«

»Und werde dir rechtzeitig darüber klar«, sagte Vater, »ob

es aus gewöhnlicher Milchschokolade oder aus Krokantschokolade bestehen soll.«

»Ginge auch beides?« fragte ich.

Vater sah Frieda an.

Die nickte finster. »Warum nicht.«

Ich hatte noch fast zehn Tage Zeit, um Ordnung in meine Wünsche zu bringen. Es waren somit die aufregendsten Tage, die ich bis dahin erlebt hatte. An Schlaf war kaum noch zu denken; stundenlang lag ich nachts wach und beriet mich mit Vater, wie man das Ei sonst noch ausstatten könnte.

Frieda und ihr Bruder beteiligten sich tagsüber gleichfalls an den Entwürfen, so daß unser Ei allmählich zu etwas so märchenhaft Schönem gedieh, daß ich im stillen schon Angst bekam, es in Wirklichkeit vor mir zu sehen.

Und doch kam dann der Tag, wo Vater vorsichtig eins von Großmutters alten handgeschöpften Büttenblättern aus der Schreibtischschublade zog, den Federhalter eintunkte und sagte, so, nun wäre Schluß mit den Skizzen, jetzt käme der Hauptentwurf dran.

Wir arbeiteten noch bis in den Abend hinein an diesem endgültigen Plan; dann hatten wir endlich alles schriftlich zusammen, und am Morgen darauf – es war der Mittwoch vor Ostern – holte Frieda das Schriftstück ab und schob es unter einer feierlichen Zeremonie in ihre gelackte Sonntagshandtasche.

»So«, seufzte Vater, »jetzt heißt es Geduld haben.«

Aber ich hatte keine. Schon am Nachmittag lief ich heimlich zu Frieda und fragte sie, ob sie auch wirklich ruhigen Herzens der Überzeugung wäre, es könnte an unserem Ei nichts falsch gemacht werden.

Frieda zog die Brauen zusammen und sah einen Augenblick lang zu ihrem Bruder hinüber, der am Fenster saß und die Stellenangebote in der »Morgenpost« studierte. »Nein«, sagte sie langsam; »also, da kannst du ganz sicher sein; Max, hab ich recht?«

»Hundertprozentig«, versicherte Max.

Und dann war es soweit.

Als ich am Sonnabend mal von der Straße raufkam, um mir eine Stulle zu holen, nahm Vater mich bei der Hand; er führte mich zum Schreibtisch und sagte gedämpft: »Da ist es drin.«

»Wie ist es geworden?« fragte ich schluckend.

»Unvorstellbar herrlich«, sagte Vater; »du denkst, ein Märchen-Ei vor dir zu haben.«

»So, wie wir es uns ausgedacht haben?«

»Stell dir vor«, sagte Vater: »noch schöner.«

Ich lag wieder fast die ganze Nacht wach und malte mir aus, wie ich es morgen, in ein Nest aus grüner Papierwolle gebettet, dann finden würde: silbern und mit einer blaßlila Schleife umwickelt, die in Form einer fünfzehnblättrigen Blume zurechtgezupft wäre.

Und dann war der Ostersonntag endgültig da.

Frieda hatte ihre bändergeschmückte Gitarre mitgebracht, die noch aus ihrer Wandervogelzeit stammte, und Max hatte seine längs gefaltete Aktentasche mit den Stullen darin unter dem Arm. Das Ei war schon in Vaters Rucksack verschwunden.

»Geh bloß vorsichtig«, sagte ich; »daß du nicht irgendwo anstößt.«

»Unbesorgt«, sagte Vater.

Dann gingen wir los.

Es war ein herrlicher Tag; noch nie hatte ich Weißensee so schön gesehen. Überall läuteten die Glocken, und der Himmel schien aus dem gleichen Stoff zu bestehen, aus dem ich mir die Schleife des Ei's gewünscht hatte.

Unser Ziel waren die Rieselfelder, die gleich hinterm Stadtrand begannen. Wenn man nur weit genug lief, gab es Wiesen und kleine Erlenwäldchen in ihnen, die sich wunderbar dafür eigneten, unser Ei zu verstecken.

Wir waren alle sehr fröhlich. Frieda spielte Gitarre beim Gehen, Vater pfiff, und Max sang zweite Stimme dazu.

In Malchow, das bereits außerhalb lag, huschten die kleinen weißgekleideten Dorfmädchen schon mit ihren Eierkörbchen in den Gärten herum. Silbern gezwirbelte Rauchfahnen standen senkrecht auf den moosgrünen Schilfdächern, und aus der offenen Kirchentür krachte dröhnend das Niesen des Pfarrers heraus.

Eine Wegstunde weiter, und wir hatten die geeignete Stelle gefunden. Es war ein sanft abfallender Wiesenhang, den unten ein Bach und ein dichtes Holundergehölz abschlossen.

Wir sahen uns erst rings an den blühenden Obstbäumen satt; Max schoß ein paarmal Kobolz und dankte seinem Schöpfer dafür, daß er arbeitslos war und heute nicht Sonntagsdienst hatte, und dann zog Vater seinen Reclam-»Faust« aus der Tasche und las uns mit schallender Stimme den Osterspaziergang vor.

Es folgten, von Frieda gespielt und gesungen, drei Löns-Lieder; und dann kam Max mit zwei riesigen Bündeln von wildem Schnittlauch zurück, und wir frühstückten erst mal. Darauf räusperte Vater sich, nahm seinen Rucksack und sagte: »Ich hoffe, Bruno, du bist so fair und siehst mir nicht zu, wenn ich es jetzt verstecke.«

Während er weg war, versuchte ich, von Frieda und Max noch schnell was über die Größe des Ei's zu erfahren; über die hatten wir nämlich komischerweise noch gar nicht so richtig gesprochen.

Doch die beiden waren plötzlich einsilbig geworden; und so mußte ich, als mir Vater dann pfiff, wieder die Phantasie zu Hilfe nehmen, das hieß, ich schätzte das Ei etwa so groß ein wie meinen Kopf; immerhin sollten ja auch noch Marzipan- und Nougat-Eier und Pralinen und Fruchtschnitten Platz in ihm haben.

Ich suchte ziemlich lange. Es war wohl so annähernd die aufregendste Eiersuche, die ich je mitgemacht habe. Nach zweieinhalb Stunden fing ich allerdings an, ein bißchen ungeduldig zu werden.

»Mehr links!« rief Vater mir zu.

»Unsinn!« rief Frieda; »ich hab zugesehn: rechts!«

»Macht keinen Quatsch!« schrie Max: »gradeaus im Holundergebüsch!«

Ich ließ sie sich weiterstreiten und suchte erst links und dann rechts, dann im Holundergebüsch – ohne Erfolg.

Aber nun war auch Vater ungeduldig geworden. Ob ich was dagegen hätte, wenn er mitsuchte.

Nein, ich hatte nichts dagegen.

Wir suchten eine Weile zusammen; doch auch Vater fand es nicht wieder.

»Wir müssen systematisch vorgehn«, sagte Max.

Das taten wir dann auch. Wir suchten zu viert auf einem Raum von gut hundert Quadratmetern jedes Grasbüschel, jeden Klettenbusch, jeden Holunderstrauch ab, drehten rostige Eimer und alte Matratzen um, griffen in Kaninchenlöcher, tasteten barfuß den Bachgrund ab – nichts.

Gegen Mittag legten wir eine kurze Pause ein.

Dann ging es weiter.

Frieda war jetzt schon so reizbar geworden, daß sie anfing, Vater und Max zu beschimpfen, wenn einer von beiden ihr in den Weg lief.

Um vier fing auch Max an zu schimpfen, und um sieben war dann auch Vater am Ende.

Sie saßen jetzt wieder alle drei unter den Obstbäumen und sahen mir müde und abgespannt zu. Es dämmerte schon, und vom Bachgrund stieg Nebeldunst auf. »Ich glaube, Bruno«, sagte Vater dumpf, »du gibst es jetzt auf.«

»Und wenn's einer findet?« rief ich.

»Wenn *wir* es nicht finden«, sagte Frieda, »wer dann?«

Trotzdem bestand ich darauf, noch bis in die Dunkelheit rein weiterzusuchen. Dann war ich jedoch plötzlich so müde, daß Vater mich huckepack nehmen mußte, als wir den Heimweg antraten.

Ich lauschte noch eine Weile schläfrig auf das rhythmisch summende Bumsen, mit dem Friedas Knie bei jedem Schritt gegen den Gitarrenbauch stieß; dann schlief ich ein, den Kopf auf Vaters schaukelnde Schulter gelegt.

Ich wachte davon auf, daß Frieda laut etwas sagte. Ich ließ den Kopf auf Vaters Schulter liegen und hörte zu.

Vater antwortete gerade; er sprach leise und war sehr erregt. »Ich hab es euch gleich gesagt«, sagte er; »ihr wußtet, daß es nicht einfach sein würde.«

»Aber daß es eine solche Schinderei werden würde«, ächzte Frieda, »das hab ich nicht gewußt.«

»Ich auch nicht«, flüsterte Max; »Mann, Dokter, man hätte ja heulen können, wie man den Jungen da rumkriechen sah!«

»Was ist –?« fragte Frieda dazwischen; »schläft er?«

»Ganz fest«, sagte Vater. »Trotzdem«, sagte er, »es gab keine andere Möglichkeit. Frieda, sag selbst: hat er sich nicht kaputtgefreut über das Ei?«

»Über das Ei!« äffte Frieda ihn nach. »Über was denn für'n Ei?«

Mir fuhr es plötzlich wie ein Eiszapfen ins Herz.

»Wenn es das Ei auch nicht gab«, sagte Vater, »es war wirklicher als ein wirkliches Ei; man hat ja schon bald selbst dran geglaubt.«

Einen Augenblick dachte ich, sofort Vaters Schulter loslassen und für immer auf und davon rennen zu müssen, egal wohin, nur weg von diesem Mann, der so fürchterlich log und dennoch vorgab, mein Vater zu sein. Aber auch nur einen Augenblick lang; denn dann fuhr er fort:

»Ihr werdet sehen, Bruno denkt noch an dieses Ei, wenn ein sogenanntes ›normales‹ seine Kraft, zu erinnern, schon hundertfach eingebüßt hätte.«

»Na, na«, sagte Max, »woher wolln Sie'n das wissen, Herr Dokter?«

»Eine Erfahrung«, sagte Vater und bückte sich im Gehen, weil mir sonst ein blühender Obstzweig das Ohr gestreift hätte: »Wunschbilder, die nicht in Erfüllung gehen, machen die wahre Glückseligkeit aus.«

»Schön *wär's*«, sagte Frieda und sah ihn mit hochgezogenen Brauen von der Seite her an.

Guy de Maupassant

Im Frühling

Wenn die ersten schönen Tage kommen, wenn die Erde neu erwacht und grün wird, wenn die lauen Lüfte unsere Haut liebkosen, in die Brust eindringen, ins Herz selber einzuziehen scheinen, kommt uns ein dunkles Verlangen nach unbestimmtem Glück, die Lust, hinauszulaufen, aufs Geratewohl loszuziehen, Abenteuer zu suchen, den Frühling zu trinken.

Da der vergangene Winter sehr hart gewesen war, überfiel mich dieser Drang im Monat Mai wie ein Rausch, ein Überquellen der Säfte.

Eines Morgens nun, als ich erwachte, sah ich durch mein Fenster über die Nachbarhäuser hinweg das große blaue Himmelstuch von Sonne ganz entflammt. Im Käfig an den Fenstern zwitscherten die Zeisige; die Hausmädchen sangen in allen Etagen; fröhlicher Lärm klang von der Straße herauf; und festlich gestimmt zog ich aus, irgendwohin.

Die Leute, denen man begegnete, lächelten; ein Hauch von Glück wehte überall im warmen Licht des wiedergekehrten Frühlings. Es war, als triebe ein Hauch von Liebe durch die Stadt; und die jungen Frauen, die in Morgentoiletten vorübergingen, heimliche Liebe in den Augen, gelöstere Grazie im Gang, erfüllten mein Herz mit wirren Empfindungen.

Ohne zu wissen wie, ohne zu wissen warum, gelangte ich zum Seineufer. Dampfschiffe fuhren nach Suresnes, und mich kam eine unbändige Lust an, durch die Wälder zu streifen.

Das Deck der »Mouche« war voller Passagiere, denn die erste Sonne lockt jeden unwillkürlich aus dem Haus, und alles ist in Bewegung, geht, kommt, plaudert mit dem Nachbarn.

Ich hatte eine Nachbarin; eine kleine Arbeiterin sicherlich, von ganz pariserischer Anmut, ein reizender Blondkopf mit gelocktem Schläfenhaar; Haare wie gekräuseltes Licht fielen ihr übers Ohr, liefen bis in den Nacken, tanzten im Wind, gingen darunter in so feinen, so leichten, so blonden Flaum über, daß man ihn kaum sah, aber die unwiderstehliche Lust empfand, eine Flut Küsse dorthin zu setzen.

Unter meinem eindringlichen Blick wandte sie den Kopf nach mir, dann schlug sie die Augen nieder, während ein Fältchen wie ein aufkeimendes Lächeln ihre Mundwinkel ein wenig vertiefte und auch dort den feinen seidigen Flaum schimmern ließ, den die Sonne zart vergoldete.

Der stille Fluß wurde breiter. Warmer Frieden schwebte in der Atmosphäre, und murmelndes Leben schien den Erdenraum zu erfüllen. Meine Nachbarin hob die Augen, und diesmal, da ich sie immer noch ansah, lächelte sie eindeutig. Sie war reizend so, und mir leuchtete aus ihrem flüchtigen Blick tausenderlei entgegen, tausenderlei bis dahin nicht Gekanntes. Ich sah unentdeckte Tiefen darin, all den Zauber der Zärtlichkeiten, all die Poesie, die wir erträumen, das ganze Glück, das wir unablässig suchen. Und mich faßte ein tolles Verlangen, die Arme auszubreiten, sie irgendwohin zu tragen, um ihr die süße Musik der Liebesworte ins Ohr zu flüstern.

Ich wollte den Mund auftun und sie ansprechen, als jemand mich an der Schulter faßte. Überrascht wandte ich mich um und erblickte einen Mann von üblichem Aussehen, nicht jung, nicht alt, der mich mit trauriger Miene anstarrte.

»Ich muß Sie sprechen«, sagte er.

Ich verzog das Gesicht, was er zweifellos wahrnahm, denn er setzte hinzu: »Es ist wichtig.«

Ich erhob mich und folgte ihm ans andere Ende des Schiffes. »Monsieur«, begann er, »wenn der Winter mit

Kälte, Regen und Schnee kommt, rät Ihnen Ihr Arzt alle Tage: ›Halten Sie Ihre Füße warm, hüten Sie sich vor Erkältung, vor Schnupfen, Husten und Brustfellentzündung.‹ Dann treffen Sie tausend Vorsichtsmaßregeln, Sie legen Flanell an, tragen warme Überröcke, festes Schuhwerk, was Sie dennoch nicht immer davor bewahrt, zwei Monate das Bett zu hüten. Aber wenn der Frühling kommt mit seinen Blättern und Blüten, mit seinen warmen, weichen Winden, seinen Gerüchen vom Land her, die einen in Wirrnis, in grundlose Rührung versetzen, kommt niemand und sagt: ›Monsieur, hüten Sie sich vor der Liebe! Sie liegt überall im Hinterhalt; sie lauert an allen Ecken; all ihre Fallstricke sind gespannt, all ihre Waffen sind geschärft, all ihre Schändlichkeiten sind vorbereitet! Hüten Sie sich vor der Liebe! ... Hüten Sie sich vor der Liebe! Sie ist gefährlicher als Schnupfen, Husten oder Brustfellentzündung! Sie kennt keine Gnade und läßt einen Dummheiten begehen, die nie mehr gutzumachen sind.‹ Ja, Monsieur, ich sage Ihnen, die Regierung müßte jedes Jahr riesige Plakate anschlagen lassen mit den Worten: ›Der Frühling kommt. Französische Bürger, seid auf der Hut vor der Liebe!‹ So wie an einer Haustür steht: ›Vorsicht, frisch gestrichen!‹ Und da die Regierung das nicht tut, trete ich an ihre Stelle und sage zu Ihnen: Hüten Sie sich vor der Liebe; sie ist im Begriff, nach Ihnen zu schnappen, und ich habe die Pflicht, Sie zu warnen, so wie man in Rußland einem Passanten sagt, daß seine Nase erfriert.«

Ich war verblüfft über den Sonderling, und mit würdiger Miene erwiderte ich: »Nun, Monsieur, mir scheint, Sie mischen sich in Dinge, die Sie kaum etwas angehen.«

Er machte eine heftige Bewegung und antwortete: »O Monsieur! Monsieur! Wenn ich sehe, daß ein Mensch dem Ertrinken nahe ist, darf ich ihn dann zugrunde gehen lassen? Warten Sie, hören Sie meine Geschichte, und Sie werden verstehen, weshalb ich es wage, so zu sprechen.

Es war im letzten Jahr zur gleichen Zeit. Vorausschicken muß ich wohl, daß ich Beamter im Marineministerium bin und daß unsere Chefs, die Kommissare, ihre protokollarischen Offizierslitzen in einer Weise ernst nehmen, daß sie uns wie die Mastwachen behandeln. Ach, wenn alle Chefs zivile wären – aber lassen wir das. Ich sah also von meiner Schreibstube aus ein kleines Stück tiefblauen Himmel, wo die Schwalben flogen; und mich überkam die Lust, inmitten meiner schwarzen Aktendeckel zu tanzen.

Mein Freiheitsdrang wuchs derart, daß ich trotz allen Abscheus zu meinem Affen ging. Er war ein kleiner, immer zänkischer Nörgler. Ich meldete mich krank. Er blickte mir ins Gesicht und schrie: ›Das glaube ich Ihnen nicht, Monsieur. Aber bitte, gehen Sie! Glauben Sie etwa, ein Büro kann mit Angestellten wie Ihnen funktionieren?‹

Aber ich machte, daß ich fortkam, und eilte zur Seine. Es war ein Wetter wie heute; und ich bestieg die ›Mouche‹, um nach Saint-Cloud zu fahren.

Ach, Monsieur! Wie recht hätte mein Chef getan, mir die Erlaubnis zu verweigern!

Mir war, als weitete ich mich unter der Sonne. Ich liebte alles, das Schiff, den Fluß, die Bäume, die Häuser, meine Nachbarn, alles. Ich hätte irgend etwas umarmen mögen, egal was: das war die Liebe, die ihre Fallen auslegte.

Da stieg am Trocadéro ein junges Mädchen mit einem kleinen Paket in der Hand zu und setzte sich mir gegenüber.

Sie war hübsch, ja, Monsieur, aber es ist erstaunlich, um wieviel schöner uns die Frauen erscheinen, wenn das Wetter hell wird, im ersten Frühling: sie haben etwas Berückendes, einen Zauber, irgend etwas ganz Besonderes. Das ist genau dasselbe wie mit dem Wein, wenn man ihn nach dem Käse trinkt.

Ich sah sie an, und sie sah mich auch an – aber nur dann und wann, so wie Ihre eben. Nun, da wir uns so oft ansahen, meinte ich, daß wir uns genug kannten, um eine Unterhaltung anzufangen, und ich sprach sie an. Sie antwortete. Sie war ganz allerliebst, wirklich. Sie machte mich trunken, Monsieur!

In Saint-Cloud stieg sie aus – ich folgte ihr. Sie hatte eine Bestellung abzuliefern. Als sie wiederkam, war das Schiff gerade abgefahren. Ich ging neben ihr her, und die linde Luft entlockte uns beiden Seufzer.

›Wie schön müßte es jetzt im Wald sein‹, sagte ich.

Sie antwortete: ›O ja!‹

›Wenn wir nun einen Spaziergang machten – hätten Sie Lust, Mademoiselle?‹

Sie musterte mich mit einem flinken verstohlenen Blick, wie um abzuschätzen, was ich wert sei, dann, nach einigem Zögern, nahm sie an. Und also wandelten wir Seite an Seite unter Bäumen hin. Das Gras unter dem noch spärlichen Laub stand hoch, derb und saftig, in leuchtendem Grün wie lackiert, von Sonne überflutet und wimmelte von kleinen Tieren, die sich auch liebten. Überall hörte man Vögel singen. Da fing meine Gefährtin an zu laufen und zu hüpfen, von der Luft und den ländlichen Düften berauscht. Und ich lief hinter ihr her, sprang ganz wie sie. Ach, was ist man zuzeiten dumm, Monsieur!

Dann sang sie hingebungsvoll tausend Sachen, Opernmelodien, das Lied der Musette! Das Lied der Musette! Wie poetisch es mir damals klang! ... Ich weinte fast. O ja, all solche Albernheiten verdrehen einem den Kopf; aber glauben Sie mir, nehmen Sie niemals, niemals eine Frau, die auf dem Lande anfängt zu singen, vor allem wenn es das Lied der Musette ist!

Bald war sie müde und setzte sich an einen grünen Hang. Ich ließ mich zu ihren Füßen nieder und faßte ihre Hände; ihre kleinen Hände, mit Nadelstichen übersät, was mich rührte. Das sind die heiligen Male der Arbeit, sagte ich mir. O Monsieur, Monsieur, wissen Sie, was das bedeutet, die heiligen Male der Arbeit? Sie bedeuten den ganzen Werkstattklatsch, das ganze schmutzige Geflüster, einen von lauter erzählten Verderbtheiten besudelten Sinn, verlorene Keuschheit, die ganze Dummheit des Weibergeschwätzes, die ganze Misere der alltäglichen Gewohnheiten, die ganze geistige Enge gemeiner Frauen, und all das auf das vollständigste vereinigt in der, die an den Fingerspitzen die heiligen Male der Arbeit trägt.

Dann haben wir uns lange in die Augen geblickt.

Oh, das Auge einer Frau, welche Gewalt es hat! Wie es verwirrt, überwältigt, in Besitz nimmt, beherrscht! Wie tief es scheint, wie voller Verheißungen, voller Unendlichkeit! Man nennt das: sich in die Seele blicken! Oh, welch ein Witz, Monsieur! Wenn man da hineinsehen könnte, in die Seele – man wäre klüger.

Kurz, es hatte mich erwischt, ich war verrückt. Ich wollte sie in die Arme nehmen. Sie sagte: ›Pfoten weg!‹

Da kniete ich vor ihr nieder und öffnete mein Herz; an ihre Knie geschmiegt, sagte ich all das Sehnen, das mich erstickte. Sie schien über den Wechsel des Verfahrens erstaunt und maß mich mit einem schrägen Blick, als habe sie sich gesagt: Ah, so spielt man mit dir, mein Bester; na schön, wir werden sehen.

In der Liebe, Monsieur, sind immer wir die Naiven und die Frauen die Händlerinnen.

Ich hätte sie haben können, ohne jeden Zweifel; ich habe meine Dummheit später begriffen, aber was ich suchte, war nicht ein Körper; es war Zärtlichkeit, das Ideale. Ich schwelgte in Gefühlen, als ich meine Zeit besser hätte gebrauchen sollen.

Als sie von meinen Erklärungen genug hatte, erhob sie sich; und wir kehrten zurück nach Saint-Cloud. Ich wich erst in Paris von ihrer Seite. Seit der Rückkehr sah sie so traurig aus, daß ich sie nach dem Grund fragte. Sie antwortete: ›Ich denke so daran, daß das ein Tag war, wie man im Leben nicht viele hat.‹ Mir schlug das Herz, als wollte es meine Brust sprengen.

Ich sah sie am folgenden Sonntag wieder, und wieder den

Sonntag darauf und alle übrigen Sonntage. Ich führte sie aus nach Bougival, Saint-Germain, Maisons-Laffitte, Poissy; überallhin, wo die Vorortlieben sich abspielen.

Das kleine Luder machte seinerseits ›auf Leidenschaft‹.

Schließlich verlor ich völlig den Kopf, und drei Monate später waren wir verheiratet.

Was wollen Sie, Monsieur, man ist Angestellter, allein, ohne Familie, ohne Rat! Man sagt sich, mit einer Frau müßte das Leben süß sein! Und man heiratet diese Frau!

Und dann beschimpft sie einen von morgens bis abends, begreift nichts, weiß nichts, schnattert ohne Ende, singt zum Ohrenzerreißen das Lied der Musette (oh, dies Lied der Musette, welche Säge!), zankt sich herum mit dem Kohlenmann, erzählt der Concierge sämtliche Intimitäten ihrer Ehe, verrät dem Hausmädchen der Nachbarn alle Bettgeheimnisse, macht ihren Mann bei den Lieferanten schlecht und hat den Kopf mit so stumpfsinnigen Geschichten, so idiotischen Überzeugungen, so albernen Ansichten, so unfaßlichen Vorurteilen vollgestopft, daß ich jedesmal, wenn ich mit ihr rede, vor Entmutigung weine, Monsieur.«

Er schwieg mit bedrängtem Atem und tief bewegt. Ich betrachtete ihn, voller Mitleid für den armen gutgläubigen Teufel, und wollte ihm etwas erwidern, als das Schiff hielt. Wir waren in Saint-Cloud.

Die kleine Frau, die mich betört hatte, erhob sich zum Aussteigen. Sie kam dicht an mir vorüber und warf mir einen Seitenblick mit einem flüchtigen Lächeln zu, einem Lächeln, wie es einen toll macht; dann sprang sie auf den Landungssteg.

Ich wollte ihr nachstürzen, aber mein Nachbar hielt mich am Ärmel. Ich machte mich mit einem Ruck los; er packte mich bei den Rockschößen, zerrte an mir und rief so laut: »Sie gehen nicht! Sie gehen nicht!«, daß alle Leute sich umdrehten.

Rings lief Lachen um, und ich stand wütend, aber ohne den Mut, der Lächerlichkeit und dem Aufsehen zu trotzen.

Das Schiff fuhr weiter.

Die kleine Frau auf dem Steg sah mit enttäuschter Miene, wie ich mich entfernte, während mein Verfolger händereibend mir ins Ohr flüsterte:

»Da habe ich Ihnen aber einen Riesendienst erwiesen.«

Selma Lagerlöf
Das Rotkehlchen

Es war zu der Zeit, da unser Herr die Welt erschuf, er nicht nur Himmel und Erde schuf, sondern auch alle Tiere und Pflanzen, und ihnen zugleich ihre Namen gab. Es gibt viele Geschichten aus jener Zeit; und wüßte man sie alle, so wüßte man auch die Erklärung für alles in der Welt, was man jetzt nicht verstehen kann.

Damals war es, daß es sich eines Tages begab, als unser Herr im Paradiese saß und die Vögel malte, daß die Farbe in unsers Herrn Farbschalen ausging, so daß der Stieglitz ohne Farbe geblieben wäre, wenn unser Herr nicht alle Pinsel an seinen Federn abgewischt hätte.

Und damals geschah es, daß der Esel seine langen Ohren bekam, weil er sich nicht merkte, welchen Namen er bekommen hatte. Er vergaß es, sowie er nur ein paar Schritte auf den Fluren des Paradieses gemacht hatte, und dreimal kam er zurück und fragte, wie er heiße, bis unser Herr ein klein wenig ungeduldig wurde, ihn bei den Ohren nahm und sagte: »Dein Name ist Esel, Esel, Esel.«

Und während er so sprach, zog er seine Ohren lang, damit er ein besseres Gehör bekäme und sich merkte, was man ihm sagte.

An demselben Tage geschah es auch, daß die Biene bestraft wurde. Denn als die Biene geschaffen war, begann sie sogleich Honig zu sammeln, und Tiere und Menschen kamen und wollten ihn kosten. Aber die Biene wollte alles für sich behalten und jagte mit ihren giftigen Stichen alle fort, die sich der Honigwabe näherten. Dies sah unser Herr, und alsogleich rief er die Biene zu sich und strafte sie. »Ich verlieh dir die Gabe, Honig zu sammeln, der das Süßeste in der Schöpfung ist«, sagte unser Herr, »aber damit gab ich dir nicht das Recht, hart gegen deinen Nächsten zu sein. Merke dir nun, jedesmal, wenn du jemand stichst, der deinen Honig kosten will, mußt du sterben!«

Ach ja, damals geschah es, daß die Grille blind wurde und die Ameise ihre Flügel verlor; es begab sich so viel Wunderliches an diesem Tage.

Unser Herr saß den ganzen Tag groß und mild da und schuf und erweckte zum Leben, und gegen Abend kam es ihm in den Sinn, einen kleinen grauen Vogel zu erschaffen.

»Merke dir, daß dein Name Rotkehlchen ist!« sagte unser Herr zu dem Vogel, als er fertig war. Und er setzte ihn auf seine flache Hand und ließ ihn fliegen.

Aber als der Vogel ein Weilchen umhergeflogen war und sich die schöne Erde besehen hatte, auf der er leben sollte, bekam er auch Lust, sich selbst zu betrachten. Da sah er, daß er ganz grau war, und seine Kehle war ebenso grau wie alles andere. Das Rotkehlchen wendete und drehte sich und spiegelte sich im Wasser, aber es konnte keine einzige rote Feder entdecken.

Da flog der Vogel zu unserem Herrn zurück.

Unser Herr thronte gut und milde, aus seinen Händen gingen Schmetterlinge hervor, die um sein Haupt flatterten, Tauben gurrten auf seinen Schultern, und aus dem Boden rings um ihn sprossen die Rosen, die Lilie und das Tausendschönchen.

Das Herz des kleinen Vogels pochte heftig vor Bangigkeit, aber in leichten Bogen flog er doch immer näher zu unserm Herrn, und schließlich ließ er sich auf seiner Hand nieder.

Da fragte unser Herr, was sein Begehr wäre.

»Ich möchte dich nur um eines fragen«, sagte der kleine Vogel.

»Was willst du denn wissen?« fragte unser Herr.

»Warum soll ich Rotkehlchen heißen, wenn ich doch

ganz grau bin vom Schnabel bis zum Schwanze? Warum werde ich Rotkehlchen genannt, wenn ich keine einzige rote Feder mein eigen nenne?«

Und der Vogel sah unseren Herrn mit seinen kleinen schwarzen Äuglein flehend an und wendete das Köpfchen. Ringsum sah er Fasanen, ganz rot unter einem leichten Goldstaub, Papageien mit reichen roten Halskragen, Hähne mit roten Kämmen, ganz zu schweigen von den Schmetterlingen, den Goldfischen und den Rosen. Und natürlich dachte er sich, wie wenig vonnöten wäre, nur ein einziger kleiner Tropfen Farbe auf seiner Brust, und er wäre ein schöner Vogel und sein Name schickte sich für ihn.

»Warum soll ich Rotkehlchen heißen, wenn ich ganz grau bin?« fragte der Vogel abermals und wartete, daß unser Herr sagen würde:

»Ach, Freundchen, ich sehe, ich habe ganz vergessen, deine Brustfedern rot zu malen, aber warte nur einen Augenblick, dann wird es geschehen.«

Aber unser Herr lächelte nur still und sagte:

»Ich habe dich Rotkehlchen genannt, und Rotkehlchen sollst du heißen, aber du mußt selbst zusehen, daß du dir deine roten Brustfedern verdienst.«

Und damit erhob unser Herr die Hand und ließ den Vogel aufs neue in die Welt hinausfliegen.

Der Vogel flog sehr nachdenklich ins Paradies hinunter. Was sollte wohl ein kleiner Vogel wie er tun können, um sich rote Federn zu verschaffen?

Das einzige, was ihm einfiel, war, daß er sein Nest in einen Dornenbusch baute. Er nistete zwischen den Stacheln in dem dichten Dornengestrüpp. Es war, als erwarte er, daß ein Rosenblatt an seiner Kehle haftenbliebe und ihm seine Farbe gäbe. Eine unendliche Menge von Jahren war seit diesem Tage verflossen, der der fröhlichste der Erde war. Seit dieser Zeit hatten sowohl die Tiere als auch die Menschen das Paradies verlassen und sich über die Erde verbreitet. Und die Menschen hatten es so weit gebracht, daß sie gelernt hatten, den Boden zu bebauen und das Meer zu befahren, sie hatten sich Kleider und Zierat geschaffen, ja sie hatten längst gelernt, große Tempel und mächtige Städte zu bauen, wie Theben, Rom und Jerusalem.

Da brach ein neuer Tag an, der auch in der Geschichte der Erde lange nicht vergessen werden sollte, und am Morgen dieses Tages saß das Rotkehlchen auf einem kleinen nackten Hügel vor den Mauern Jerusalems und sang seinen Jungen vor, die in dem kleinen Nest in einem niedrigen Dornenbusch lagen.

Das Rotkehlchen erzählte seinen Kleinen von dem wunderbaren Schöpfungstage und von der Namengebung, wie jedes Rotkehlchen es seinen Kindern erzählt hatte, von dem ersten an, das Gottes Wort gehört hatte und aus Gottes Hand hervorgegangen war. »Und seht nun«, schloß es betrübt, »so viele Jahre sind seit dem Schöpfungstage verflossen, so viele Rosen haben geblüht, so viele junge Vögel sind aus ihren Eiern gekrochen, so viele, daß keiner sie zählen kann, aber das Rotkehlchen ist noch immer ein kleiner, grauer Vogel, es ist ihm noch nicht gelungen, die roten Brustfedern zu erringen.«

Die kleinen Jungen rissen ihre Schnäbel weit auf und fragten, ob ihre Vorfahren nicht versucht hätten, irgendeine Großtat zu vollbringen, um die unschätzbare rote Farbe zu erringen.

»Wir haben alle getan, was wir konnten«, sagte der kleine Vogel, »aber es ist uns allen mißlungen. Schon das erste Rotkehlchen traf einmal einen anderen Vogel, der ihm völlig glich, und es begann sogleich, ihn mit heftiger Liebe zu lieben, daß es seine Brust erglühen fühlte. Ach, dachte es da, nun verstehe ich es: der liebe Gott will, daß ich so heiß liebe, daß meine Brustfedern sich von der Liebesglut, die in meinem Herzen wohnt, rot färben. Aber es mißlang ihm, wie es allen nach ihm mißlungen ist, und wie es auch euch allen mißlingen wird.«

Die kleinen Jungen zwitscherten betrübt, sie begannen

schon darüber zu trauern, daß die rote Farbe ihre kleine flaumige Kehle nicht schmücken sollte.

»Wir hofften auch auf den Gesang«, sagte der alte Vogel, in langgezogenen Tönen sprechend. »Schon das erste Rotkehlchen sang so, daß seine Brust vor Begeisterung schwoll, und es wagte wieder zu hoffen. Ach, dachte es, die Sangesglut, die in meiner Seele wohnt, wird meine Brustfedern rot färben. Aber es täuschte sich, wie alle nach ihm sich getäuscht haben, und wie auch ihr euch täuschen werdet.«

Wieder hörte man ein trübseliges Piepsen aus den halbnackten Kehlen der Jungen.

»Wir hofften auch auf unsern Mut und unsre Tapferkeit«, sagte der Vogel. »Schon das erste Rotkehlchen kämpfte tapfer mit andern Vögeln, und seine Brust glühte vor Kampfeslust. Ach, dachte es, meine Brustfedern werden sich rot färben von der Kampfeslust, die in meinem Herzen flammt. Aber es scheiterte, wie alle nach ihm scheiterten, und wie auch ihr scheitern werdet.«

Die winzigen Jungen piepsten mutig, daß sie es doch versuchen wollten, den erstrebten Preis zu gewinnen, aber der alte Vogel antwortete ihnen betrübt, daß dies unmöglich sei. Was könnten sie hoffen, wenn so viele ausgezeichnete Vorfahren das Ziel nicht erreicht hätten? Was könnten sie mehr tun als lieben, singen und kämpfen? Was könnten ...

Der Vogel hielt mitten im Satz inne, denn aus einem Tore Jerusalems kam eine Menschenmenge gezogen, und die ganze Schar eilte den Hügel hinan, wo der Vogel sein Nest hatte.

Da waren Reiter auf stolzen Rossen, Krieger mit langen Lanzen, Henkersknechte mit Nägeln und Hämmern, da waren würdig einherschreitende Priester und Richter, weinende Frauen, und allen voran eine Menge wilden Volkes, ein greuliches, heulendes Geleit von Landstreichern.

Der kleine graue Vogel saß zitternd auf dem Rande seines Nestes. Er fürchtete jeden Augenblick, daß der kleine

Dornenbusch niedergetreten und seine kleinen Jungen getötet würden. »Nehmt euch in acht«, rief er den kleinen schutzlosen Jungen zu, »kriecht dicht zusammen und verhaltet euch still! Hier kommt ein Pferd, das gerade über uns hingeht! Hier kommt ein Krieger mit eisenbeschlagenen Sandalen! Hier kommt die ganze wilde Schar angestürmt!«

Mit einem Male hörte der kleine Vogel mit seinen Warnrufen auf, er wurde still und stumm. Er vergaß beinahe die Gefahr, in der er schwebte.

Plötzlich hüpfte er in das Nest hinunter und breitete die Flügel über seine Jungen.

»Nein, das ist zu entsetzlich«, sagte er. »Ich will nicht, daß ihr diesen Anblick seht – da sind drei Missetäter, die gekreuzigt werden sollen.«

Und er breitete ängstlich seine Flügel aus, so daß die Kleinen nichts sehen konnten. Sie vernahmen nur donnernde Hammerschläge, Klagerufe und das wilde Geschrei des Volkes.

Das Rotkehlchen folgte dem ganzen Schauspiel mit Augen, die sich vor Entsetzen weiteten. Es konnte den Blick nicht mehr von den drei Unglücklichen wenden.

»Wie grausam die Menschen sind!« sagte der Vogel nach einem Weilchen. »Es ist ihnen nicht genug, daß sie diese armen Wesen ans Kreuz nageln, nein, auf dem Kopfe des einen haben sie eine Krone aus stechenden Dornen befestigt. Ich sehe, daß die Dornen seine Stirn verwundet haben und das Blut fließt«, fuhr er fort. »Und dieser Mann ist so schön und sieht mit so milden Blicken um sich, daß jeder ihn lieben müßte. Mir ist, als ginge eine Pfeilspitze durch mein Herz, wenn ich ihn leiden sehe.«

Der kleine Vogel begann immer stärkeres Mitleid mit dem Dornengekrönten zu fühlen. Wenn ich mein Bruder, der Adler, wäre, dachte er, würde ich die Nägel aus seinen Händen reißen und mit meinen starken Klauen alle die Leute verscheuchen, die ihn peinigen.

Er sah, wie das Blut auf die Stirn des Gekreuzigten tropfte, und da vermochte er nicht mehr still in seinem Neste zu bleiben.

Wenn ich auch nur klein und schwach bin, so muß ich doch etwas für diesen armen Gequälten tun können, dachte der Vogel, und er verließ sein Nest und flog hinaus in die Luft, weite Kreise um den Gekreuzigten beschreibend.

Er umkreiste ihn mehrere Male, ohne daß er sich näher zu kommen traute, denn er war ein scheuer kleiner Vogel, der es nie gewagt hätte, sich einem Menschen zu nähern. Aber allmählich faßte er Mut, flog ganz nahe hinzu und zog mit seinem Schnabel einen Dorn heraus, der in die Stirn des Gekreuzigten gedrungen war. Aber während er dies tat, fiel ein Tropfen von dem Blute des Gekreuzigten auf die Kehle des Vogels. Der verbreitete sich rasch und färbte alle die kleinen zarten Brustfedern.

Wie der Vogel wieder in sein Nest kam, riefen ihm seine kleinen Jungen zu:

»Deine Brust ist rot, deine Brustfedern sind roter als Rosen!«

»Es ist nur ein Blutstropfen von der Stirn des armen Mannes«, sagte der Vogel. »Er verschwindet, sobald ich in einem Bache bade oder in einer klaren Quelle.«

Aber soviel der kleine Vogel auch badete, die rote Farbe verschwand nicht von seiner Kehle, und als seine Kleinen herangewachsen waren, leuchtete die blutrote Farbe auch von ihren Brustfedern, wie sie auf jedes Rotkehlchens Brust und Kehle leuchtet, bis auf den heutigen Tag.

Gustavo Adolfo Bécquer

Das Miserere

Geistliche Legende

Ein paar Monate ist es her, daß ich die berühmte Abtei in Fitero besuchte und beim Stöbern in der verwahrlosten Bibliothek, wie ich diese und jene Schwarte wälzte, irgendwo in der Ecke zwei oder drei verstaubte, ziemlich alte Notenhefte entdeckte, an denen schon die Mäuse genagt hatten.

Es war ein *Miserere*.

Ich verstehe nichts von Musik; aber mein Hang zu ihr ist so stark, daß ich, trotz aller Unkenntnis, manchmal nach einer Opernpartitur greife und stundenlang darin blättere, die Gruppierung der mehr oder minder dicht gedrängten Noten betrachte, die Linien, Halbkreise, Dreiecke und jene Schnörkel (ähnlich dem Krämer-Und), die man Schlüssel nennt. Und ich tue dies alles, ohne auch nur ein Jota zu begreifen, ohne den geringsten Nutzen daraus zu ziehen.

Getreu meiner närrischen Gewohnheit, sah ich auch diese Hefte durch; und das erste, was meine Aufmerksamkeit erregte, war das Faktum, daß – obwohl auf der letzten Seite das übliche lateinische Wort stand: *Finis* – dieses *Miserere* offenkundig unvollendet war; denn die Vertonung ging nur bis zum zehnten Vers.

Dies war es zweifellos, was zuallererst meine Aufmerksamkeit erregte; doch als ich mir dann die Notenblätter ein wenig genauer ansah, verblüffte mich noch mehr die Feststellung, daß statt der gängigen italienischen Bezeichnungen (wie *maestoso, allegro, ritardando, più vivo, a piacere*) in winziger Handschrift und in deutscher Sprache ein paar Zeilen hineingekritzelt waren, die zum Teil höchst schwierige, kaum zu erfüllende Forderungen stellten. Zum Beispiel: »Es krachen ..., krachen die Knochen, und wie aus dem Knochenmark sollen die Schmerzensschreie kommen.« Oder: »Die Saiteninstrumente heulen auf, ohne Mißton; das Blech schmettert wie Donnerschlag, doch nicht ohrenbetäubend; so ertönt alles, und nichts wird verwischt, und alles ist *die Menschheit*, die schluchzt und wimmert.« Schließlich, unter dem letzten Vers, fand sich die originellste all dieser Anmerkungen; sie erteilte die Weisung: »Die Töne sind Knochen, von blühendem Fleisch umhüllt; feuriger, unauslöschlicher Glanz, die Himmel und ihre Harmonie ..., Kraft! ... Kraft und Lieblichkeit.«

»Wißt Ihr, was das hier ist?« fragte ich, nachdem ich diese Zeilen entziffert und mir den Sinn dieser Sätze, die sich wie das Gestammel eines Irren ausnahmen, halbwegs übersetzt hatte, einen taperigen Alten, der mich durch die Klosterbauten geleitete.

Und der Greis erzählte mir daraufhin die Legende, die ich euch nun wiedergebe.

I

Vor vielen Jahren, in einer finsteren Regennacht, kam ein Pilger ans Klostertor dieser Abtei und bat um ein bißchen Feuerholz, seine Kleider zu trocknen, um ein Stückchen Brot, seinen Hunger zu stillen, und um irgendeine Bleibe, wo er den Morgen erwarten könnte, um dann, sobald die Sonne wieder scheinen würde, weiter seines Wegs zu ziehen.

Den eigenen bescheidenen Abendimbiß, die eigene dürftige Lagerstatt und das Feuerchen, das er sich selber angezündet hatte, überließ der angesprochene Bruder dem Wandersmann, und nachdem sich der Fremde von seiner Erschöpfung erholt hatte, fragte der Pförtner ihn nach dem Zweck seiner Pilgerschaft, nach dem Ziel seiner Fußreise.

»Ich bin Musiker«, antwortete der Befragte. »In einem fernen, fernen Land wurde ich geboren, und in meiner Heimat war ich einst ein gefeierter, hochberühmter Mann. In meiner Jugend machte ich aus meiner Kunst eine Waffe von verführerischer Macht und entfachte mit ihr Leidenschaften, die mich zu einem Verbrechen hinrissen. Jetzt, in meinem Alter, will ich die Fähigkeiten, die ich für Böses eingesetzt habe, in etwas Gutes verwandeln und mit demselben Vermögen, das ich zu meinem Verderben gebrauchte, nach meiner Erlösung streben.«

Da die Worte des Unbekannten dem Laienbruder etwas undurchsichtig schienen und ihr rätselhaftes Dunkel seine Neugier weckte, die ihn dazu anstachelte, weitere Fragen zu stellen, fuhr der Fremde fort:

»Tief in meinem Herzen weinte ich über die Untat, die ich begangen hatte; aber wenn ich Gott anflehen wollte, sich meiner zu erbarmen, fand ich nie die rechten Worte, meine Reue auszudrücken – und da, eines Tages, fiel mein Blick zufällig auf eine Bibel. Ich schlug sie auf und gewahrte, auf irgendeiner Seite, einen ungeheuren Aufschrei wahrhaftiger Zerknirschung, einen Psalm Davids, den, der beginnt: *Miserere mei, Deus!* Seit dem Augenblick, da ich diese Strophen las, ist mein Denken nur noch auf eines gerichtet: eine musikalische Form zu finden, so großartig, so hochverfeinert, daß sie imstande wäre, den grandiosen Schmerzenshymnus des königlichen Propheten aufzunehmen. Noch habe ich sie nicht gefunden; aber wenn es mir gelingen sollte, das auszudrücken, was ich in meinem Herzen fühle, was ich verworren in meinem Kopfe höre, dann werde ich – dessen bin ich gewiß – ein *Miserere* schaffen, ein solch wunderbar überwältigendes *Miserere*, wie noch kein Menschenkind jemals eines gehört hat; so ergreifend, so herzzerreißend, daß die Erzengel schon beim ersten Akkord, Tränen in den Augen, sich an den Herrn wenden und mit mir sagen werden: *Misericordia!* – und der Herr sich seines armen Geschöpfes erbarmt.«

Als der Pilger seine Geschichte so weit erzählt hatte, schwieg er ein Weilchen; dann stieß er einen Seufzer aus und nahm den Faden seiner Rede wieder auf. Der Laienbruder, einige Bedienstete der Abtei und zwei oder drei

Hirten von der Meierei der Mönche hockten im Kreis um die Herdstatt herum und lauschten, ohne einen Mucks von sich zu geben.

»Nachdem ich nun«, sagte der Fremde, »schon ganz Deutschland durchwandert habe, ganz Italien und den größten Teil eures Landes, das so reich ist an geistlicher Musik von höchstem Range, habe ich noch immer kein *Miserere* gehört, von dem ich mich inspirieren lassen könnte, nicht eines, nicht ein einziges, obwohl ich doch schon so viele gehört habe, daß ich behaupten kann, ich hätte alle gehört.«

»Alle?« sagte da, ihm ins Wort fallend, einer der Schäfer. »Wetten, daß Ihr noch nicht das *Miserere der Berge* gehört habt?«

»Das *Miserere der Berge*!« rief der Musiker erstaunt. »Was für ein *Miserere* ist denn das?«

»Habe ich's nicht gesagt!« murmelte der Landmann und fügte dann in geheimnisvollem Ton hinzu: »Dieses *Miserere* – das nur Leute meines Schlages gelegentlich zu hören kriegen, Leute, die bei Tag und Nacht hinter den Viechern herlaufen, durch Gefels und Gesträuch – ist eine Geschichte für sich, eine uralte Geschichte, und doch wahr, so unwahrscheinlich sie auch klingen mag. Die Sache ist die: Hoch droben in der unwirtlichsten Wildnis dieser Gebirgskette, die das Tal, in dem sich unsere Abtei befindet, gegen den Himmel abriegelt, stand vor vielen Jahren – ach, was quatsch' ich da von Jahren! –, vor vielen Jahrhunderten stand dort droben ein berühmtes Kloster, ein Kloster, das scheint's ein adeliger Herr gestiftet hatte, auf Kosten des Stammgutes, das für seinen Sohn bestimmt war; denn diesen hatte er noch auf dem Sterbebett enterbt, zur Strafe für seine Schandtaten. Soweit war alles schön und gut; aber die Sache ist die: Dieser Sohn, der nach allem, was sich im weiteren Verlauf der Geschichte noch zeigt, ein Satanskerl gewesen sein muß, falls er nicht gar der Teufel in Person war, scharte, sobald er erfuhr, daß sein Vermögen nun im Besitz der Mönche war und seine Burg sich in eine Kirche verwandelt hatte, etliche Banditen um sich, Spießgesellen seines Luderlebens, dem er sich nach Abkehr vom Elternhaus verschrieben hatte; und eines Nachts, in der Nacht auf Gründonnerstag, als die Mönche sich im Chor befanden und gerade das *Miserere* anstimmen wollten oder schon angestimmt hatten, steckten die Schurken das Kloster in Brand, plünderten die Kirche, metzelten blindlings nieder, was ihnen in die Quere kam, und ließen angeblich nicht einen einzigen Ordensmann am Leben. Nach diesem greulichen Frevel verzogen sich die Banditen samt ihrem Rädelsführer – wohin, weiß kein Mensch; vielleicht schnurstracks in die Hölle. Das lichterloh brennende Kloster sank in Schutt und Asche; von der Kirche blieb nur leeres Gemäuer stehen. Noch heute sieht man die Trümmer auf der Felsenkuppe, über der Quellhöhle des Wasserfalls, der von Klippe zu Klippe talwärts tost und dann das Flüßlein bildet, das hier an den Mauern des Klosters vorüberrauscht.«

»Aber«, unterbrach der Musiker ihn ungeduldig, »das *Miserere* – was ist mit dem?«

»Nur Geduld«, sagte der Schäfer mit gespielter Behäbigkeit, »eins nach dem andern, immer schön der Reihe nach!«

Dann erzählte er weiter:

»Die Leute aus der Umgebung waren entsetzt und empört über das Verbrechen. Schaudernd haben an den langen Winterabenden die Eltern ihren Kindern davon berichtet, und die Kinder den Enkeln; was aber vor allem die Erinnerung daran wachhält, ist die Tatsache, daß man alljährlich in der Nacht, da einst das Kloster in Flammen aufging, Lichter durch die zerbrochenen Fenster der Kirche schimmern sieht; man hört etwas, das klingt wie eine seltsame Musik, wie schaurig düstere Gesänge, die ab und zu der Wind in Fetzen herübertreibt. Es sind die Mönche, die unvorbereitet starben, vielleicht mit Sünden behaftet vor den Richterstuhl Gottes treten mußten und nun noch immer aus dem Fegefeuer herkommen, um das *Miserere* zu singen und so seine Barmherzigkeit zu erflehen.«

Die Zuhörer blickten einander an, mit ungläubigen Mienen; nur der Pilger, den die Geschichte heftig zu beschäftigen schien, fragte erregt den Mann, der sie erzählt hatte:

»Und Ihr sagt, daß dieses Wunder sich alljährlich wiederholt, bis zum heutigen Tag?«

»Binnen drei Stunden fängt es wieder an, ohne allen Zweifel; denn gerade heute ist ja wieder die Nacht auf Gründonnerstag, und eben hat die Uhr der Abtei acht geschlagen.«

»Wie weit ist es bis zu dem Kloster dort?«

»Knapp anderthalb Meilen ... Aber was habt Ihr vor? Wohin wollt Ihr in solch einer Nacht?«

»Ihr seid von allen guten Geistern verlassen!« riefen alle, als sie sahen, daß der Pilger sich von der Bank erhob, nach seinem Stab griff und dem Kaminfeuer den Rücken kehrte, um zur Tür zu gehen.

»Wohin ich will? Ich will diese wunderbare Musik hören, das große, das wahre *Miserere*, das *Miserere* derer, die als Gestorbene zur Welt zurückkehren, wissend, was es heißt, in Sünde zu sterben.«

Und mit diesen Worten entschwand er den Augen des entsetzten Laienbruders und der nicht minder bestürzten Hirten.

Der Wind brauste und rüttelte an den Türen, als ob eine Riesenhand sich mit aller Macht bemühte, sie aus den Angeln zu reißen; es goß in Strömen, prasselnd schlug der Regen gegen die Scheiben, und ab und zu erhellte das zuckende Licht eines Blitzes für einen Augenblick den ganzen Horizont, soweit dieser durchs Fenster zu sehen war.

Nach dem ersten Moment fassungslosen Erstaunens sagte der Bruder Pförtner:

»Der ist verrückt!«

»Der ist verrückt!« echoten die Hirten, stocherten in der Glut, daß das Feuer wieder aufflackerte, und rückten dicht zusammen, rings um die Herdstatt.

II

Nach einem Marsch von ein oder zwei Stunden gelangte der seltsame Mensch, den die Leute in der Abtei für verrückt erklärten, immer flußauf dem Wildwasser folgend, das der erzählfreudige Schäfer erwähnt hatte, zu der Stelle, wo schwarz und imposant die Ruinen des Klosters emporragten.

Der Regen hatte aufgehört; die Wolken trieben dahin in düsteren Schwärmen, durch deren zerschlissene Bahnen manchmal verstohlen ein Strahl fahlen, zweifelhaften Lichtes herabrann; und wenn der Wind die mächtigen Stützpfeiler rammte und durch die verödeten Kreuzgänge raste, klang es, als stieße er wieder und wieder ein Stöhnen aus. Dennoch: nichts Übernatürliches, nichts Außergewöhnliches stachelte die Phantasie. Demjenigen, der schon mehr als eine Nacht unterm kargen Obdach eines halbverfallenen Turmes oder einer verlassenen Burg verbracht und auf seiner langen Pilgerfahrt hundert und aber hundert Unwettern die Stirn geboten hatte, waren all diese Geräusche wohlvertraut.

Die Wassertropfen, die durch die Risse der geborstenen Gewölbebogen sickerten und platschend auf die Bodenplatten fielen, platzend in immer gleichem Takt, regelmäßig wie der Pendelschlag einer Uhr; die Rufe des Uhus, der geduckt unterm steinernen Heiligenschein einer noch stehenden Statue hockte und die Höhlung der Mauernische mit dem Hall des Unheils erfüllte; das Geraschel von Reptilien, die aufgeschreckt, vom Sturm aus ihrer Trägheit gerissen, unförmige Köpfe aus den Schlupflöchern streckten, in denen sie gedöst hatten, oder herumkrochen zwischen den Mauerrauken und Brombeerranken, welche zu Füßen des Altars wucherten, aus den Ritzen zwischen den Grabplatten, die den Bodenbelag der Kirche bildeten – all dieses seltsame, geheimnisvolle Rumoren der Natur, der Einsamkeit und der Nacht drang vernehmlich ans Ohr des Pilgers, der sich auf die verstümmelte Gestalt einer Totenskulptur gesetzt hatte und begierig die Stunde erwartete, in der das Wunder sich ereignen sollte.

Zeit verstrich und verstrich, und nichts war zu bemerken: jene tausend verworrenen Geräusche ertönten immerfort, verflochten sich wechselnd auf tausenderlei Weisen und waren doch immer die gleichen.

Ob man mich wohl zum Narren gehalten hat? dachte der Musiker; doch in diesem Augenblick war ein neues Geräusch zu hören, das unerklärlich schien an diesem Ort, ein Geräusch, wie es eine Uhr wenige Sekunden vor dem Stundenschlag von sich gibt: ein Rasseln von rollenden Rädern, von Ketten, die sich straffen, von einer Maschinerie, die sich anschickt, ihre rätselhafte mechanische Lebenskraft in Tätigkeit umzusetzen, und es erklang ein Glockenschlag …, zwei …, drei …, bis elf.

In dem zerstörten Gotteshaus gab es keine Glocke; da war keine Uhr, nicht einmal ein Turm.

Noch war der letzte Glockenschlag, schwächer werdend von Widerhall zu Widerhall, nicht völlig verklungen; noch konnte man seine Schwingungen in der zitternden Luft verspüren, als allmählich die granitenen Thronhimmel, welche die Statuen beschirmten, die Marmorstufen der Altäre, das Quaderwerk der Spitzbogen, die durchbrochenen Brüstungen des Chores, die Kleeblattgirlanden am Kranzgesims, die schwarzen Mauerpfeiler, der Fußboden, die Gewölbe von selbst zu leuchten begannen, ohne daß eine Fackel, eine Kerze oder eine Lampe zu sehen war, von der diese ungewöhnliche Helligkeit hätte ausgehen können.

Die ganze Kirche wirkte wie ein Skelett, aus dessen gelben Gebeinen phosphorige Gase strömen, ein Brodem, der schwelend schimmert in der Dunkelheit als ein bläulich waberndes, furchterregendes Licht.

Alles schien sich zu beleben, aber mit Bewegungen, die an einen galvanischen Schock denken ließen, an die krampfhaften, dem Tode abgenötigten Zuckungen, die das

Leben karikieren; alles wurde erfaßt von Sekundenregungen, die noch entsetzlicher waren als die Starrheit des Leichnams, der plötzlich sich regt, bewegt von unbekannten Kräften. Steine fügten sich mit Steinen zusammen; der Opfertisch, dessen zertrümmerte Bestandteile zuvor in wüstem Durcheinander herumgelegen hatten, richtete sich auf und stand makellos da, als ob die Künstlerhand des Steinmetzen daran soeben den letzten Meißelschlag getan hätte; und zur gleichen Zeit wie der Altar erhoben sich die eingestürzten Kapellen, die zerbrochenen Kapitäle und die zerborstenen Reihen unzähliger Bogen, die sich mit spielerischer Phantasie überkreuzten und verknüpften und mit ihren Säulen einen unermeßlichen Irrgarten aus Porphyr bildeten.

Kaum war der Tempel wiedererstanden, ließ sich aus der Ferne ein Akkord vernehmen, den man mit dem Brausen des Windes hätte verwechseln können; doch es war der Zusammenklang ferner und ernster Stimmen, ein Chor, der im Schoß der Erde zu singen und ganz allmählich aus der Tiefe heraufzukommen schien, so daß er immer deutlicher zu hören war.

Der verwegene Pilger bekam es mit der Angst zu tun; aber noch widerstritt dieser Angst sein fanatisches Verlangen nach dem Ungewöhnlichen, nach allem Wunderbaren; und ermutigt durch diese Begier, verließ er das Grabmal, auf dem er ausgeruht hatte, und beugte sich über den Rand der Felswand, aus deren Gestein der Wildbach entsprang und mit stetem, schaudererregendem Donnergetöse in die Tiefe stürzte. Und da sträubten sich dem Manne die Haare.

Spärlich umhüllt mit den zerfetzten Resten ihrer Ordensgewänder, bedeckt mit durchlöcherten Kapuzen, unter deren Faltengeschlotter die weißen Zähne entfleischter Kiefer grell kontrastierten mit den dunklen Augenhöhlen ihrer Totenschädel, tauchten die Skelette all der Mönche, die man übers Steingeländer in den Abgrund geworfen hatte, aus den Wassern auf, verkrallten sich mit den langen

Fingern ihrer Knochenhände in den Felsspalten, kletterten über die Klippen, bis sie oben die Kante berührten, wobei sie mit gedämpfter Grabesstimme, doch mit dem Ausdruck herzzerreißenden Schmerzes den ersten Vers von Davids Psalm sprachen:

Miserere mei, Deus, secundum magnam misericordiam tuam!

Als die Mönche zum Säulengang der Kirche gelangt waren, stellten sie sich in einer Doppelreihe auf und gingen hinein in das Gotteshaus und knieten nieder im Chor, wo sie – mit erhobener, feierlicher Stimme – die weiteren Verse des Psalms sangen. Und im Rhythmus ihres Gesanges erscholl eine Musik: diese Musik war das ferne Grollen des Donners, der kollernd davonzog, nachdem das Gewitter vorüber war; sie war das Seufzen des Windes, der in den Höhlungen der Bergwand stöhnte; sie war das monotone Rauschen des Wasserfalls, der über die Felsen stürzte, und das Sickern des einzelnen Wassertropfens, und der Ruf des Uhus in seinem Schlupf, und das leise Geraschel der ruhelosen Reptilien. All dies war die Musik, und noch etwas, das nicht erklärbar und kaum vorstellbar ist; noch etwas, das wie der Hall einer Orgel wirkte, einer Orgel, welche den gewaltigen Bußhymnus des königlichen Psalmisten Vers für Vers begleitete, mit Tönen, mit Akkorden, die so gewaltig waren wie seine ungeheuren Worte.

Die heilige Handlung dauerte an; der Musiker, der ihr beiwohnte, hingerissen und schreckgelähmt, wähnte sich außerhalb der wirklichen Welt, glaubte, er weile in der phantastischen Region des Traumes, wo alle Dinge ein befremdliches, unheimliches Gesicht zeigen.

Ein fürchterliches Beben riß ihn aus der Benommenheit, die all seine Geisteskräfte niedergehalten hatte. Seine Nerven flatterten, taumelten im tollwütigen Tanz der Erdstöße, seine Zähne klapperten, geschüttelt von einem Zittern, das er nicht unterdrücken konnte, und Eiseskälte durchdrang ihn, bis ins Mark seiner Knochen.

Die Mönche sangen in diesem Augenblick jene schrecklichen Worte des *Miserere*:

In iniquitatibus conceptus sum: et in peccatis concepit me mater mea.

Als dieser Vers erscholl und sein Widerhall dröhnend von Gewölb zu Gewölb geworfen wurde, erhob sich ein gräßliches Geschrei, das wie ein einziger Schmerzensschrei klang, ausgestoßen von der gesamten Menschheit im Angesicht ihrer eigenen Verderbtheit; ein grauenhafter Schrei, in dem alles Jammern des Unglücks, alles Heulen der Verzweiflung, alles Lästern der Gottlosigkeit sich vereinte; ein scheußliches Konzert, triftiger Herzensausdruck derer, die in Sünde leben und gezeugt wurden aus sündigem Samen.

Der Gesang ging weiter, bald todtraurig und tief, bald einem Sonnenstrahl gleich, der das dunkle Gewölk eines Unwetters durchbricht, so daß einem Schreckensblitz ein Blitz aufzückenden Jubels folgte, bis endlich, dank einer jähen Verwandlung, die ganze Kirche erstrahlte, in himmlisches Licht getaucht. Die Gebeine der Mönche umkleideten sich mit dem Fleisch ihrer lebenden Leiber; eine lichte Aureole umschimmerte ihre Stirnen; die Kuppel barst, und durch sie hindurch sah man den Himmel als einen Ozean der Klarheit, aufgetan dem Blick der Gerechten.

Die Seraphim, die Erzengel und die Engel und alle himmlischen Heerscharen begleiteten mit einem frohlockenden Lobgesang den Vers, der nun emporstrudelte zum Thron des Herrn wie ein wonniglicher Wirbelsturm, wie eine riesige Spirale wohlklingenden Weihrauchs:

Auditui meo dabis gaudium et laetitiam: et exultabunt ossa humiliata.

Da blendete die gleißende Helle die Augen des Pilgers, in seinen Schläfen pochte es heftig, es sauste in seinen Ohren, und bewußtlos stürzte er zu Boden, konnte nichts mehr hören.

III

Am nächsten Tag sahen die friedfertigen Mönche der Abtei Fitero, denen der Laienbruder Meldung erstattet hatte, von dem seltsamen Besuch in der letzten Nacht, den fremden Pilger durchs Tor kommen: blaß im Gesicht, wie außer sich.

»Habt Ihr endlich das *Miserere* gehört?« fragte ihn, mit leicht ironischer Tönung, der Pförtner, wobei er seinen Oberen einen Blick heimlichen Einverständnisses zuwarf.

»Ja«, antwortete der Musiker.

»Und was haltet Ihr davon?«

»Ich werde es schreiben. Gewährt mir ein Obdach«, sagte er, zum Abt gewandt, »Obdach und Brot für ein paar Monate, und ich werde euch ein unsterbliches Kunstwerk hinterlassen, ein *Miserere*, das meine Sünden tilgt vor den Augen des Herrn, mir ein ewiges Angedenken sichert und somit auch den Namen dieser Abtei verewigt.«

Aus Neugier rieten die Mönche dem Abt, der Bitte des Fremden zu willfahren. Aus Mitleid gab der Abt, obwohl er den Mann für einen Irren hielt, schließlich seinem Wunsche statt; der Musiker machte sich, sobald er im Kloster sein Quartier hatte, ans Werk.

Tag und Nacht arbeitete er mit nie ermüdendem Eifer. Mitten in seinem rastlosen Tun hielt er manchmal inne, und es schien, als lauschte er auf etwas, das in seiner Phantasie ertönte, und seine Augen weiteten sich, er fuhr auf vom Sitz und rief:

»Das ist's! So, genau so, kein Zweifel ..., genau so!« Und er schrieb weiter, schrieb seine Noten, mit einer fieberhaft rasenden Geschwindigkeit, die den Mönchen, welche ihn insgeheim beobachteten, oftmals Anlaß zum Staunen und zur Bewunderung gab.

Er komponierte die Eingangsverse, und dann die nächsten, bis hin zur Mitte des Psalms; doch wie er bei den Worten war, die er als letzte im Gebirge droben gehört hatte, kam er nicht mehr weiter.

Er machte einen Entwurf, einen zweiten, machte hundert, zweihundert Entwürfe – alles vergeblich. Seine Musik glich nicht der Musik, die er schon aufgezeichnet hatte; und der Schlaf mied seine Wimpern, der Appetit kam ihm abhanden, das Fieber bemächtigte sich seines Kopfes, und er wurde wahnsinnig und starb schließlich über dem unvollendeten *Miserere*, das die Mönche nach seinem Tode als Absonderlichkeit aufbewahrten im Archiv der Abtei, wo es noch heute vorhanden ist.

Als der taperige Alte, der mir diese Geschichte erzählte, damit zu Ende gekommen war, konnte ich nicht anders – ich mußte noch einmal die alte, verstaubte Handschrift betrachten, dieses *Miserere*, das noch immer aufgeschlagen auf einem der Tische lag.

In peccatis concepit me mater mea ...

Diese Worte standen auf der Seite, die ich vor Augen hatte und die mich zu verhöhnen schien, mit ihren Noten, ihren Schlüsseln, ihren Schnörkeln – unverständlich allesamt für einen, der nichts von Musik versteht.

Sie lesen zu können – dafür hätte ich eine Welt hingegeben.

Vielleicht ist es nichts als verrücktes Zeug, wer weiß!

Jitzchak Leib Perez

Der Zauberkünstler

In ein Städtchen Wolhyniens kam einmal ein Zauberkünstler. Wiewohl es vor Pessach* war – zu einer Zeit also, da man mehr Sorgen als Haare auf dem Kopfe hat –, machte sein Kommen doch größeres Aufsehen. War das ein Rätsel von einem Menschen! Die Kleider zerrissen und einen eingedrückten Zylinderhut auf dem Kopfe. Das Gesicht durchaus jüdisch, doch der Bart wegrasiert. Von Schläfenlocken keine Rede. Und nie sah man ihn essen, weder erlaubte noch unerlaubte Speisen. Da soll einer klug daraus werden. Woher? Aus Paris. Wohin? Nach London. Hat sich hierher verirrt. Ging offenbar zu Fuß. Ins Bethaus kam er auch nicht, selbst nicht am großen Sabbat. Und stand man um ihn herum, so verschwand er plötzlich, als ob ihn die Erde verschlungen hätte, und tauchte auf der anderen Seite des Marktplatzes wieder auf.

Bald hatte er einen Saal gemietet und fing an, seine Kunststücke zu zeigen. Ganz großartige Sachen: verschluckte vor aller Leute Augen glühende Kohlen, als ob es Suppenfleckchen wären. Zog aus dem Munde allerlei Bänder heraus – rote, grüne und von welcher Farbe man nur wollte, und lange, wie der Galut**. Förderte aus einem Stiefelschaft sechzehn Paar Truthähne heraus, wie Bären so groß, die wirklich lebten und lustig über die Szene flatterten. Hob einen Fuß in die Höhe und scharrte von den Fußsohlen goldene Dukaten ab – eine ganze Schüssel voll. Natürlich klatschte man Bravo. Da pfiff er, und eine Menge

* wird zur Erinnerung an die Befreiung Israels und den Auszug aus Ägypten um die Osterzeit gefeiert.

** das Exil.

feiner Sabbatbrote schwirrte plötzlich durch den Raum, tanzte unter der Decke. Ein zweiter Pfiff – und alles war wieder verschwunden, als ob es gar nicht dagewesen wäre. Alles: Bänder, Truthähne und so weiter. Nichts war zurückgeblieben.

Nun ja, man weiß es doch, daß sich der Teufel auch etwas leisten kann. Die ägyptischen Schwarzkünstler haben wahrscheinlich noch größere Kunststücke zustande gebracht. Doch eins: Wie konnte er dabei nur so arm sein? Ein Mensch, der von seinen Schuhsohlen Dukaten abscharrt und sein Quartier nicht bezahlen kann! Der mit einem Pfiff mehr Sabbatbrote bäckt als der größte Bäcker im Backofen, der Truthähne aus dem Stiefelschaft zieht und dennoch – ein langgezogenes Gesicht hat, wie ein Sterbender mit flackerndem Hunger in den Augen ... Wahrlich eine fünfte Frage für den Sederabend*, sagten die Leute.

Nun wollen wir aber den Zauberkünstler bis zum Sederabend verlassen und inzwischen Chajim Jojne und sein Weib Riwke Beile aufsuchen. Chajim Jojne hatte einmal ein großes Holzgeschäft betrieben und schließlich dabei sein ganzes Vermögen eingebüßt. Dann war er »Waldschreiber« geworden, aber auch die Stelle war bald verloren. Nun lebte er schon eine Reihe von Monaten im Elend. Der Winter war in schrecklichen Nöten vorübergegangen, und jetzt kam das Pessachfest immer näher. Zum Verpfänden war nichts mehr da, denn alles, vom Hängeleuchter bis zum letzten Kissen, war schon im Leihamt. Riwke Beile dachte an Gemeindeunterstützung. Doch Chajim Jojne wollte davon nichts wissen. Er mochte sich nicht bloßstellen und vertraute auf Gott, der schon helfen werde. Riwke Beile suchte mehrmals in allen Winkeln nach und fand, welches Wunder, einen alten, ausgeriebenen silbernen Löffel, den sie schon seit Jahren verloren glaubte. Aber Chajim Jojne nahm den Löffel, verkaufte ihn und trug den geringen Erlös

* Familien-Osterfest, mit rituellem Ablauf.

in die Kasse, aus der man die Armen für das Pessachfest unterstützt. Die Armen gehen vor, sagte er.

Inzwischen rückte die Zeit immer näher, es blieben nur noch wenige Wochen bis Pessach. Chajim Jojne wartete voll Vertrauen auf Gottes Hilfe. Und Riwke Beile schwieg. Die Frau muß dem Manne gehorchen. Und Tag auf Tag verrann. Riwke Beile fand keinen Schlaf, weinte die Nächte durch, still, daß ihr Mann sie nicht höre. Und die Tage waren noch schlimmer. Da mußte sie sich auch noch vor den Nachbarn hüten, mußte sorgen, daß sie ihr das Elend nicht ansahen. Oh, diese Blicke der Neugier und des Mitleids, die sie wie mit Nadeln stachen! Und diese Fragen: Wann backt ihr Mazzot*? Habt ihr schon die roten Rüben eingelegt? Oder wenn es nähere Bekannte waren: Aber, was geht denn bei euch vor, Riwke Beile? Habt ihr's vielleicht knapp? Wir wollen euch borgen ... Und was solcher Reden mehr sind.

Und sie mußte ablehnen, über und über errötend, die unglaublichsten Vorwände erfinden. Denn Chajim Jojne wollte keine Menschengabe annehmen, und gegen seinen Willen konnte sie doch nicht handeln.

Die Nachbarn wollten es dabei nicht bewenden lassen und gingen zum Rabbi, er solle sich doch ins Mittel legen. Der Rabbi hörte sie an, seufzte, sann eine Weile nach und antwortete schließlich, daß Chajim Jojne ein gelehrter und gottesfürchtiger Mann sei, der wohl wisse, was er tue. Wenn sein Gottvertrauen so fest sei, dann sei es eben fest ...

Und nun ist der Pessach da!

Riwke Beile hat nicht einmal Lichter, um den Segen darüber zu sprechen.

Chajim Jojne kehrt aus dem Bethause heim. Aus allen Fenstern strahlt das Fest. Nur sein Haus steht finster da, wie ein Trauernder unter Hochzeitsgästen, wie ein Blinder unter Sehenden. Aber er verzweifelt nicht. Wenn Gott nur

* ungesäuerte Pessachbrote; auch Mazze.

wollen wird, denkt er, wird auch für mich noch Pessach sein, und tritt mit fröhlichem »Guten Abend« ein. Und wiederholt: »Guten Abend, Riwke Beile.« Und Riwke Beile antwortet aus einer finsteren Ecke mit tränengesättigter Stimme: »Guten Abend, Chajim.« Dabei leuchten ihre Augen wie zwei glühende Kohlen aus der Ecke hervor. Er geht auf sie zu und spricht auf sie ein:

»Riwke Beile«, sagt er, »es ist heute Feiertag. Wir feiern den Auszug aus Ägypten. Verstehe doch! Da darf man nicht traurig sein. Und es ist doch auch gar kein Grund dazu da. Wenn es dem lieben Gott nicht gefiel, daß wir unsern eigenen Seder haben, dann müssen wir eben mit einem fremden vorlieb nehmen. Dann wollen wir anderswohin gehen. Man wird uns überall hineinlassen. Alle Türen stehen uns offen. Sagt man doch am Sederabend: ›Kol dichfin jejthej wejechul‹, das heißt: ›Wer hungrig ist, komme und esse!‹ ... Komm, nimm den Schal um und laß uns beim Erstbesten einkehren.«

Und Riwke Beile tut wie immer nach dem Willen ihres Mannes. Alle Kraft aufwendend, um nicht aufzuschluchzen, hüllt sie sich in den zerrissenen Schal. Schon will sie gehen, als im selben Augenblick die Tür von außen geöffnet wird.

»Guten Abend!« grüßt es.

»Gut Jahr!« antworten die Eheleute. Sie sehen nicht, wer es ist.

»Ich möchte euer Gast beim Seder sein«, sagt der Fremde.

»Wir haben selbst keinen Seder«, erwidert Chajim Jojne.

»Tut nichts, ich hab ihn mitgebracht.« –

»Seder im Finstern«, schluchzt Riwke Beile, die sich nun nicht mehr zurückhalten kann.

»Ei bewahre«, meint der Gast, »es wird schon Licht werden.«

Er winkt, und mitten im Zimmer, in der Luft erscheinen zwei silberne Leuchter, in denen schon die angezündeten

Stearinkerzen stecken. Es wird hell. Chajim Jojne und Riwke Beile erkennen den Zauberkünstler, starren ihn an und bringen vor Schreck und Verwunderung kein Wort hervor. Sie fassen sich an den Händen, und so stehen sie da, mit weit aufgerissenen Augen und offenen Mündern. Er aber wendet sich nun an den Tisch, der ganz verschämt in einem Winkel des Zimmers steht: »Na, Kleiner«, sagt er zu ihm, »deck dich und komm her!« Und sofort fällt von oben ein schneeweißes Tischtuch herab und deckt den Tisch, und dieser selbst setzt sich in Bewegung und rückt mitten ins Zimmer, just unter die Leuchter. Und diese wieder schweben hernieder und stellen sich auf ihn. »Jetzt fehlen noch die Sederbetten«, sagt der Zauberkünstler, »die Sederbetten sollen kommen!« Und sofort rücken aus drei Ecken des Zimmers drei Stühle an den Tisch heran und stellen sich an drei Seiten auf. »Breiter werden!« befiehlt er. Und sofort gehen sie in die Breite und verwandeln sich in Großvaterstühle. »Weicher!« ruft er. Und sie sind mit rotem Samt überzogen. Und gleichzeitig fallen von der Decke schneeweiße Kissen auf sie nieder. Die Sederbetten sind fertig ... Eine Sederschüssel mit allem, was darauf gehört, stellt sich auf den Tisch. Ebenso Flaschen mit rotem Wein und Becher dazu. Plötzlich liegt auch Mazzot da und alles andere, was man zu einem richtigen und fröhlichen Seder braucht, selbst Haggada* mit Goldschnitt.

»Und Wasser zum Händewaschen habt ihr?« fragt nun der Zauberer. »Ich kann auch Wasser bringen.«

Da erst kamen die beiden zu sich. Und Riwke Beile fragte leise ihren Mann, was er von der Sache halte. Chajim Jojne aber wußte keine Antwort. Sie riet, er solle zum Rabbi gehen und ihn fragen. Aber sie könne doch nicht mit dem Zauberer allein bleiben, meinte er. Darum solle lieber sie gehen. Ihr, einer Frau, werde der Rabbi nicht trauen, antwortete sie. Er werde glauben, daß sie verrückt geworden sei.

* Pessach-Buch.

Schließlich kamen sie überein, zusammen zu gehen und inzwischen den Zauberer mit seinem Seder allein zu lassen.

Der Rabbi gab klugen Rat. Das, was mit unreinem Zauber gemacht werde, erklärte er ihnen, sei gar nicht wirklich, weil alle Zauberei nur Blendwerk sei. Sie sollten also nach Hause gehen, und wenn die Mazzot sich brechen, der Wein sich einschenken ließe, die Sederbetten sich anfühlen ließen usw., dann wäre alles gut, dann wären es Geschenke des Himmels, und sie dürften alles genießen.

Mit diesem Bescheide gingen sie nun klopfenden Herzens nach Hause. Als sie eintraten, war der Zauberkünstler schon fort. Aber der »Seder« stand da wie früher. Und die Kissen ließen sich berühren, der Wein ließ sich gießen, die Mazzot brechen ... Und jetzt verstanden sie erst, daß der Prophet Elija bei ihnen eingekehrt war, und hatten ein fröhliches Fest.

Wladimir Korolenko

Die Nacht vor dem Auferstehungsfest

Karsamstag im Jahre 187*.

Längst hatte sich ein trüber Abend auf die verstummte Erde gesenkt. Tagsüber hatte es sich aufgewärmt, jetzt schien die Erde, vom frischen Frosthauch der Frühjahrsnacht leicht umweht, ruhig und tief zu atmen; von diesem Atem stiegen weißliche Nebel auf und glänzten in den Strahlen des majestätisch funkelnden Sternenhimmels, als wären es Weihrauchschwaden, die dem kommenden Fest entgegenzogen.

Es war still. Die kleine Gouvernementsstadt N., ganz in die trübe Kühle eingetaucht, erwartete stumm den Augenblick, da von der Höhe des Kirchturms der erste Glockenschlag erklingen würde. Aber die Stadt schlief nicht. Unter der feuchten Hülle der Dämmerung, im Schatten der schweigsamen, menschenleeren Straßen, spürte man verhaltene Erwartung. Nur bisweilen lief verspätet noch jemand vorbei, den beinahe der Feiertag bei seiner schweren Arbeit überrascht hätte, oder es fuhr ratternd eine Mietskutsche vorüber – dann wieder herrschte lautlose Stille ... Das Leben war von den Straßen in die Häuser zurückgewichen, in die reichen Wohnstätten und die elenden Hütten, deren Fenster nach draußen leuchteten, und dort hielt es sich verborgen. Über der Stadt, den Feldern, über der ganzen Erde spürte man das unsichtbare Wehen des nahenden Festes der Auferstehung und der Erneuerung.

Der Mond war noch nicht aufgegangen, die Stadt lag im breiten Schatten einer Anhöhe, auf der ein großes, finsteres Gebäude zu sehen war. Seine eigentümlichen geraden und strengen Umrisse hoben sich düster vom Sternenhimmel ab; im Dunkel der überschatteten Mauer klaffte, kaum erkennbar, das Tor; die vier Ecktürme schnitten mit ihren scharfen Spitzen in den Himmel.

Da löste sich von der Höhe des Glockenturms der erste klingende Schlag, wurde weitergetragen von der empfindsamen Luft dieser melancholischen Nacht, dann der zweite, der dritte ... Nach kurzer Zeit klangen und sangen von allen Seiten und in den verschiedensten Tonlagen die Glocken, und ihr Geläute verschmolz zu einer machtvollen Harmonie, schwang leicht und schien im Äther zu kreisen. Auch aus dem finster über der Stadt aufragenden Gebäude war ein schwindsüchtiges, brüchiges Klirren zu hören, es schien in der Luft zu zittern, ohnmächtig, sich nach dem machtvollen Akkord in die Ätherhöhen aufzuschwingen.

Das Läuten verstummte. Die Töne zerschmolzen in der Luft, doch nur langsam trat die Lautlosigkeit der Nacht wieder in ihre Rechte ein: lange noch schien ein undeutlicher Nachhall in der Dunkelheit zu schweben, wie das Zittern einer unsichtbaren, in der Luft gespannten Saite. In den Häusern gingen die Lichter aus, die Kirchenfenster strahlten auf. Im Jahre 187* bereitete sich die Erde wieder einmal darauf vor, die alte Botschaft vom Sieg des Friedens, der Liebe und der Brüderlichkeit zu verkünden.

Am dunklen Tor des finsteren Gebäudes rasselten die Riegel. Ein halber Zug Soldaten, die in der Dunkelheit mit den Waffen klirrten, kam heraus zur nächtlichen Wachablösung. Sie marschierten bis zum Ende der Mauer, blieben bei der Wache stehen; aus dem dunklen Menschenhaufen trat gemessenen Schritts eine Gestalt hervor, während der bisherige Wachtposten in den undefinierbaren schwarzen Haufen einzutauchen schien. Dann bewegte sich der Trupp weiter und schritt die ganze hohe Gefängnismauer ab.

An der Westseite trat als Ablösung für den hier postierten Wachsoldaten ein junger Rekrut hervor; aus seinen Bewegungen war die dörfliche Ungeschliffenheit noch nicht verschwunden, das junge Gesicht hatte noch die angespannte

Aufmerksamkeit des Neulings bewahrt, der zum ersten Mal einen verantwortungsvollen Posten übernimmt. Er stellte sich mit dem Gesicht zur Mauer, schulterte das Gewehr ab, tat zwei Schritte und stand nach einer halben Drehung Schulter an Schulter mit dem abzulösenden Wachsoldaten. Der wandte ihm den Kopf leicht zu und gab in eingelernter Manier die üblichen Instruktionen: »Von Ecke zu Ecke ... aufgepaßt ... nicht geschlafen, nicht geträumt!« Der Soldat sagte das schnell; immer noch angespannt, hörte der Rekrut zu, in seinen grauen Augen schimmerte ein besonderer Ausdruck von Schwermut.

»Verstanden?« fragte der Gefreite.

»Jawohl!«

»Also, paß auf!« sagte der andere streng, doch gleich darauf in verändertem Ton, eher gutmütig: »Nur keine Angst, Fadejew! Bist doch kein altes Weib ... Hast doch keine Angst vor Gespenstern?«

»Wieso Gespenster?« fragte Fadejew naiv und meinte dann nachdenklich: »Aber im Herzen ... als ob da was flattert, wißt ihr.«

Bei diesem freimütigen, fast kindlich wirkenden Eingeständnis gab es Gelächter im Trupp.

»Da hast du's, Dorf bleibt eben Dorf!« sagte der Gefreite mit herablassendem Mitgefühl, dann gab er barsch das Kommando: »Ge-we-e-hr über! Ohne Tritt – Marsch!«

Der Wachzug marschierte im Gleichschritt los und verschwand um die Ecke, bald waren die Schritte nicht mehr zu hören. Der Wachtposten schulterte das Gewehr und ging leise die Mauer entlang.

Im Gefängnis begann es sich beim letzten Glockenschlag zu regen. Die finstere und kummergeladene Gefängnisnacht hatte schon lange nicht mehr solch ein Leben gesehen. Als ob das Glockengeläut wirklich die Botschaft von der Freiheit gebracht hätte: die schwarzen Zellentüren wurden eine nach der anderen geöffnet. Menschen in grauen Kitteln mit den verhängnisvollen farbigen Stoffzeichen auf dem Rücken gingen in langen Reihen paarweise die Gänge entlang zur Gefängniskirche, die in Lichtern erstrahlte. Sie kamen von rechts und von links, die Treppen von unten herauf und von oben herunter; ab und zu hörte man durch das dumpfe Getrappel Waffengeklirr und das Rasseln von Fußketten. Beim Eintritt in die geräumige Kirche verteilte sich die graue Menge auf die durch Gitter abgetrennten Plätze und kam zur Ruhe. Auch an den Kirchenfenstern waren starke Eisengitter zu sehen.

Das Gefängnis war leer. Nur in den vier Ecktürmen, in kleinen, fest verschlossenen runden Zellen, liefen vier Einzelhäftlinge verdrossen hin und her, preßten immer wieder das Ohr an die Kerkertür und lauschten begierig den Bruchstücken des aus der Kirche herübertönenden Gesanges.

Und dann lag in einer Gemeinschaftszelle noch ein Kranker auf der Pritsche. Der Aufseher, dem man über den plötzlich Erkrankten Meldung erstattet hatte, ging zu ihm, als die Gefangenen in die Kirche geführt wurden, beugte sich hinab und schaute ihm in die Augen, die in seltsamem Glanz brannten und ziellos ins Leere blickten.

»Iwanow! He, Iwanow!« rief er den Kranken an.

Der Häftling wandte den Kopf nicht um. Er murmelte etwas Unverständliches; seine Stimme war heiser, die brennenden Lippen bewegten sich nur mit Anstrengung.

»Morgen ins Krankenhaus!« beschied der Aufseher und ging hinaus. An der Zellentür ließ er einen Schließer zurück; der schaute den Fieberkranken aufmerksam an und schüttelte den Kopf.

»Ach, Landstreicher! Du hast die Lauferei hinter dir, Bruder, das sieht man!« Und überzeugt, daß hier nichts mehr zu tun war, begab er sich durch den Gang zur Kirche, blieb an der verschlossenen Tür stehen und lauschte dem Gottesdienst, wobei er immer wieder auf die Knie fiel und sich verneigte.

In der leeren Zelle war ab und zu das unverständliche Gemurmel des Kranken zu hören. Das war ein noch nicht alter Mann, kräftig und stark. Er phantasierte, durchlebte dabei noch einmal, was ihm jüngst widerfahren war, und sein Gesicht verzerrte sich vor Qual.

Das Schicksal hatte diesem Landstreicher einen häßlichen Streich gespielt. Tausend Werst war er gelaufen, hatte sich seinen Weg durch die Taiga und über wilde Gebirgsketten gebahnt, hatte tausenderlei Gefahren bestanden und Entbehrungen ertragen – getrieben von brennendem Heimweh und von der einen Hoffnung: Nur wiedersehen ... einen Monat ... eine Woche lang ... bei der Familie ... Selbst wenn's dann noch mal derselbe Weg sein muß! Hundert Werst vom Heimatdorf entfernt war er in dieses Gefängnis geraten.

Plötzlich verstummte das unverständliche Gemurmel. Die Augen des Landstreichers weiteten sich, die Brust atmete gleichmäßiger. Glücklichere Träume umwehten den glühenden Kopf.

Die Taiga rauscht ... er kennt es – dieses gleichmäßig singende, freie Rauschen. Er hat gelernt, die Stimmen des Waldes, eines jeden Baumes zu unterscheiden. Die mächtigen Kiefern tönen hoch oben im dichten dunklen Grün; die Fichten flüstern – langgezogen, vernehmlich; fröhlich wiegt die helle Lärche ihre weichen Zweige, und das zarte Laub der Espe zittert und bebt. Es pfeifen die freien Vögel, das Bächlein hüpft plappernd und ungestüm durch steinige Schluchten, und die Kundschafter der Taiga, die Schwärme geschwätziger Elstern, fliegen dort in der Luft, wo vom Dickicht verborgen der Flüchtige die Taiga durchstreift.*

Es war, als hätte ein Hauch des freien Taigawindes den Kranken gestreift. Er richtete sich auf, seufzte tief; ange-

* Sibirische Landstreicher erzählen, daß tief in der Taiga Elstern in Schwärmen die Menschen begleiten, die sich durchs Waldesdickicht kämpfen. Zu Zeiten, wo die Jagd auf entlaufene Zwangsarbeiter vom Gesetz erlaubt war, spürten burjatische Jäger, geleitet vom lauten Geschrei der Elsternschwärme, diese Landstreicher auf.

spannt blickten die Augen geradeaus, und plötzlich blitzte so etwas wie Bewußtsein in ihnen auf. Der Landstreicher, gewohnt zu fliehen, sah eine ungewöhnliche Erscheinung: eine offene Tür.

Da durchfuhr ein machtvoller Instinkt den von Krankheit geschüttelten Körper: rasch schwanden die Fieberphantasien oder kreisten vielmehr nur noch um eine einzige Vorstellung, die als heller Strahl aus diesem ganzen Chaos hervorbrach: Ich bin allein! Die Tür ist offen!

Einen Augenblick später stand er auf dem Boden. Es schien, als hätte sich die ganze Fieberglut seines entzündeten Hirns auf die Augen konzentriert: seltsam ruhig blickten sie, beharrlich und schrecklich.

Jemand öffnete beim Hinausgehen kurz die Kirchentür ... Harmonischer Gesang wogte, durch die Entfernung gedämpft, ans Ohr des Landstreichers, dann war wieder alles still. Eine weiche Regung glitt über sein blasses Gesicht, die Augen trübten sich, und in seinem Inneren tauchte ein lange in Träumen gehegtes Bild auf: eine stille Nacht, das Geflüster der Kiefern, die sich mit ihren dunklen Zweigen über die alte Kirche im Heimatdorf neigen ... das Gedränge der Leute aus dem Dorf, die Lichter über dem Fluß und ebendieser Gesang. Er machte sich eilends auf den Weg, um all das dort, bei den Seinen, mitzuerleben.

Im Gang bei der Kirchentür kniete indessen der Schließer und betete inbrünstig.

Der junge Rekrut schritt mit seinem Gewehr an der Mauer auf und ab. Vor ihm ausgebreitet lag das weite, erst jüngst vom Schnee befreite Feld. Ein leichter Wind ging darüber, raschelte im vertrockneten Gestrüpp, fuhr durchs Steppengras vom Vorjahr und weckte in dem Soldaten schwermütige Gedanken.

Er blieb an der Mauer stehen, stellte sein Gewehr ab, stützte die Hände auf die Gewehrmündung und den Kopf auf die Hände und versank in tiefes Nachsinnen. Er begriff immer noch nicht, warum er eigentlich in dieser feierlichen Nacht vor dem Festtag hier stand, mit dem Gewehr an der Mauer, das öde Feld vor Augen. Überhaupt war er noch ein rechter Bauer, der vieles nicht verstand, was dem Soldaten selbstverständlich ist; nicht von ungefähr hatten sie ihn als Dörfler gehänselt. War er doch vor kurzer Zeit noch frei gewesen, sein eigener Herr, Herr über seine Felder, seine Arbeit ... Und jetzt die Angst, diese unwillkürliche, unerklärliche, dumpfe Angst, die ihn auf Schritt und Tritt verfolgte, die dieses junge und ungeschliffene Dorfkind immer mehr aufs feste Gleis des strengen Dienstes trieb.

Aber in dieser Minute war er allein ... Das öde Land, das sich vor seinen Augen ausbreitete, und das Pfeifen des Windes im Steppengras versetzten ihn in eine Art Dämmerschlaf. Bilder von zu Hause zogen vor den Augen des jungen Soldaten vorüber. Auch er sah jetzt sein Dorf, über das derselbe Wind wehte, die in Lichtern erstrahlende Kirche und die alten Kiefern, die ihre dunklen Wipfel über der Kirche wiegten.

Bisweilen schien er zu sich zu kommen, dann spiegelte sich Verwunderung in seinen grauen Augen: Was war das nur? Das Feld, das Gewehr und die Mauer? Einen Moment lang wurde ihm die Wirklichkeit bewußt, doch bald wehte ihm der Nachtwind mit seinem verschwommenen Klang wieder die vertrauten Bilder zu. Er stützte sich aufs Gewehr und träumte aufs neue.

Unweit der Stelle, wo der Wachtposten stand, tauchte oben auf der Mauer etwas Dunkles auf: der Kopf eines Menschen. Der Landstreicher schaute ins weite Feld, zu dem kaum erkennbaren Streifen des fernen Waldes ... Seine Brust weitete sich, sog gierig den frischen freien Hauch der alles beschützenden Nacht ein. Er stützte sich auf die Hände und rutschte sacht die Mauer hinab.

Freudiges Glockengeläut vertrieb die nächtliche Stille. Die Tür der Gefängniskirche wurde geöffnet, durch den Hof bewegte sich die Prozession; ein Schwall wohltönenden Gesangs ergoß sich aus der Kirche. Der Soldat schrak zusammen, richtete sich auf, nahm die Mütze ab, um sich zu bekreuzigen und … erstarb, die Hand erhoben. Der Landstreicher hatte den Boden erreicht und stürzte zum Gestrüpp.

»Halt, halt! Bitte, Bruder, bleib stehn!« schrie der Wachtposten und hob voll Entsetzen das Gewehr. Alles, was er gefürchtet, wovor er gezittert hatte, brach jetzt über ihn herein, all das Formlose, Furchtbare – beim Anblick dieser fliehenden grauen Gestalt. Dienst, Verantwortung! durchzuckte es den Soldaten, er riß das Gewehr hoch und zielte auf den fliehenden Menschen. Die Augen kläglich zusammengekniffen, drückte er ab.

Und wieder schwebte über der Stadt der harmonische, schmelzende Klang und schwang sich in den Äther, und die brüchige Gefängnisglocke zitterte und stöhnte, wie ein angeschossener Vogel. Über die Mauer schallten klar und weit ins Feld die ersten Klänge des Triumphgesangs: »Christus ist auferstanden!«

Doch plötzlich krachte bei der Mauer ein Schuß und übertönte alles andere. Dann ein schwaches, hilfloses Stöhnen, ein ungreifbares Klagen, und alles wurde still.

Nur ein fernes Echo im öden Feld wiederholte mit traurigem Grollen den Nachhall des Gewehrschusses.

Antonio Carbonaro

Ostern

Er lag ausgestreckt auf dem Bett und schaute in den fernen grauen Fensterhintergrund, gegen den zwei eckige Gestalten sich abzeichneten. Sie bildeten ein ungleiches Paar etwa wie Giraffe und Flußpferd, und alle nannten sie Don Camillo und Peppone.

Unter den beiden breitete sich das Häusermeer in flachen, langen Zeilen aus. Autobahnen mit unzähligen Über- und Unterführungen und schmale Gassen, wie die eines Gettos, durchschnitten diese steinerne Landschaft. Antonio konnte nur Don Camillo und Peppone sehen: zwei Hochhäuser, das eine schwarz und schlank, das andere rot und untersetzt. Er blickte in den Himmel und auf ein grünes Wacholderpflänzchen, das zwischen den beiden schwankte.

Antonio mußte waagrecht liegen, um die Wirbel seines Rückgrates zu schonen, die er durch zehnjährige Arbeit in gebückter Stellung verschlissen hatte. Zu Ostern wollte er eigentlich zu Hause in der Heimat sein.

Er drehte mit letzter Kraft die Augäpfel und konnte gerade noch den japanischen Quarzwecker erblicken, den er für seine Mutter gekauft hatte. Er sah sie in der Ferne lächeln, vor der vertrauten Landschaft der Osterprozession und sanft gewellter Wiesen, auf denen viele Weinkioske standen.

Um Antonio herum herrschten dagegen das Grau des Himmels und ein schneidender Wind, dem nur die Heizung des Silos für Gastarbeiter trotzen konnte. Dort wohnte er zusammen mit Giovanni.

Dieser war in der Stadt gewesen, hatte eine Kirchentür geöffnet, hineingeschaut und sich erschrocken zurückgezogen: Dunkle Pfeile schienen zum Himmel oder zur Erde zu zeigen.

War das eine neuartige Beschilderung für fliegende Pilger, die in den Himmel steigen oder in die Hölle stürzen wollten? Oder eine stumme Huldigung an die Argonauten des amerikanischen Weltraumschiffes? Antonio hätte vor Ostern fahren wollen, aber der Perserarzt mit Perserteppich und Perserkatze hatte es ihm verboten, und so mußte er sich mit dem Anblick der beiden Hochhäuser, mit dem roten und dem schwarzen, zufriedengeben.

In dem roten wohnte sein polnischer Kollege Anton Miller, der das rote Paradies verlassen hatte, um in die Heimat seiner Vorfahren zurückzukehren. Die Deutschen nannten ihn Milleranton oder einfach Anton, um ihn von Antonio zu unterscheiden.

Miller hatte versprochen, zu Ostern vorbeizukommen.

Sie würden Deutsch sprechen.

Im Laufe der Jahre hatten sie es gelernt, konnten mühelos fluchen und »Frohe Ostern« und »Ein gesegnetes Weihnachtsfest« wünschen.

Milleranton ging es eher recht als schlecht.

Er hatte die Familie mitgebracht und konnte sich von Anfang an verständlich machen, da er und die Seinen in Polen einen deutschen Dialekt gesprochen hatten.

Jetzt war er in die Heimat zurückgekehrt und fühlte sich wohler, auch wenn mal die Einheimischen ihn wegen der Aussprache komisch anschauten.

Das war ihm wurscht, denn hier durfte er sagen, was er wollte, und alles kaufen, sogar den polnischen Wodka mit dem Büffelgras, der in Polen ausschließlich dem Export vorbehalten ist.

Zu seiner größten Freude war er vielen schlanken Freundinnen wiederbegegnet, mit denen er sich alle Sonntage nach der Messe unterhielt. Es waren die Birken, die Antonio erst hier kennengelernt hatte, da sie in Italien fast gänzlich fehlten.

Milleranton hatte ihm oft davon erzählt.

»Wer ist denn das?« fragte der ungläubige Antonio. »Sind es Frauen oder Gänse?«

»Die Birken«, antwortete jedesmal Milleranton. »Meine alten Bekannten mit dem weißen Gewand, die kenne ich seit meiner Kindheit, die haben mich wie Schutzengel während der langen Reise begleitet. Sie waren immer dabei von Polen bis hierher.«

Antonio beneidete ihn und dachte: Warum hat ihn der liebe Gott mit den Birken beglückt? Ich habe in diesem flachen Lande weder eine Weinrebe noch eine Artischocke, noch eine Aubergine vorgefunden. Er hat doch gewußt, daß ich hierherkomme, daß ich auswandern mußte. Warum hat er nicht ein paar Kräuter aus meinem südlichen Gefilde in die Lüfte emporsteigen und hier landen lassen? Die sind winzig klein. Das hätte er mit der linken Hand gemacht, wo er doch viel größere Wunder vollzogen hat.

Fragen über Fragen, die ohne Antwort blieben.

Antonio blickte nach oben, gen Himmel, sah aber nur reine Luft. Der liebe Gott ließ sich nicht blicken.

Jedesmal, wenn Anton ihn besuchte, stellte ihm Antonio eine Flasche Kräuter-Grappa vor die Nase und zeigte auf Don Camillo und Peppone.

Anton war sehr beleidigt, als er die wahre Identität dieses Herrn erfuhr, denn er hätte nie und nimmer die Gastfreundschaft eines roten Bürgermeisters akzeptiert. Glücklicherweise hatte er kurz darauf die beiden streitbaren Genossen auf dem Video gesehen und so feststellen können, daß Peppone ein Mensch mit einem großen Herzen und einem richtigen Schnurrbart wie Lech Wałęsa war. Wäre er Pole gewesen, hätte er auch seine schöne Solidarność gegründet. So hatte sich Anton beruhigt und mit dem Wohnen in einem ganz roten Palast abgefunden, zumal das Hochhaus gut beheizt war und eine Zentralwäscherei und einen Aufzug mit Fotozelle hatte.

Antonio und Anton arbeiteten zusammen in der Fabrik.

Sie saßen nebeneinander und montierten Dämpferbeine. Ringsherum gingen viele flotte Frauenbeine vorbei und lockten sie an. Oben unter der Hallendecke strahlte die leuchtende Motivation »Weil das Bein so wunderbar ist«.

Es waren die metallenen und nicht die fleischlichen Beine gewesen, die die Wirbel Antonios kaputtgemacht hatten. Nach zehnjährigem Montieren zeigten sich erste Verschleißerscheinungen.

Kurz vor Ostern hatte Antonio sonderbare Schmerzen gespürt und gleich dem Werksarzt davon erzählt. Dieser übergab ihn einer jungen Preußin, die mit wohlgeformten Beinen, das heißt keinen metallenen, versehen war.

Die unbarmherzige Frauensperson hatte zu energisch massiert, den Ischiasnerv gekitzelt und Antonio arbeitsunfähig gemacht.

Er hatte aufgeschrien, denn er war wehleidig wie die meisten Südländer.

Nach der Missetat wurde die Preußenmasseuse den welschen Gast schnell los: Sie schickte ihn zum Perserorthopäden, der genau wie Antonio, Anton und Giovanni ein Einwanderer war.

Der östliche Doktor hatte ihn herzlich empfangen und sofort für krank und reiseunfähig erklärt.

Antonio mußte sich in den Emigrantensilo zurückziehen, laufend amerikanische Tabletten aus Plastik schlucken und in eine ziegelrote Flüssigkeit tauchen, die die Wanne füllte. Sie hatten eine schöne emaillierte, da sie Halbluxus-Einwanderer mit Bad und Elektroherd waren. Der Perserdoktor aber gehörte zur Luxusklasse und besaß eine Küche mit Infrarotstrahlen, eine V-8-Limousine mit 3-Balken-Kreuz, ein deutsches Diplom und eine deutsche Frau Doktor als Frau.

Von der Mulde voller roter Flüssigkeit aus dachte Antonio an die Heimat. Er sah viele sanfte Hügel, seinen Gemüsegarten, die Laube und die Rosenstöcke. Er stieg aus der Wanne und blickte abwechselnd auf das schmerzende Bein,

Don Camillo und Peppone, den grünen Wacholder, der im Wind tanzte. Seine Mutter stand noch da in einem neuen Kattunkleid und zeigte auf die Spätleseflaschen, die er nach Deutschland mitnehmen sollte.

Giovanni hatte sich vormittags wieder in eine Kirche gewagt und nur ein paar Kinder entdeckt, die mit einigen spärlichen Weidenkätzchen hantierten.

Um zehn Uhr abends hatte er es nochmals versucht. Aus der Hauptkirche strömte eine kleine Prozession von frierenden Menschen, die, gegen den Wind ankämpfend, wie kleine Schiffe im Sturm davonliefen. Die Windstöße folgten unregelmäßig und unbarmherzig aufeinander und ließen den Baldachin flattern, die Kerzenflämmchen in den Laternen zittern. Sie schienen manchen hageren Greis umwerfen zu wollen, der sich krumm hinter den Geistlichen herschleppte und an die Weidenkätzchen wie an einen Rettungsring klammerte.

So böse war dieser nordische Wind und genauso geizig diese reichen Menschen aus dem Norden, die keinen Pfennig für einen richtigen Ölzweig herausrücken wollten. Giovanni hatte es Antonio berichtet, und beide waren übereingekommen, etwas im Fernsehen zu suchen. Sie hofften auf eine italienische Vision, auf Italien mit bunten Farben, lustigen Menschen und viel Sonne. Am Ostersonntag, Punkt zehn Uhr, hörte man die Klingel, gleich danach den leichten Hauch des Aufzugs, der zum siebten Stock hochfuhr, und einen Augenblick später vorsichtig an die Tür klopfen.

Anton erschien in Begleitung seiner Schwester Stanislawa und mit einer Flasche polnischem Wodka in der Hand, von der Sorte mit dem Büffelgras, das Gegenstück zum italienischen Kräuter-Grappa.

Antonio lag ausgestreckt auf einer Bettcouch, links von ihm saß Giovanni mit seiner deutschen Freundin Inge. Anton stellte die Wodkaflasche mitten auf den Tisch, gegenüber dem Grappa. Hoffentlich war zu Ostern eine Verständigung zwischen ausländischen Schnäpsen möglich. Er und Stanislawa setzten sich rechts von dem Kranken.

Alle blickten sich in die Augen: sie waren von fremden Ländern gekommen, um in dieser falschen Heimat eine Arbeit zu finden.

Aber war sie so falsch?

Ubi bene, ibi patria – sagten die Römer.

Giovanni drückte auf eine Fernsehtaste, und die Römer erschienen in Scharen auf dem Schirm. Sie füllten mit fröhlichen Gesichtern einen runden, sonnigen Platz. Antonio, Anton und Stanislawa, Giovanni und Inge erkannten sofort den Ort der Handlung. Sie sahen auf einem großen Stuhl eine wohlbekannte Gestalt, einen Menschen, der sowohl polnisch als auch italienisch sprach.

Es war Paul aus Polen.

Die helle italienische Landschaft und Sonne strahlten die kleine internationale Gesellschaft an und brachten ihr ein bißchen Freude. Man trank mal ein Glas Wein, mal einen Schluck Wodka, man blickte auf den sonnigen Platz und beobachtete den Segen »urbi et orbi«.

Nach der Zeremonie wurde Antonio von den vertrauten Visionen der Osterspeisen ergriffen. War dieses Gefühl ein Erzeugnis seiner Sehnsucht nach der Heimat, oder kam es eher aus den Töpfen in der Küche, die bekannte Düfte ausströmten?

Um 12 Uhr brachte Inge eine große Spaghetti-Terrine mit Sardellensoße auf den Tisch, wo bereits eine Soave-Flasche thronte. Alle aßen mit Freude, die sie wiederholt zum Ausdruck brachten. Anton und Stanislawa waren von der südländischen Speise sehr angetan und begossen sie gern mit dem trockenen Wein aus Verona. Giovanni erschien mit einem blauen Bunzlauer Teller, auf dem ein kleiner Berg roten Radicchios aus Treviso glänzte und den Blick der Anwesenden wie ein schönes Gemälde auf sich lenkte. Das Stilleben hatte ein kurzes Leben: Die Tischgenossen stürzten sich auf das schmackhafte Gemüse und verzehrten es im Nu.

Dann legten sie eine kleine Pause ein und genossen als Krönung des Essens den als Taube geformten Osterkuchen. Sie waren zufrieden: Sie hatten viele schöne Worte – auf italienisch und polnisch – gehört und fühlten sich nicht mehr fremd, auch wenn ein blindes Schicksal sie zusammengeführt hatte wie winzige, von fernen Winden getragene Blätter.

Zu guter Letzt tranken sie ein Gläschen Wodka mit dem Büffelgras.

Anton und Stanislawa zogen sich zurück und entschuldigten sich mehrmals, da sie die neuen Freunde verlassen mußten, um die alten zu besuchen. Sie wollten in den Wald, um den Birken frohe Ostern zu wünschen.

Auch Giovanni und Inge entfernten sich, um ein paar Schritte zu machen und eine alte Bekanntschaft aufzufrischen.

Sie konnten sicherlich nicht bei dieser kalten Witterung mit Ölbäumen oder Oleandern aufwarten, aber sie hatten ein kleines Treibhaus, wo Radicchio, Salbei, Basilikum, Rosmarin und Zucchini wuchsen. Sie gingen dorthin und betrachteten diese grünen Lebewesen, die sie seit jeher kannten.

Eine Amsel setzte sich auf eine Kante des Treibhauses nieder. Es war eine von der Sorte, der man in Italien begegnet. War sie nach Deutschland ausgewandert? Er stellte sie auf die Probe: Er pfiff wie damals in der Heimat bei seinem Onkel. Der Alte, der in jungen Jahren genau wie Giovanni ausgewandert war, besaß einen Fasan, eine Wachtel, mehrere Tauben und eine Amsel, mit der er sich unterhielt. Er hatte dem Neffen das Sprechen mit Vögeln beigebracht, und das exerzierte jetzt Giovanni in fremdem Lande. Er pfiff weiter, weil die Amsel nicht gleich verstand. Aber bald antwortete sie richtig, wie ihre italienischen Schwestern, die bei ihm zu Hause zwischen den Reben hüpften. Giovanni war froh. Er hatte eine alte Freundin gefunden. Er beneidete nicht mehr den Polen um seine Birken, die weder singen noch hüpfen konnten.

Antonio lag mutterseelenallein auf dem Sofa. Er blickte in die Ferne, über Don Camillo und Peppone hinaus, in das unendliche Grau.

Was tat zu dieser Zeit seine Mutter?

Sie war alt, aber jung verwitwet. Mit Kindern.

Und die Geschwister? Wo waren sie geblieben?

Ana Maria Matute

Das Osterlämmchen

Dem Sohn des Trödlers schenkte man ein Osterlämmchen, mit dem er spielen durfte. Der Sohn des Trödlers war ein sehr dicker Junge, der keine Freunde hatte. Die Kinder des Schreiners, des Buchhalters, des Schusters lachten über seinen Bauch, über seine Pausbacken, über sein Doppelkinn. Sie nannten ihn Spanferkel, Bierfaß, Mastschwein.

Das Osterlamm hingegen war weiß und sanft, und man band ihm ein grünes Bändchen um den Hals. Der dicke Junge des Wucherers, des Trödlers und Altwarenhändlers ging an der sonnigen Mauer entlang spazieren und suchte auf dem unbebauten Grundstück nach Kräutern. Seinen Lämmchenfreund zog er hinter sich her. Der hatte einen Blick, wie ihn der Sohn des Trödlers noch nie an jemandem gesehen hatte.

Es kamen die Tage der Schwalben, der Nester unterm Dach, der zarten Kräutchen, die Tage der Kinder, die kamen und ihre Mäntel im Laden des Trödlers ließen. Wenn sich die Kinder den Mantel auszogen, schienen sie sehr beengt, sehr dünn zu sein in ihren gestrickten Pullovern mit den zu kurzen Ärmeln und freien Handgelenken. Kinder, die gleich auf den Platz rannten zur großen Kiepe der Mutter, mit den zwei Duros vom Verkauf. Sie weinten ein bißchen, weil die Sonne noch nicht genügend warm war. Es kamen die Tage der Kinder an der Hand, die beinah hereingezerrt wurden; von zerlumpten Kindern mit runden Augen, von Kindern mit zehn Peseten, mit sieben Peseten, Kindern von »Das-ist-nichts-wert«. Die Mäntelchen, die Wollhosen häuften sich auf den Regalen neben dem Naphthalin, dicht neben den Worten: »Das-ist-nichts-wert«, »das-hat-einen-Fleck«, »das-ist-kaputt«.

Der dicke Junge des Trödlers küßte die kleinen Ohren des Osterlamms, seines Freundes, der ihn nicht Schwein, nicht Dickwanst oder Bierfaß nannte. Und am Ostertag setzte der Junge des Trödlers sich an den Mittagstisch. Das Tischtuch war voller Messer und Sonne. Der Junge bemerkte sofort die Zähne seines Vaters, die großen und weißen Zähne von seinem Trödlervater, dem Papa Altwarenhändler, Es-ist-nichts-wert, dem Geldverleiher Sieben-Peseten-ist-kaputt. Der dicke Junge sprang vom Stuhl hoch, stürzte in die Küche, mit klopfendem Herzen. Da erblickte er auf dem Tisch den abgehäuteten Kopf seines Freundes. Der sah ihn zum letzten Mal an mit jenem Ausdruck, den der Junge noch niemals bei irgendwem gesehen hatte.

Hans-Henner Hess

Osterglühen

Jonas war ein Osterkind, das heißt, er hatte das Licht der Welt an einem Sonntag nach dem ersten vollen Mond des Frühlings erblickt. Der Zufall wollte es, daß es wiederum Ostern war, als er erlebte, was er viele Jahre später als den frühen Wendepunkt seines Lebens bezeichnen sollte.

In jenem Jahr hatte sich der Mond bis weit in den April Zeit gelassen, seine volle Gestalt anzunehmen, und als die Feiertage herannahten, lag Jonas' dreizehnter Geburtstag bereits einige Wochen zurück.

Wie immer hatte sich Jonas anläßlich seines Ehrentages auf der Trompete selbst ein Ständchen dargebracht, einerseits, weil es so feierlich klang, und auch, weil sein Spiel die geladene Verwandtschaft in Verzückung versetzte. »Ist er nicht ein Goldjunge, ein kleiner Virtuose?!« hatte die Mutter wie immer gerufen, und die Onkels und Tanten waren voller Anerkennung gewesen ob der ungeheuren Fortschritte, die er im letzten Jahr gemacht habe. Jonas hatte artig gedankt und sich mit schlechtem Gewissen an die Kaffeetafel gesetzt. Er wußte es besser. Seit einiger Zeit ging es mit dem Instrument nur noch schleppend voran. Allein er und sein Musiklehrer teilten dieses ungute Geheimnis.

Und doch gehörte die Trompete zu Jonas' Leben. Seit er denken konnte, hatte er als ein musikalisches Wunderkind gegolten. Niemals war ihm die Frage in den Sinn gekommen: Wieso ausgerechnet Trompete? Herr Barges, der Leiter des Kirchenchores und zugleich ein Freund der Familie, hatte den begabten Jungen schon früh in seine Obhut genommen und die Sache ein für allemal entschieden: »Seine

Hände sind zu klein, aber er hat eine kräftige Lunge. Wir werden einen Bläser aus ihm machen!« Drei Tage später hatte Jonas von seiner glücklichen Mutter eine Kindertrompete geschenkt bekommen. Seither verbrachte er die meiste Zeit des Tages damit, an seinem Ansatz zu feilen.

Überall wurde er nur »der kleine Trompeter« genannt, und er hatte dies stets als eine Auszeichnung begriffen, bis – nun ja – bis Britta in dem Städtchen aufgetaucht war. Britta, drei Jahre älter als Jonas und mit einer glockenhellen Sopranstimme gesegnet, hatte die Herzen des Konzertpublikums im Sturm erobert. Herr Barges sprach fortan nur noch von »seinem Engelspärchen«, sobald Britta und Jonas im ungleichen Duett die alten Kirchenmauern mit ihrer Musik erzittern ließen. Und wirklich: Jonas hatte den Hauch von etwas Höherem gespürt, sobald er an der Seite seiner neuen Freundin das Kirchenpublikum zum Schweigen brachte. Etwas Erhabenes hatte sich in sein Spiel geschlichen, etwas, das jenseits der Noten die Töne zu wahrer Musik geraten ließ. Herr Barges sprach von künstlerischem Ausdruck und Erwachsenwerden. Jonas dachte an Britta.

Doch dann, kurz vor Weihnachten, als der Konzerthöhepunkt des Kirchenjahres bevorstand, waren die Dinge durcheinandergeraten. Britta erschien plötzlich unpünktlich zu den Proben, zeigte Unsicherheiten im Text und reagierte stets gereizt, wenn der Chorleiter sie in bester Absicht berichtigte. In den Pausen rauchte sie heimlich Zigaretten, und nach Probenschluß wurde sie stets von einem Motorradfahrer in Lederkleidung abgeholt. Jonas vermißte von nun an auch die gemeinsamen Heimwege mit der Älteren, die ihm beinahe so wichtig geworden waren wie die Proben selbst. Und schließlich war da noch etwas anderes, mindestens ebenso Verstörendes: Brittas Stimme hatte ihr Pathos verloren.

Eine Woche vor dem wichtigsten Auftritt der Saison war es zum Eklat gekommen. Herr Barges wollte Britta wegen ihrer Einstellung ins Gebet nehmen, da sie einige Passagen noch immer nicht beherrschte. Britta hatte ihre Noten voller Wut auf den Boden geworfen und geschrien: »Jetzt reicht's mir aber! Sucht euch doch eine andere Heilige! Dieses Engelsgesinge macht mich krank! Ich will endlich richtige Musik machen!« Sie war aus dem Raum gerannt, und die Tür knallte auf Nimmerwiedersehen.

Brittas Part im Weihnachtskonzert übernahm kurzfristig eine fünfzigjährige Berufssängerin, die schon im Radio aufgetreten war und deren spitze Triller sogar Jonas' Instrument übertönten. Das Publikum war begeistert. Aber das Spiel des kleinen Trompeters hatte seinen Zauber wieder verloren.

Jonas hatte Britta danach noch öfter an der Bushaltestelle gesehen, wo sie mit den älteren Jungs herumlungerte. Der Motorradfahrer war immer dabei, und manchmal spielte er Gitarre, während Britta unter dem Gejohle der anderen dazu sang. Jonas machte stets einen großen Bogen um diese Gesellschaft. Nur wenn sich das »Engelspärchen« auf der Straße begegnete, dann wechselte ein stummer Gruß von einem zum anderen.

Am Gründonnerstag jedoch, als Jonas von der Probe zum Osterkonzert heimwärts bummelte, quietschten neben ihm plötzlich Motorradbremsen. Auf dem Sozius saß Britta, wie Jonas an den zahlreichen, unter dem Helm hervorquellenden blonden Locken erkannte. Sie hob das Visier und sagte:

»Hallo Trompeter! Wie geht's?«

»Gut«, erwiderte Jonas, weil er es gewöhnt war, so zu antworten.

»Und, spielst du noch ...?« fragte Britta.

Jonas deutete stumm auf den Koffer, den er in der Hand hielt.

»Dumme Frage«, sagte das Mädchen. »Du bist ja der kleine Trompeter!«

Der Fahrer drehte am Gas, daß der Auspuff im Leerlauf des Getriebes ratterte.

»Vielleicht komme ich nächstes Jahr aufs Internat«, sagte Jonas. »Barges hat mich fürs Vorspielen angemeldet, am Konservatorium.«

Britta hatte ihm nur mit halbem Ohr zugehört.

»Hast du vielleicht Bock, am Samstag beim Osterfeuer zu spielen? Ich trete mit meiner neuen Band auf«, sagte sie.

»Ich habe keine Band«, erwiderte Jonas.

»Nee, ich dachte, du spieltst einfach ein paar deiner Liedchen. Weißt du, nur so für die Älteren. Das Fest soll ja was für die ganze Gemeinde sein.«

»Hmm«, machte Jonas.

Das Osterfeuer war jedes Jahr das Spektakel für die Jugend des kleinen Städtchens und der umliegenden Dörfer. Und jedes Mal gab es hinterher Ärger unter der Bevölkerung über die Exzesse, von denen man sich in den Schlangen an den Kassen des Konsums unter vorgehaltener Hand erzählte. Jonas' Mutter sprach regelmäßig von Vandalismus, wenn sie am Ostersonntag auf dem Weg zur Kirche mit Jonas an der übel zugerichteten Festwiese vorbeimarschierte. Klarer Fall, daß ihr Sohn dort nichts zu suchen hatte.

»Okay«, sagte Jonas. »Ich bin dabei.«

»Na fein«, freute sich Britta. »Dann bis Samstag! Es reicht, wenn du um halb neun da bist.«

Sie zwinkerte ihm noch einmal zu und gab ihrem Vordermann einen Knuff in den Rücken. Das Motorrad machte einen Satz und flog davon. Jonas blieb allein zurück. Er verharrte noch einen Augenblick und ging dann nachdenklich nach Haus.

Der Karfreitag verging in der gewohnten Lethargie dieses schuldbeladenen Feiertages. Jonas zog sich am Nachmittag in sein Zimmer zurück, wo er drei Stunden damit zubrachte, seine Lieblingsstücke aneinanderzureihen und sie allesamt durchzuprobieren. Am Ostermontag hatte er in der Kirche einen Auftritt, aber den beherrschte er im Schlaf.

Am Samstag wachte Jonas mit einer sonderbaren Erwartung auf, die, mit Angst gemischt, einen Gefühlsrausch in ihm auslöste, der seinen Nerven bislang unbekannt gewesen war. Bei den Mahlzeiten, die er gemeinsam mit seiner Mutter einnahm, bemühte er sich, so zu sein wie immer. Aber wie genau benahm man sich wie immer? Jonas haßte die Lüge, und er war folglich nicht sehr geübt darin, seiner Mutter etwas vorzugaukeln. Aber auch der Mutter war die Aufrichtigkeit ihres Sohnes in Fleisch und Blut übergegangen. Sie war nicht mißtrauisch genug, in der ungewohnten Redseligkeit ihres Sohnes mehr zu sehen als den Ausdruck seiner feierlichen Stimmung zum nahenden Höhepunkt des Christenfestes.

Am Abend begab sich Jonas zeitiger als sonst auf sein Zimmer, sei es, um am nächsten Morgen ausgeschlafen zu sein, wenn es galt, im Garten nach den versteckten Nestern zu forschen, sei es, um seinerseits für die Mutter eine Osterüberraschung vorzubereiten. Die arglos zurückgebliebene Frau vernahm ein zweifaches Schließen, nachdem Jonas hinter seiner Tür verschwunden war, und lächelte sanft in sich hinein, vermutlich, weil sie die übertriebene Heimlichkeit des Sohnes im Grunde ihres Herzens rührte.

Jonas stand mit dem Rücken zur Wand und lauschte. Sein Herz schlug rasend schnell, als hätte er gerade ein höllisches Stakkato gespielt. Aber aus der Küche drang nur das Klappern des Geschirrs, das zum Abwasch aufbereitet wurde. Die Mutter ahnte nichts, der Verrat war gelungen! Langsam wurde Jonas ruhiger. Er warf einen Blick auf seine Armbanduhr: dreiviertel acht. Die Trompete lag sorgfältig verpackt und reisefertig auf dem Bett. Jonas hatte noch genügend Zeit.

Er ging zum Kleiderschrank und unterzog dessen Inhalt einer eingehenden Prüfung. Das Auftrittsgewand hing rechterhand auf einem Bügel. Links im Fach lagen die sorgfältig zusammengelegten Jeans und Pullover. Jonas zog probehalber den feinen Anzug an und stellte sich vor den Spiegel. Nein, so konnte er unmöglich gehen! Er machte sich ja lächerlich! Hier handelte es sich schließlich nicht um die heilige Kommunion, sondern um eine durch und durch heidnische Veranstaltung.

Aber was nun? Jonas hängte den feinen Zwirn wieder über den Bügel und kramte seine Lieblingsjeans heraus. Im Schritt saß sie nicht schlecht, aber unglücklicherweise hatte der neueste Wachstumsschub Jonas' Beine um fast zehn Zentimeter verlängert, ohne daß sich in den sonstigen Proportionen seines Körpers etwas verändert hatte. Aus den guten Jeans waren Hochwasserhosen geworden! Es sah tatsächlich so aus, als hätte man zwei Spargel in ein Puppenkleidchen gestopft. Aber Jonas wußte in seinem Schrank keine wirklichen Alternativen, und immerhin konnte er von der Hüfte bis knapp unter die Knie mit seinem Spiegelbild ganz zufrieden sein.

Schwieriger wurde es, ein passendes Oberteil zu finden. Jonas' farbig gemusterte Strickpullover entsprachen bestenfalls dem konservativen Geschmack seiner Mutter. Außerdem schien es ihm plötzlich, als seien alle seine Hemden viel zu weit geschnitten. Er stopfte und zog an den Stoffen, aber bei der kleinsten Bewegung rutschte alles wieder so weit aus der Hose, daß sich ein häßlicher Wulst über dem Gürtel bildete.

Die Lösung, für die sich Jonas schließlich entschied, war ein Kompromiß. Unten herum beließ er es bei der Jeans. Oben schlüpfte er in sein weißes Auftrittshemd, von dem er wenigstens sicher sein konnte, daß es ihm paßte. Die störenden Rüschen kaschierte er geschickt mit Hilfe seiner – leider bestickten – Lederweste. Die Motorradfahrer trugen auch Leder. Also, was sollte es!

Jonas ging noch eine Weile probehalber vor dem Spiegel auf und ab, um sich an seinen eigenen Anblick zu gewöhnen und um auf das lästige Gefühl des Angegafftwerdens so gut wie möglich vorbereitet zu sein.

Da! Da war noch etwas auf seiner Stirn – ein Pickel, und was für einer! Als Jonas ihn mit seinem Finger berührte, spürte er dessen Tiefe bis auf die Schädeldecke. Und nun? Er konnte unmöglich noch einmal ins Bad schlüpfen, um Zahnpasta oder wenigstens etwas von der Tönungscreme seiner Mutter auf den Entzündungsherd zu streichen. Mehr als den Pickel fürchtete Jonas seine Entdeckung durch die Mutter. Also entschloß er sich mit dem Mut der Verzweiflung, dem Ungemach mit spitzen Nägeln ein Ende zu bereiten.

Das Ergebnis war schlimmer als seine Prognose. Anstatt eines Pickels prangte nunmehr eine nahezu münzgroße blutige Stelle auf Jonas' Stirn. Aber damit nicht genug: Je näher Jonas sein Gesicht an den Spiegel führte, desto unwiderstehlicher schienen aus den umliegenden Poren Mitesser zu erwachsen. Belehrt durch seinen ersten Mißerfolg, zwang Jonas seine Hände zur Untätigkeit und brachte die pubertätsgeschädigte Haut schnell auf eine sicher scheinende optische Entfernung zum Spiegel. Mit einigen wenigen entschlossenen Handgriffen transformierte er sodann seine jahrelang erprobte Scheitelfrisur in einen wuscheligen Pony. Ein fremdes Gesicht war es, das ihn nach dieser Prozedur aus dem Spiegel unsicher anblinzelte. Ein fremdes, aber ein verwegenes Gesicht.

Mit einem kühnen Satz sprang er aus dem Fenster, das Trompetenköfferchen fest an sich gepreßt, und trollte sich durch den Garten. Fast schien es ihm unheimlich, mit welcher Souveränität ihm dieses gefährliche Fluchtmanöver gelang. Es war so einfach, so kindisch einfach, einen Menschen, der einem uneingeschränkt vertraute, zu hintergehen!

Die Straße war voller Leute, die sich einzeln und in losen Gruppen in Richtung Festwiese bewegten. Jonas mischte sich unter sie, als gehöre er zu ihnen, als sei er nicht durch einen unausgesprochenen Befehl von ihnen getrennt. Das anfängliche schlechte Gewissen wich langsam einem aufwallenden Gefühl von Stärke und Unabhängigkeit. Jonas kostete die Freiheit aus, daß niemand – nicht einmal seine Mutter – wußte, wo er sich befand. Es war, als wären ihm Flügel gewachsen.

Pünktlich um halb neun langte er auf der Festwiese an. In der Mitte hatte man riesige Mengen Holz angehäuft, das auf sein Entzünden wartete. Ein Feuerwehrauto parkte in geringer Entfernung, um jederzeit zur Stelle zu sein. Aus den Lautsprechern tönte ohrenbetäubende Musik.

Jonas hatte wohl noch nie so viele Menschen auf einem Platz gesehen. Alle schienen sie gute Laune zu haben, es herrschte eine kollektiv-gespannte Erwartung wie vor einem Feuerwerk. Frauen und Männer standen lachend und scherzend beisammen, und die meisten tranken Bier aus Pappbechern.

Jonas versuchte, in dem Getümmel Britta ausfindig zu machen. Doch eher hätte man die sprichwörtliche Nadel im Heuhaufen gefunden als eine einzelne Person in diesem Chaos, über das bereits die Dunkelheit hereinbrach. Schließlich fragte sich Jonas bis zu der kleinen Bühne durch, die am äußersten Ende der Wiese aufgebaut war. Auf der aus Kisten zusammengefügten Rampe standen diverse Verstärker, Mikrofonständer, ein Schlagzeug und Gitarren bereit. Im Hintergrund hatte jemand eine Totenkopffahne aufgehängt. Einige von den lederbekleideten Jungs waren eifrig damit beschäftigt, in einem unübersichtlichen Kabelsalat zu wühlen.

»Da bist du ja! Ich habe dich schon überall gesucht.«

Britta hatte Jonas zuerst entdeckt. Er starrte sie fassungslos an. Beinahe hätte er sie nicht erkannt. Von ihrer Engelshaftigkeit war in der Tat nicht viel übriggeblieben. Britta trug einen rotkarierten Minirock über einer schwarzen Strumpfhose. Auf ihren Schultern hing eine mit Nieten besetzte Lederjacke, die blonden Haare waren violett gefärbt, und ihre Augen hatte Britta mit einem schwarzen Stift umrahmt, daß es aussah, als trüge sie eine Zorromaske.

»Was ist, warum guckst du so dämlich?« fragte die Punkerin.

»Nichts. Ich hab dich nur beinahe nicht erkannt«, sagte Jonas.

»Das gibt sich«, erwiderte Britta kurz. »Wir sind hier ja nicht in der Kirche.«

»Nein, das nicht ...«

Sie bemerkte seine Unsicherheit und trat dichter an ihn heran. So dicht, daß Jonas ihr Parfüm riechen konnte.

»Magst du mich so etwa nicht?« flüsterte sie und wiegte sich provozierend in den Hüften.

Jonas wurde rot und stammelte:

»Doch, schon, aber ...«

Jonas machte eine undeutliche Geste in Richtung Totenkopfflagge.

»Ach, du nimmst das zu ernst. Es ist nur Image!« sagte Britta. »Im Grunde bin ich die gleiche wie immer.«

»Ja, ja. Ich weiß nur nicht, ob ich ... also, ob ich hier wirklich spielen sollte.«

»Aber wegen meiner Klamotten mußt du doch nicht gleich den Mut verlieren!«

»Ich meine nur, unser Programm paßt vielleicht nicht ganz zusammen.«

»Wahre Künstler passen immer zusammen.«

»Aber ...«

Jonas kam nicht mehr zu Wort.

»Mensch, du bist doch unser support act, wir zählen auf dich!« sagte Britta. »Auch die Jungs.«

»Wirklich?«

»Na klar doch!«

»Also gut, wenn du meinst«, sagte Jonas. Aber wohl war ihm bei der Vorstellung in Anbetracht der überall herumlungernden Gestalten nicht.

»Was ist jetzt, Britta, können wir endlich Soundcheck machen?« rief einer.

Die Angesprochene gab Jonas einen freundschaftlichen Klaps und überließ ihn wieder sich selbst. Der solcherart Alleingelassene suchte sich einen abgelegenen Ort, von dem er den gesamte Platz gut einsehen konnte, und setzte sich auf seinen Koffer.

Jonas vertrieb sich die Zeit damit, die Menge zu beobachten, aber seine anfängliche Hochstimmung war verflogen. Die Menschen in ihrem unbeschwerten Treiben schienen ihm plötzlich fremd. Ein unsichtbares Band schien sie miteinander zu verbinden, und dieses Band würgte Jonas. Er wußte noch nicht, daß dieses Gefühl, diese Fremdheit, nichts Geringeres darstellte als die Kehrseite der Freiheit.

Jonas zählte zwar erst dreizehn Lenze, aber er hatte begriffen, daß Britta ihm die Rolle des Harlekins an diesem Abend zugedacht hatte. Er überlegte nicht, wie er um sein Schicksal herumkommen könne, sondern nur, wie es mit Anstand zu ertragen sei.

Vielleicht sollte ich etwas Modernes spielen, grübelte er. Miles Davis vielleicht. Doch die meisten Stücke, die er kannte, hatten ellenlange Improvisationsteile. Das brachte ihn von dieser Idee schnell wieder ab. Aber Chet Baker, der war möglicherweise geeignet. Ein trauriges Liebeslied zum Abschluß des Programms, das würde seinen Auftritt abrunden!

Jonas beobachtete den Soundcheck, und es war bereits zehn Uhr, als alle Regler fertig eingestellt waren. Im Zentrum des Geschehens loderten schon die Flammen des großen Osterfeuers und tauchten die Wiese in ein geisterhaftes Licht. Plötzlich stand Britta vor ihm. Jonas hatte sie gar nicht kommen sehen. Sie war völlig aufgelöst, aufgeregt, wie er sie bei ihren gemeinsamen Auftritten in der Kirche nie erlebt hatte.

»Los, los, träumst du?« herrschte sie Jonas an und schob ihn in auf die Bühne.

»Toi, toi, toi«, rief sie ihm noch nach, bevor sie in der sich ansammelnden Menge untertauchte.

So stand Jonas plötzlich allein mit seinen Spargelbeinen auf der Bühne, angestaunt von tausend feindseligen Augen, und war der einsamste Mensch der Welt. Mit zittriger Hand hob er seine Trompete, die im Scheinwerferlicht golden glänzte und die das einzige war, auf das er jetzt noch zählen konnte. Lampenfieber fühlte er nicht. Er war gewohnt, vor vielen Menschen aufzutreten. Der Unterschied war nur, daß ihm das Auditorium in der Kirche immer gewogen gewesen war.

Probehalber blies Jonas ein Fis ins Mikrophon. Bei der Intonation gab es einen schneidenden Ton aus den Boxen – eine Rückkopplung. Die Masse schrie, lachte und hielt sich die Ohren zu. Der Techniker hinter seinem Pult zeigte mit dem Daumen nach unten. Jonas trat einen Schritt zurück und begann ohne Ansage sein Eröffnungsstück, eine Bachkantate, von der er glaubte, daß niemand ihr widerstehen könne. Er schloß die Augen und vergaß, wo er sich befand. Jonas spürte, wie die Töne zu tanzen begannen, sich von selbst aneinanderreihten. Er fühlte ein Fließen und ließ die Musik einfach durch sich geschehen.

Und da war es wieder: das Höhere, das Erhabene. Diesmal nicht hervorgelockt von Glück und Gleichklang, sondern von Haß. Jawohl, Haß. Jonas spielte mit aller Leidenschaft gegen die tumbe Menge an, die sich zu seinen Füßen versammelt hatte, um sich über ihn lustig zu machen. Er goß die Verachtung eines reinen Klanges in großen Kannen über dieser obszönen Masse aus. Auch von gelegentlichen Rückkopplungen ließ er sich nicht schrecken. Jonas brachte die Kantate fehlerlos zu Ende, und als er nach vollbrachter Anstrengung aufschaute, grinsten ihm nur verständnislose Visagen aus der Dunkelheit entgegen. Einige der Zuschauer klatschten aus Mitleid, die meisten aber pfiffen und riefen: »Aufhören!« Jonas verzichtete auf sein restliches Programm und ging nach hinten von der Bühne.

Es gelang ihm, unerkannt in den Schatten der Dunkelheit zu flüchten, von wo aus er die Szenerie weiter beobachten konnte. Jonas wollte die Sache jetzt zu Ende bringen. Dazu gehörte auch, daß er sich Brittas Auftritt anschaute, daß er sich vergewisserte, was er an ihr verloren hatte. Auch, wenn es weh tun würde. Er würde es schon durchstehen.

»Engelspärchen«, sprach Jonas verächtlich vor sich hin, als

Britta mit großen Schritten die Bühne eroberte. Er hörte nicht ihren leiernden Gesang, er hörte nicht das amateurhafte Geschrammel der Band. Jonas schaute nur wie betäubt auf diesen tobenden Irrwisch mit den violetten Haaren, der die Musik in ihm zum Klingen gebracht hatte. Eine Dreiviertelstunde ließ er dieses Schauspiel über sich ergehen. Dann war es vorbei. Die Menge tobte. Ihr hatte es gefallen.

Jonas griff sein Köfferchen und ging zum Feuer. Hier hatte es sich bereits geleert. Ein paar Betrunkene tanzten um die Flammen wie bei einer Beschwörung. Eine Trommel gab dazu wüste Rhythmen vor. Jonas dachte an seine Mutter, die jetzt zu Hause nichtsahnend im Bett liegen mußte. Er kam sich schlecht vor, sehr schlecht. Aber er war nicht unzufrieden.

Einige Minuten später erschien Britta im Kreise ihrer Gesellen. Britta riß sich aus deren Armen los und fiel Jonas um den Hals. »Engelchen«, flüsterte sie. »Bist du flügge geworden?« Dann begann auch sie, wie berauscht um das Feuer zu tanzen. Sie drehte sich um sich selbst, beschleunigte, daß ihr Rock im rechten Winkel von ihrer Hüfte abstand, und fiel hin. Sogleich wurde sie von den anderen wieder hochgerissen und in das Treiben eingereiht. Britta entzog sich dem Reigen und sprang mit einem gewagten Satz über die Reste des Feuers, wobei sie laut kreischte. Weitere Tänzer taten es ihr nach.

»Na, du kleines Trompetenwunder, willst du mir einen blasen?« Jonas blickte erschrocken in ein bärtiges Gesicht: Schläger-Kalle, der Motorradfahrer, Brittas Freund und talentloser Bassist.

»Zieh Leine«, sagte Jonas mit für ihn selbst unfaßbarer Ruhe. Der andere wog mindestens doppelt soviel.

»Auch noch frech werden!« brummte Kalle mit oberflächlich geheucheltem Erstaunen. Und ehe Jonas verstand, was geschah, hatte ihm der Hüne seinen Koffer entrissen.

»Wenn du nicht willst, dann mache ich es mir halt selbst!« Brittas Freund setzte das Mundstück auf und führte das Instrument unter den Beifallsrufen seiner Kumpane an die fleischigen Lippen, die im Feuerschein ekelerregend glänzten.

»Pffffhhh«, machte es tonlos. Der Hüne glotzte verdutzt. Jonas lachte lauthals auf. Ungeachtet seiner bedrohten Lage inmitten der betrunkenen Schläger fand er die Situation tatsächlich komisch.

»Wie, du willst mich wohl verarschen!« rief Kalle zornig. »Wer will es denn sonst noch versuchen?« Von allen Seiten schallte es: »Ich, ich, ich!« Und zack flog die Trompete durch die Luft. Jonas stand dabei, wie die Gesellschaft mit seinem unbezahlbaren Instrument Fangen spielte, und war unfähig, sich zu rühren. Als die Trompete wieder einmal bei Kalle gelandet war, streckte er lediglich fordernd die Hand aus.

»Hier, willst du sie haben?« grinste der andere. »Dann hol sie dir doch!« Und er warf sie mitten unter die glühenden Scheite des Osterfeuers. Der Lärm, der in den letzten Sekunden angeschwollen war, ebbte urplötzlich ab. Alles schaute gespannt auf Jonas. Auch der Feuerwehrmann, der sich neben der Meute aufgebaut hatte, genoß das Spektakel sichtlich.

Jonas sah kurz zu Britta, die den Rummel natürlich bemerkt hatte und die vorläufig nicht zu erkennen gab, wie sie sich zu verhalten gedachte. Das war jetzt auch schon egal! Wortlos ging Jonas ans Feuer, nein, ins Feuer! Die Flammen sengten an seinen Sachen, aber Jonas ließ sich weder von beißendem Rauch noch von schneidender Hitze aufhalten. Als er nach der Trompete griff, fiel ihm ein ins Rutschen geratenes glühendes Holzscheit auf die Hand. Ohne den Schmerz zu spüren, geschweige denn zu begreifen, barg Jonas sein Instrument.

Als er dem Inferno wieder entronnen war, hörte er Brittas Stimme, die – wie ihm schien – hysterisch Kalles Namen rief. Jonas kümmerte sich nicht darum, was hinter seinem Rücken geschah, und ging langsam, ohne jemanden anzusehen, von der Festwiese.

»Halt, Jonas!«

Es war Britta, die ihn eingeholt hatte. Zum ersten Mal hatte sie ihn bei seinem wirklichen Namen genannt. Jonas reagierte nicht.

»Es tut mir leid«, sagte sie. »Die wissen nicht mehr, was sie tun. Sie sind besoffen.«

»Ich weiß«, sagte er. »Das gehört auch zum Image.«

Sie standen sich gegenüber und schwiegen.

»Was ist mit der Trompete?« fragte Britta.

Jonas untersuchte sein Instrument. Ein Ventil klemmte, und der Lack hatte diverse Schrammen davongetragen. Er wischte etwas Ruß vom Mundstück und sagte:

»Es geht schon. Nichts, was man nicht wieder reparieren könnte.«

»Aber was ist denn das? Was hast du mit deiner Hand gemacht?« Britta hatte seine Wunde entdeckt, die dunkelrot angelaufen war, wobei sich im Zentrum ein häßlicher weißer Fleck gebildet hatte.

»Du hast sie dir verbrannt«, stellte Britta besorgt fest.

»Halb so schlimm«, sagte Jonas, obwohl der Schmerz eher zu- als abnahm.

»Wie ich diese Typen hasse!«

»Du?«

»Ja, ich! Wenn die Musik nicht wäre ...«

Jonas erwiderte nichts. Mit jedem Wort hätte er sie nur gegen sich aufgebracht.

»Ich wohne nur zwei Minuten von hier. Da können wir deine Hand verbinden«, bot ihm Britta an.

»Ist nicht nötig!«

»Keine Widerrede! Ich bin zwar keine Krankenschwester, aber ich bin sicher, daß deine Wunde behandelt werden muß. Selbst kannst du es mit einer Hand ja schließlich nicht machen!«

Vielleicht hatte sie wirklich recht. Jonas ließ sich von der Älteren willenlos zu dem Haus ihrer Eltern führen. Sie machte »Psssst«, als sie den Schlüssel unter der Fußmatte hervorholte. Gemeinsam schlichen sie durch das dunkle Gebäude. Britta lotste ihn ins Badezimmer und machte Licht.

»So, jetzt wollen wir doch mal sehen«, sagte sie forsch. »Das sieht gar nicht gut aus!«

Sie öffnete den Arzneikasten und schmierte eine braune Salbe auf die Stelle, wobei sich Jonas beherrschen mußte, um nicht laut aufzuschreien. Dann wickelte sie mit gekonnten Griffen eine Rolle Mullverband um die verletzte Hand.

»So, verarztet!« stellte Britta fest, und mit einem Anflug von spöttischem Respekt: »Du bist tapfer.«

Jonas zuckte die Schultern. »Was soll ich machen?« sagte er blöd. Ihm war Brittas forschender Blick nicht entgangen.

»Was war los?« fragte sie. »Warum hast du nur ein Stück gespielt?«

»Das Ventil hat geklemmt«, log Jonas. »Siehst du?« Zum Beweis zeigte er ihr das beschädigte Ventil. Sie ließ ihn im ungewissen, ob sie ihm glaubte. Statt dessen lehnte sie sich an die gekachelte Wand und sagte:

»Weißt du, ich habe mich immer gefragt, ob ein Trompeter besser küßt als andere ... Ich meine nur, wegen der Muskeln.«

Zur Veranschaulichung wies sie auf die Partie links und rechts ihres Mundes.

»Es ist nur eine Frage des richtigen Ansatzes«, erwiderte Jonas, aber er merkte zu spät, daß sie einen Witz gemacht hatte. Er sah, wie sich das maskenverschmierte Gesicht seinem näherte, und einen Augenblick später spürte er ihre Lippen auf den seinen.

Es war nur ein kurzer Moment, aber Jonas hatte wohl gemerkt, daß ihr Atem nach Alkohol schmeckte. Das also war sein erster Kuß!

»Es stimmt«, lächelte Britta, »es ist alles eine Frage des richtigen Ansatzes!«

Sie wusch sich das Gesicht, und bis auf die violetten Haare war sie alsbald wieder die alte Britta.

»Du kannst jetzt so nicht nach Hause gehen«, entschied sie. »Wer weiß, ob dir die Jungs nicht noch irgendwo auflauern. Wenn Kalle mitkriegt, daß du hier mit seiner Freundin rumknutschst ...«

Jonas schätzte die Gefahr nicht besonders hoch ein. Trotzdem blieb er. In Brittas Zimmer hingen sehr viele Poster. Ein Bild zeigte eine Sängerin in Lederjacke, die sich eine schwarze Maske um die Augen gemalt hatte.

»Du kannst bei mir im Bett schlafen«, sagte Britta leichthin. Jonas gehorchte und legte sich hin.

»Gehst du zu Hause auch in voller Montur ins Bett?« fragte Britta und zog sich bis auf den Schlüpfer aus. Ihre Brust war viel kleiner, als Jonas gedacht hatte. Zögerlich entledigte er sich seiner Lieblingsjeans und des Rüschenhemds. Peinlich waren ihm vor allem die überlangen Spargelbeine.

Britta löschte das Licht und schmiegte sich sacht an ihn. Bevor sie einschlief, sagte sie noch: »Wir sind schon ein Engelspärchen, was?!« Jonas blickte durch das Fenster auf den vollen Ostermond und erwiderte leise: »Ganz bestimmt nicht!« Doch er hatte es mehr zu sich selbst gesagt.

Jonas machte während der ganzen Nacht kein Auge zu. Er spürte, wie es in seiner verbrannten Hand pochte, aber fast noch stärker glühte Brittas Brust auf seiner Schulter.

Anton Tschechow

Ein unbedeutender Mensch

»Sehr geehrter Herr, Vater und Wohltäter!« So begann der Beamte Newyrasimow den Entwurf eines Gratulationsschreibens. »Ich wünsche Ihnen, daß Sie dieses Osterfest wie auch noch viele künftige in guter Gesundheit und Wohlergehen verbringen. Und auch Ihrer Familie wün...«

Die Lampe, in der das Petroleum schon am Versiegen war, qualmte, und es roch brenzlig. Auf dem Tisch, neben der schreibenden Hand Newyrasimows, krabbelte aufgeregt eine verirrte Schabe herum. Zwei Zimmer von dem Dienstzimmer entfernt, wichste der Pförtner Paramon schon zum drittenmal seine Paradestiefel mit solcher Energie, daß sein Spucken und Bürsten in allen Zimmern zu hören war.

Was soll ich bloß diesem Schuft noch schreiben? überlegte Newyrasimow und richtete seine Augen auf die verrußte Zimmerdecke.

An der Decke bemerkte er einen dunklen Kreis – den Schatten des Lampenschirms. Darunter waren die verstaubten Gesimse, noch weiter unten die Wände, die man einstmals mit einer bräunlichen Farbe gestrichen hatte. Das Dienstzimmer erschien ihm so öde, daß es ihm nicht nur um sich selbst, sondern sogar um die Schabe leid tat ...

Ich gehe nach Dienstschluß weg, aber sie muß ihr ganzes Schabenleben hier Dienst tun, dachte er und rekelte sich dabei. Ist das langweilig! Ob ich mir vielleicht auch die Stiefel putze?

Er rekelte sich noch einmal und schlenderte träge in die Portierloge. Paramon wichste keine Stiefel mehr ... Er stand am offenen Klappfenster und lauschte, wobei er in der einen Hand die Bürste hielt und sich mit der anderen bekreuzigte.

»Man läutet«, flüsterte er Newyrasimow zu und blickte ihn mit starren, weit aufgerissenen Augen an. »Es ist soweit!«

Newyrasimow hielt sein Ohr unter das Klappfenster und horchte. Durch das Fenster strömte mit der frischen Frühlingsluft das Ostergeläut ins Zimmer. Das Gedröhn der Glocken vermischte sich mit dem Rattern der Equipagen, und aus dem Chaos der Töne hörte man nur das lebhafte helle Geläut der nahe gelegenen Kirche und ein lautes, kreischendes Lachen heraus.

»Wie viele Leute da sind.« Newyrasimow, der auf die Straße hinunterblickte, wo an den angezündeten Lämpchen nacheinander die Schatten von Menschen vorbeihuschten, seufzte. »Alle gehen sie zur Frühmesse ... Die Unseren haben jetzt bestimmt schon getrunken und bummeln durch die Stadt. Wieviel zu lachen es gibt, wie viele Gespräche! Nur ich bin so ein Unglücksvogel und muß an einem solchen Tag hier sitzen. Und jedes Jahr muß ich das!«

»Wer verlangt denn von Ihnen, daß Sie den Dienst übernehmen? Sie hätten doch heute gar keinen Dienst gehabt, Sastupow hat Sie als Vertretung engagiert. Wenn die Leute feiern wollen, lassen Sie sich engagieren ... Bloße Habgier!«

»Wieso Habgier, zum Teufel? Da ist nichts, um habgierig zu sein: nur zwei Rubel und als Zugabe eine Krawatte ... Das ist Not, aber keine Habgier! Aber schön wäre es, weißt du, jetzt mit den Freunden zur Frühmesse zu gehen und dann nach dem Fasten wieder richtig Fleisch zu essen ... Etwas trinken, etwas essen und sich dann schlafen legen ... Du sitzt am Tisch vor einem geweihten Osterkuchen, der Samowar zischt, und neben dir sitzt der Gegenstand deiner Leidenschaft ... Du hast ein Gläschen getrunken und eine Weile das Kinn auf die Hand gestützt – und da fühlt man sich ...

als Mensch fühlt man sich ... Ach, mein Leben ist verpfuscht! Da ist eben irgendein Gauner in einer Kalesche vorbeigefahren, und unsereiner sitzt hier und hängt seinen Gedanken nach ...«

»Jedem das Seine, Iwan Danilytsch. Gott gebe, Sie erreichen es auch und werden in einer Kalesche fahren.«

»Ich? Nein, mein Lieber, mach keine Witze! Weiter als bis zum Titularrat bringe ich es nicht, und wenn ich mich auf den Kopf stelle ... Bin ein ungebildeter Mensch.«

»Unser General ist auch ohne jede Bildung, und trotzdem ...«

»Nun, der General hat, ehe er das erreichte, hunderttausend Rubel gestohlen. Und er hat auch, mein Lieber, eine ganz andere Haltung als ich ... Mit meiner Haltung kommt man nicht weit! Und mein Name ist mehr als gemein: Newyrasimow! Mit einem Wort, mein Lieber, die Lage ist hoffnungslos. Wenn du willst – kannst du leben, willst du nicht – häng dich auf ...«

Newyrasimow trat von dem Klappfenster zurück und schritt schwermütig durch die Zimmer. Das Gedröhn der Glocken wurde immer lauter ... Um es zu hören, brauchte man nicht mehr am Fenster zu stehen. Und je deutlicher man das Geläut vernahm, je lauter die Equipagen ratterten, desto dunkler erschienen die braunen Wände und die verrußten Gesimse, desto stärker qualmte die Lampe.

Soll ich vielleicht vom Nachtdienst weglaufen? dachte Newyrasimow.

Aber diese Flucht versprach nichts Gescheites ... Hätte Newyrasimow das Amt verlassen und wäre er ein wenig durch die Stadt gebummelt, so hätte er sich schließlich doch in seine Wohnung begeben, und dort war es noch grauer und schlimmer als in dem Dienstzimmer ... Nehmen wir an, er würde diesen Tag angenehm und komfortabel verbringen, aber was dann? Immer dieselben grauen Wände, immer derselbe Vertretungsdienst und dieselben Gratulationsschreiben ...

Newyrasimow blieb in der Mitte des Dienstzimmers stehen und überlegte.

Das Bedürfnis nach einem neuen, besseren Leben drückte ihm schier das Herz ab. Er hatte plötzlich den leidenschaftlichen Wunsch, auf der Straße zu sein, sich unter die wogende Menschenmenge zu mischen und an der Feierlichkeit teilzunehmen, um derentwillen alle Glocken dröhnten und die Equipagen ratterten. Er sehnte sich nach dem, was er einst in der Kindheit erlebt hatte: einen Familienkreis, die feierlichen Gesichter der Angehörigen, ein weißes Tischtuch, Licht, Wärme ... Er dachte an die Kalesche, in der eben eine vornehme Dame vorbeigefahren war, an den Mantel, in dem der Gerichtsvollzieher herumstolzierte, die goldene Kette, die die Brust des Sekretärs schmückte. Er dachte an ein warmes Bett, den Stanislausorden, ein Paar neue Stiefel, einen Uniformrock ohne durchgewetzte Ellenbogen ... Er dachte daran, weil er das alles nicht besaß ...

Soll ich etwa stehlen gehen? dachte er. Das Stehlen ist ja, nehmen wir mal an, nicht schwer, aber das Verstecken ist nicht einfach ... Man sagt, mit Gestohlenem muß man nach Amerika flüchten, aber weiß der Teufel, wo dieses Amerika liegt! Auch um zu stehlen, muß man Bildung haben!

Das Geläut erstarb: Man hörte nur noch das ferne Rattern der Equipagen und Paramons Husten, aber der Gram und die Erbitterung Newyrasimows wurden immer größer und unerträglicher. Im Amtszimmer schlug die Uhr halb eins.

Soll ich etwa eine Anzeige erstatten? Proschkin hat denunziert, und von da an ging es mit ihm bergauf ... Newyrasimow setzte sich an seinen Tisch und überlegte. Die Lampe, in der das Petroleum schon ganz niedergebrannt war, qualmte stark und drohte auszugehen. Die verirrte Schabe lief immer noch auf dem Tisch herum und fand keinen Zufluchtsort.

Denunzieren kann man, aber wie soll man es machen? Man muß mit allen Zweideutigkeiten, mit Kniffen und Schlichen, wie Proschkin ... Das kann ich aber nicht! Werde so etwas verfassen, daß ich dabei noch reinfliege. Ein Dummkopf bin ich, der Teufel soll mich gänzlich holen!

Newyrasimow starrte auf den Entwurf seines Schreibens und zerbrach sich dabei den Kopf auf der Suche nach einem Ausweg aus seiner hoffnungslosen Lage. Dieses Schreiben war an einen Menschen gerichtet, den er mit ganzer Seele haßte und fürchtete, von dem er aber schon seit zehn Jahren die Versetzung von seiner Sechzehnrubelstelle auf eine mit achtzehn dotierte zu erreichen versuchte.

»Ach ... du läufst hier herum, du Teufel!« Er schlug voller Wut mit der Hand nach der Schabe, die das Unglück hatte, ihm unter die Augen zu kommen. »So ein ekelhaftes Vieh!«

Die Schabe fiel auf den Rücken und zappelte verzweifelt mit den Beinen ... Newyrasimow ergriff sie an einem Beinchen und warf sie in den Zylinder der Lampe. In der Lampe leuchtete es auf und knisterte ...

Und Newyrasimow wurde es leichter ums Herz.

Marie Luise Kaschnitz

Der Deserteur

Am Ostersamstag gegen sechs Uhr nachmittags – jeden Augenblick konnten die Glocken, von denen es heißt, daß sie den Karfreitag in Rom zubringen, zurückkehren –, gegen sechs Uhr also hörte die Marian, wie der Deserteur, ihr Mann, ihr Liebster, die Kellertreppe heraufkam. Sie nahm den Schlüssel aus ihrer Schürzentasche und schloß die Kellertür auf, aber als der Mann ins Zimmer treten wollte, legte sie beide Hände auf seine Brust und drängte ihn zurück.

Du kannst nicht heraufkommen, sagte sie, heute nicht, im Augenblick nicht.

Der Mann stand im Dunkeln, seine blauen Augen leuchteten zornig, seine Hände waren mit Blut verschmiert.

Was ist los? fragte er.

Es sind Leute im Wald, sagte die Marian. Sie stehen drüben am Abhang und schauen herüber. Die Kinder haben gepfiffen. Hast du es nicht gehört?

Ich habe es gehört, sagte der Mann. Aber ich halte es nicht aus da unten. Ich muß mir die Hände waschen. Meine Hände sind voll Blut.

Hast du das Lamm geschlachtet? fragte die Marian.

Ja, sagte der Mann. Er schob sie beiseite, ging zum Spülstein und ließ das Wasser rinnen.

Hat es geschrien, das Lamm? fragte die Marian.

Nein, sagte der Mann. Es hat nichts gemerkt.

Und die Kinder, fragte die Marian, haben sie auch nichts gemerkt?

Nein, sagte der Mann, er habe die Kinder ins Dorf geschickt und vorher habe er ihnen Eier gemalt, schöne mit gelben Bergen darauf und blauen breiten Flüssen, eine Landschaft wie bei ihm daheim, was heißen sollte in Amerika, da lag viel Wasser dazwischen, und die Marian hatte das Land nie gesehen. Sie sollte jetzt die Eier bewundern, die lagen in einer Schüssel, mit einem Teller zugedeckt, und der Mann nahm den Teller weg. Aber die Marian schaute gar nicht hin, sondern zum Fenster hinaus.

Gleich, Jim, gleich, sagte sie und horchte auf den Wind, der doch hier alle Tage blies und manchmal ein Sturm war, als sei die Hölle losgelassen, der aber diesmal ganz sanft daherfuhr, mit lauter noch stummem Glockengeläute im Sack.

Was hast du, Marian? fragte der Mann.

Es ist nur wegen dem Franz, sagte die Marian. Er ist wieder mitgekommen bis zum Wald. Er hat auf mich eingeredet, daß ich ihn heiraten soll. Und wenn ich's nicht tue, soll ich sagen, warum nicht.

Der Mann schob die Schüssel mit den Eiern ärgerlich zurück.

Warum tust du es nicht, sagte er. Hättest das schönste Leben. Einen Mann, der sich sehen lassen kann. Keinen Strolch, keinen Waldläufer, der geht und kommt in der Nacht.

Red doch nicht so, sagte die Marian. Hilf mir die Wolle spannen. Keine hat es so gut wie ich. Einen Mann ganz für sich allein. Sie stellte den Strickrahmen auf und nahm die Wolle und die Muster aus ihrer Tasche, die Heimarbeit, die sie jede Woche aus der Strickfabrik holte.

Aber du, sagte sie.

Was mit ihm sei, wollte der Mann wissen.

Für ihn, sagte die Marian, während sie anfing, die blauen und roten Fäden zu spannen, sei es immer dasselbe. Dasselbe Stück Himmel, derselbe Waldrand und das Hochmoor zum Luftschöpfen in der Nacht.

Ist alles jeden Tag wieder anders, sagte der Mann unwirsch. Jeden Tag ein Stück weiter auf den Sommer oder den Winter zu. Die Buche hinterm Haus hat schon Knospen.

Aber es sei doch, antwortete die Frau, so etwas wie eine Gefangenschaft. Nie könne er mit einem Mann reden. Er habe keine Stimme in der Gemeinde und erführe nie etwas Neues.

Ich lese die Zeitung, sagte der Mann. Ich höre den Rundfunk. Ich weiß, wohin es treibt. Wenn das Neue kommt, springen die Füchse aus ihren Löchern.

Ich verstehe dich nicht, sagte die Marian und sah ihn ängstlich an. Es wurde jetzt schon dunkel, und vor dem Fenster hörte man die Stimmen der Kinder, denen die Marian beigebracht hatte zu sagen, daß niemand im Hause wohne als sie mit der Mutter, und die sie gelehrt hatte, auf kleinen Pfeifen zu blasen, sobald sich jemand dem einsamen Waldhaus näherte. Es hat jemand, sagte die Marian, die Leute im Dorf drunten mißtrauisch gemacht. Sie sagen, es verstecke sich einer im Wald und er habe dem Ratsschreiber die Hühner und der Frau Hauptlehrer die Wäsche von der Leine gestohlen. Es ist auch gewildert worden, und hinter der Sägemühle haben sie einen Mann erschlagen gefunden.

Das habe ich nicht getan, sagte der Mann zornig.

Natürlich nicht, sagte die Marian. Aber es hat dich jemand nachts im Wald gesehen. Jetzt wollen sie die Polizei aus der Stadt holen, und die Polizei bringt ihre Hunde mit. Ich bitte dich, geh hinunter in den Keller und in den Stollen. Ich schließe die Tür zu.

Steht es so, sagte der Mann und starrte ihr ins Gesicht, dann will ich erst recht nicht hinuntergehen. Ich will mich zu dir setzen und warten, bis die Osternacht kommt. Du weißt, warum.

Warum? fragte die Marian und stellte den Strickrahmen weg, weil sie nichts mehr sehen konnte als den goldenen Streifen Abendhimmel, der im Fenster lag.

Du bist zerstreut, Marian, sagte der Mann. Hol den

Leuchter, steck die Kerzen auf. Es kann nicht sein, daß du dich nicht erinnerst.

Ich erinnere mich, sagte Marian gequält. Es war Ostern. Aber Ostern war später im Jahr.

Ja, sagte der Mann. Ein spätes Ostern, ein frühes Frühjahr. Der Flieder voll zarter Blättchen. Die Kastanien voll bleicher Händchen, ins nasse Blaue gestreckt.

Die Marian hatte den Leuchter auf den Tisch gestellt und setzte sich nun hin und legte die Hände in den Schoß. Sie dachte an das Frühjahr damals und sah die Dorfkinder mit ihren Kreiseln und Peitschen auf der Straße vor dem Rathaus spielen. Sie sah auch die Schafherde mit vielen, kaum geborenen Lämmchen, weißen Flecken im grauen, wogenden Gewölle, das Tal herabziehen. Sie sah Leberblümchen und Lungenkraut und blaue Lachen auf den Feldwegen, rasch aufgesogen von der Sonne, die funkelte und stach.

Auf den Straßen, sagte der Mann, war eine große Unruhe. Wir hatten erst vor kurzem Quartier bezogen und sollten schon wieder fort. Die Sirenen schrien. Befehle wurden gegeben. Es war ein Gerenne von Haus zu Haus. Ja, dachte die Marian und sah den Mann an, der damals bei ihr im Quartier gelegen hatte, den jungen, fremden Soldaten, dem hatte sie die Socken gewaschen und den Rucksack gepackt. Zum Abschied hatte sie ihm Wein eingeschenkt, und er hatte ihr Brot gegeben, und sie hatten zusammen gegessen und getrunken und sich auf die Lippen gebissen vor Staunen und Schmerz.

Die Glocken haben geläutet, sagte sie. Du bist fortgegangen und hast gewinkt.

Komm wieder, hast du gerufen, sagte der Mann, und hast geweint und gelacht. Und ich bin wirklich wiedergekommen, in der Nacht.

Hier am Fenster, sagte die Marian, haben wir gestanden, während sie drunten abgezogen sind. Wir haben die schweren Motoren der Lastwagen gehört und die Räder der Panzer.

Ich habe, sagte der Mann, versucht, die abgeblendeten Lichter zu erkennen. Ich habe auf die Stimmen meiner Kameraden gehorcht. Aber du hast meinen Kopf an deiner Schulter versteckt.

Die Marian richtete sich auf, weil sie in diesem Augenblick wieder den Ton einer kleinen Trillerpfeife hörte. Es kam ihr auch vor, als hätten weiter unten im Tal fremde Hunde gebellt. Sie stand rasch auf, stellte sich hinter ihren Mann und drückte seinen Kopf gegen ihren Schoß.

Tu es wieder, sagte sie verzweifelt. Versteck deinen Kopf. Mach die Augen zu. Und damit versuchte sie, ihre Hände wie eine Binde über die Augen ihres Mannes zu legen. Aber der Mann griff nach ihren Händen, zog sie herunter und hielt sie fest.

Es geht nicht mehr, Marian, sagte er. Es hat alles seine Zeit, das Verstecken und das Herauskommen. Das Schweigen und das Reden.

Was willst du reden, Jim? fragte die Marian erschreckt.

Ich will, sagte der Mann, aussagen vor Gericht. Ich will sagen, warum ich hier unter der Erde hocke und was ich getan habe alle die Jahre lang.

Sie werden dir nicht glauben, sagte die Marian. Sie werden meinen, daß du ein Sonderling geworden bist. Sie werden sagen, daß einer, der sieben Jahre lang im Berg hockt, den Verstand verlieren muß.

Sie holte die Streichhölzer vom Herd und zündete die Kerzen am Osterleuchter an, und in dem Licht der Kerzen erschien ihr das Gesicht ihres Mannes so unheimlich, daß sie sich fragte, ob er nicht wirklich den Verstand verloren habe. Aber in diesem Augenblick fing der Mann ganz lustig zu lachen an. Er stand auf und rückte den Tisch zurecht und forderte sie auf, sich hinter den Tisch zu setzen.

Ich werde, sagte er, mit Verstand antworten, mit Vernunft erzählen und mich mit List verteidigen. Paß auf, ich mach es dir vor. Du bist der Richter.

Das kann ich nicht, sagte die Marian unruhig und zog die

Vorhänge zu. Sie hörte jetzt ganz deutlich, daß Leute mit Hunden das enge Tal heraufkamen, und sie dachte an die Kinder, die nicht wagten, ihre Wachtposten zu verlassen, und die gewiß nicht verstanden, warum der Vater nicht in den Keller ging und von dort in das alte Silberbergwerk, wo er sicher war. Dann bin ich selbst der Richter, sagte der Mann. Ich bin der Richter und der Angeklagte und der Büttel. Herein, rufe ich, herein mit dem Angeklagten Jim Croyden. Und jetzt komme ich herein und setze mich auf die Anklagebank.

Laß das, Jim, flehte die Frau. Du hast keine Zeit zu verlieren.

Jetzt, sagte Jim, bin ich der Richter. Siehst du meinen Talar und mein Barett? Ich sitze hoch oben und habe eine Glocke vor mir stehen. Bim, bim, macht die Glocke. Ihren Namen, frage ich, und der Angeklagte nennt seinen Namen. Ihren Beruf, frage ich. Der Angeklagte sagt, Schriftsteller, und ich sage, aha. Dann klingle ich noch einmal mit der Glocke, bim, bim. Warum frage ich, warum haben Sie, Angeklagter, sich im letzten Frühjahr unseres glorreichen Krieges von Ihrer Truppe entfernt?

Der Mann saß auf dem Tisch, seine Augen hatten einen Ausdruck von Besessenheit, und seine Stimme klang unnatürlich und fremd.

Jetzt sei du das Publikum, flüsterte er und packte Marian grob an der Schulter. Sei das Publikum und rufe pfui!

Aber die Marian entwand sich seinem Griff. Ich will nicht, Jim, sagte sie weinend. Ich will niemand sein. Ich bin deine Frau.

Dann hör wenigstens zu, sagte der Mann böse. Sieh zu. Vielleicht darfst du auch zusehen, wenn sie mich auf den elektrischen Stuhl setzen. Es gibt ein Fensterchen in der Tür.

Jim, sagte Marian empört.

Wir wollen fortfahren, sagte Jim und setzte sich wieder auf dem Tisch zurecht. Antworten Sie gefälligst, sagt der

Herr Richter. Warum haben Sie sich von Ihrer Truppe entfernt und sich bei einem Mädchen namens Marian versteckt?

Aus Liebe, sage ich.

Unsinn, sagt der Richter. Aus Feigheit.

Auch, sage ich. Auch aus Feigheit.

Also doch, sagt der Herr Richter. Sie wollten nicht sterben.

Der Mann saß auf dem Tisch und bewegte die Arme, und die Marian dachte, daß jetzt gleich die Kinder hereinkommen würden und dann die Leute, die aus der Stadt gekommen waren, die Polizisten in Uniform. Sie dachte auch, daß man wenigstens die Kerzen ausblasen sollte, weil sie sich schon vorstellen konnte, wie der Schatten ihres Mannes auf dem Vorhang tanzte und wie jeder ihn sehen konnte von weither. Aber sie blies die Kerzen nicht aus und tat überhaupt nichts, hockte nur auf der Küchenbank und starrte ihrem Mann ins Gesicht.

Sie wollten nicht sterben, sagt der Herr Richter, fuhr der Mann fort. Und ich sage, ich wollte nicht töten, und dann sage ich, Herr Richter, ich habe damals einen Traum gehabt.

Was für einen Traum? fragt der Richter unwillig.

Ich habe, sage ich, im Traum an meinem Maschinengewehr gestanden und mir gegenüber die ganze feindliche Armee. Alle Soldaten sind nebeneinander auf dem Hügelkamm gestanden, ganz ohne Deckung, lauter schwarze Männchen vor der roten Sonne, und keiner hat sich gerührt.

Hahaha, sagt der Richter. Das könnte Ihnen so passen, Mann.

Nein, sage ich, Herr Richter, das paßte mir nicht. Denn nun habe ich geschossen, und alle Soldaten sind umgefallen. Jeder aber, der umgefallen war, ist wieder aufgestanden und durch mich hindurchgegangen, und jeder hat etwas in mir zurückgelassen, sein Stück Leben und sein Stück Tod.

Faseln Sie mir nichts vor, sagt der Richter. Sie haben einfach Angst gehabt. Jajaja, sage ich. Ich habe Angst gehabt, wie sie wieder Angst haben werden in einem neuen Krieg. Sie werden ihre Angst überwinden und nichts gewinnen. Oder weglaufen und nichts gewinnen.

Aha, sagt der Richter. Sie geben also zu, daß Sie nichts gewonnen haben bei Ihrer Fahnenflucht, und ich sage, ja, ich gebe es zu. Denn ich habe Kinder gezeugt, die wieder töten müssen.

Sie bereuen also Ihre Tat, sagt der Richter, und ich sage, nein, ich bereue sie nicht. Denn ich habe meinen Kindern gezeigt, wie die Stare ihren ersten Flug wagen und wie das Schneeglöckchen mit seiner zarten Blüte das harte Erdreich durchdringt, um ans Licht zu gelangen. Ich habe ihnen erzählt, wie viele Forscher ihr Leben aufs Spiel gesetzt haben, um die Menschen gesünder und glücklicher zu machen, und wie einer namens Odysseus auf dem Meer unzählige Abenteuer bestanden hat, um nach Hause zu kommen. Ich habe sieben Jahre lang gelebt und Liebe gegeben und Liebe empfangen. Alle geliebte Liebe ist nicht verloren in der Welt.

Nach diesen Worten, die der Mann laut und fast begeistert ausgesprochen hatte, fiel er in sich zusammen und schlug die Hände vor das Gesicht. Sprich nicht mehr, sagte Marian und legte ihre Arme um seinen Hals. Der Mann räusperte sich und griff nach einer Zigarette, die er am Osterleuchter anzündete, und als er wieder zu reden begann, hatte er seine alte nüchterne Stimme und sein altes jungenhaftes Gesicht.

Wir haben eine wunderliche Ehe geführt, sagte er. Aber vielleicht war sie nicht wunderlicher als andere Ehen auch. In jeder Ehe versucht man, miteinander allein zu sein und sich zu verstecken vor der Welt. Man versucht, seinen Kindern etwas mitzugeben, das Beste, was man hat. Und eines Tages steht die Welt vor der Tür und schreit, Hände hoch, und schreit, kommt heraus, mit den Händen über dem

Kopf. Und dann geht man hinaus, die Hände über dem Kopf.

Es ist doch, sagte Marian, alles nur ein schreckliches Mißverständnis. Du hast die Wäsche nicht gestohlen und erst recht keinen umgebracht. Was du getan hast, wäre bald verjährt gewesen, und dann hätten wir in deine Heimat reisen können, glücklich und frei.

Sie fing an zu weinen, und der Mann drehte sich nach ihr um und wischte ihr mit den Fingern die Tränen vom Gesicht.

Wir sind immer unterwegs, sagte er freundlich. Jede Knospe ist eine Station, und jedes braune Herbstblatt ist eine Station. Was aber das andere anbetrifft, so ist alles nur ein Mißverständnis, aller Haß und alles Elend in der Welt.

Wir haben uns verstanden, sagte Marian schluchzend.

Ja, sagte der Mann, und das ist schon viel. Das bleibt auch, wenn die, die sich liebhaben, getrennt werden und hinausgestoßen in etwas, das ihnen vorkommen muß wie die ewige Nacht. Es bleibt übrig und zieht durch die Luft wie die feinen Samen, die an ihren Fallschirmen durch die Schatten des Waldes hinabsinken, von der Sonne beglänzt.

In diesem Augenblick begannen draußen die Kinder gellend zu pfeifen, und nun hörte man auch Schritte auf dem steinigen Weg und Stimmen und das Keuchen von großen Hunden, die an der Leine geführt werden und die an ihren Leinen zerren.

Geh, versteck dich, flüsterte Marian entsetzt. Aber der Mann sprang vom Tisch, und ohne sie zu küssen oder noch einmal anzusehen, ging er mit großen Schritten auf die Tür zu. Er riß sie auf, und in diesem Augenblick begannen die Vorhänge zu wehen und die Kerzen zu flackern, und Licht und Schatten tanzten durch die Küche. Marian sprang auf und wollte ihrem Mann nachlaufen. Aber da hob Jim, der in der Tür stand, schon die Hände über den Kopf. Die Hunde bellten, und im Dorf drunten läuteten die eben aus Rom zurückgekehrten Glocken das Osterfest ein.

Selim Özdogan

Opferfest

Gott sprach zu Abraham: Geh hin und opfere mir deinen einzigen Sohn Isaak. Als Abraham, um dem Herrn seinen Gehorsam und seine Liebe zu beweisen, schon das Messer an die Kehle seines Jungen setzte, sandte Gott einen Engel mit einem Lamm, das Abraham nun statt seines Sohnes schlachten sollte. Seitdem opfern die Moslems einmal im Mondjahr dem Allmächtigen, wie auch die Juden zum Passahfest ein Lamm schlachten. Bei den Christen hingegen ist nur noch der Brauch des als Kuchen gebackenen Osterlamms übriggeblieben.

Als ich das Opferfest das erste Mal bewußt erlebt habe, kann ich kaum älter als fünf Jahre gewesen sein. Wir waren in der Türkei, und mein Vater kaufte in der Stadt ein Opferlamm, das wir im Garten meines Opas an einem Baum festbanden. Ich fütterte das Lamm, streichelte sein weiches Fell und versuchte ihm fachmännisch auf die Rippen zu klopfen, wie mein Vater es getan hatte, bevor er es auswählte. Innerhalb von zwei Tagen wurden das Lamm und ich gute Freunde, ich spielte nicht mehr so viel mit den anderen Kindern. Trotzdem machte es mir nichts aus, als ihm eines Morgens die Füße zusammengebunden wurden und mein Opa kurz darauf das Messer an seine Kehle setzte. Das Blut sprudelte ins Gras, und zum Mittagessen gab es gegrilltes Lammfleisch. Wie die meisten meiner anderen Cousins und Cousinen aß auch Oktay, nachdem er beim Schlachten zugesehen hatte, wochenlang kein Fleisch mehr, obwohl er kaum mit dem Lamm gespielt hatte, sondern damit beschäftigt gewesen war, Aprikosen aus dem Garten des Nachbarn zu klauen und mit einer Steinschleuder nach Vögeln zu schießen.

Ein oder zwei Jahre später fiel das Opferfest nicht in die Ferienzeit. Wir verbrachten es im Land der Ungläubigen, wie mein Onkel immer sagte, im Land der starren Regeln, wo nicht vor jedem Opferfest auf den Märkten ganze Schafherden zum Verkauf angeboten wurden, in einem Land, in dem es einem rechtschaffenen Mann verboten war, ein Lamm zu opfern, wenn er nicht vorher acht Semester studiert oder drei Jahre eine Ausbildung gemacht hatte, in einem Land, in dem nie die Sonne schien. Man könnte jetzt, wie mein Vater es hinterher getan hat, alles auf die Sonne schieben. Sie war an allem schuld, weil sie sich so selten zeigte.

An diesem einen Tag schien sie aber, sie brannte auf uns herunter, und wir hatten beschlossen zu picknicken. Meine Mutter machte Linsenfrikadellen und Kartoffelsalat, wir packten den Grill in den Kofferraum des Granada, einen Propangaskocher, die Teekanne, Decken und Kissen, Teller und Besteck, Lammfleisch, Zwiebeln, Tomaten, Brot, Oliven, Pepperoni. Unterwegs holten wir meinen Onkel, meine Tante und ihre beiden Töchter ab. Mein Onkel hatte seit einiger Zeit keinen Führerschein mehr, weil er betrunken Auto gefahren war. Die Polizisten, diese starrköpfigen Gesetzestreuen, wie er sagte, die zwei Schachteln Marlboro abgelehnt hatten, obwohl er einen Hunderter unter die Cellophanhülle geschoben hatte. So saßen wir dann zu siebt im Auto, und mein Onkel regte sich auf über diese Polizisten, über die unmenschlichen Regeln in Deutschland, die keinen Platz für ein bißchen Spaß und zwei kleine Schnäpse ließen, darüber, daß Melonen hier nur scheibenweise verkauft wurden, daß das Brot nicht schmeckte und überall Schweinefett drin war, sogar im Pudding, wie er behauptete. Wenn es nach meinem Onkel gegangen wäre, dann hätte man sie alle zur Hölle schicken können, die Polizisten, die Obst- und Gemüsehändler, die nicht mal, wenn sie darauf saßen, in der Lage waren, eine Kaktusfeige von einer Quitte zu unterscheiden, die nichtsnutzigen Bäcker, die ihre Berufsehre verloren glaubten, wenn ihr Brot nicht steinhart war, die Beamten, die Kassiererinnen im Supermarkt, die Vorarbeiter, an niemandem ließ er ein gutes Haar. Bis auf die Ärzte. Das war immer sein Abschluß, wenn er mal wieder heftig gezetert und geschimpft hatte, immer endete es damit, daß er sagte:

– Aber selbst im Land der Ungläubigen kann ja nicht alles schlecht sein. Sie haben ein hervorragendes Gesundheitssystem, und ich werde ihnen bis an mein Lebensende dankbar sein dafür.

Mein Vater gähnte, wir hatten es uns alle schon sehr oft angehört, aber die Begeisterung meines Onkels ließ einfach nicht nach bei diesem Thema.

– Es gab keinen Arzt und kein Krankenhaus mehr in der Türkei, in dem ich nicht gewesen bin. Dauernd hatte ich diese fürchterlichen Magenschmerzen, ich konnte gar nicht mehr aufrecht gehen, ich bin abgemagert, weil ich nichts essen konnte. Ich habe fünfzig Kilo gewogen, das müßt ihr euch mal vorstellen. Und was sagt der Arzt zu mir? Er sagt: Sie dürfen nicht mehr scharf essen. Das mir, einem Mann aus Adana, der seit seiner Kindheit Chilischoten gegessen hat wie andere Kinder Bonbons. Aber das war ja nicht mein Problem, ich konnte ja nicht mal mehr Brei essen, geschweige denn Chili. Alles hat mir Schmerzen verursacht, das könnt ihr euch gar nicht vorstellen. Und hier in Deutschland gehst du zum Arzt, und fünf Tage später kannst du wieder alles essen, was dir schmeckt, alles, wonach du dich jahrelang gesehnt hast, du kannst endlich wieder das Fett in der Pfanne mit deinem Brot aufstippen. Aaah, Kinder, ihr wißt gar nicht, wie dankbar ich dafür bin, daß ich wieder wie ein normaler Mensch essen kann.

Mittlerweile waren wir an den Rheinwiesen angekommen und ließen uns im Schatten eines großen Baumes nieder, die Männer kümmerten sich um das Feuer, die Frauen um die Spieße und die Koteletts, und wir Kinder liefen bis zu einer niedrigen Einzäunung, die unter Strom stand, wie wir schnell feststellten, und hinter der jede Menge Schafe weideten, lagen und mäh machten.

Als meine Tante uns zum Essen rief, diskutierten mein Onkel und mein Vater heftig miteinander, ohne daß ich begriff, worum es ging. Ich schnappte nur ein paar Fetzen auf: Land der Ungläubigen, Einbruch der Dunkelheit, Opferfest, Diebstahl, Sünde, Bürgersteig, Nachbarn.

– Siehst du, sagte mein Vater schließlich und deutete auf einen Mann mit zwei Hunden und großem Hut, der gerade kam, siehst du, da ist schon der Hirte, wir können nicht einfach ein Schaf klauen.

Siehst du, das sagte er immer auf deutsch, es war eine Angewohnheit. Auch wenn wir in der Türkei waren, passierte es ihm oft: Siehst du? Und unsere Verwandten, der Verkäufer auf dem Markt, der Gemüsehändler, der Schuhputzer, der Sesamkringelverkäufer oder sein Backgammongegner sahen ihn belustigt an. Siehst du, viel mehr Deutsch konnte er gar nicht.

Mein Onkel sprang nun auf, und ohne das Kotelett aus der Hand zu lassen, ging er auf den Schafhirten zu. Unterwegs biß er noch mal ab und stand dann mit Fettflecken auf dem Hemd, das über seinem dicken Bauch spannte, vor dem Hirten. Mein Onkel konnte nicht sehr gut Deutsch, aber er schaffte es im Gegensatz zu meinem Vater immer, sich irgendwie verständlich zu machen. Wir waren zu weit weg, um hören zu können, was die beiden nun sprachen, aber mein Onkel gestikulierte viel, und der Hirte nahm seinen Hut ab, legte den Kopf schief und schüttelte ihn hin und wieder.

– Dein Onkel wollte eins von den Schafen mitgehen lassen, sagte mein Vater, und ich habe ihm gesagt, daß sicherlich jeden Moment der Hirte kommt.

Er grinste zufrieden.

Wir hatten aufgehört zu essen, und das einzige, was uns Kinder davon abhielt, zu meinem Onkel zu laufen, war die Ahnung, daß sich dann der Ärger meiner Tante über uns ergießen würde.

– Dieser Mann macht mich noch verrückt, wiederholte sie immer wieder, da kann man reden, bis man keine Spucke mehr im Mund hat, wenn der sich etwas in den Kopf gesetzt hat, ist man verloren.

– Was macht er denn jetzt, schrie mein Vater auf, als mein Onkel ungelenk über den Zaun stieg. Er hatte wohl im Gegensatz zu meiner Tante geglaubt, daß die Geschichte sich schon erledigt hätte.

Wir sahen zu, wie mein Onkel bald dieses, bald jenes Lamm fing und ihm fachmännisch auf die Rippen klopfte. Nach kurzer Zeit leuchtete sein Kopf selbst auf diese Entfernung knallrot, und es sah sehr lustig aus, ein dicker Mann in einem blau und grün gestreiften Hemd mit riesigen Schweißflecken unter den Armen, der den Lämmern hinterherlief.

Schließlich stieg auch der Schafhirte über den Zaun und hielt ein Lamm fest, für das sich mein Onkel wohl entschieden hatte. Die beiden gaben sich die Hand, und mein Vater stöhnte auf:

– Ich kann es nicht glauben.

Mein Onkel holte ein Taschentuch aus seiner Hose und wischte sich den Schweiß von der Glatze. Er winkte uns zu, dann zog er ein Bündel Geldscheine hervor und zählte dem Schafhirten eine offensichtlich große Summe in die Hand.

Mein Onkel stieg zuerst über den Zaun, der Hirte hob das Lamm hoch und reichte es ihm.

– Dieser Mann macht mich noch verrückt.

– Find mal ein Seil, mit dem wir das Tier festbinden können, war das erste, was mein Onkel zu meiner Tante sagte, und dann: Gib mir noch ein Kotelett.

– Siehst du, wandte er sich an meinen Vater, den Hirten hat uns Gott geschickt, du hattest recht, man kann doch kein Lamm klauen, um es dann dem Herrn zu opfern, das wäre nicht richtig gewesen.

– Wieviel hast du bezahlt? fragte meine Tante vorsichtig, als sie ihm das Kotelett reichte.

– Frau, so was fragt man doch nicht. Was zählt schon Geld, wenn wir im Land der Ungläubigen die Gebote unserer Religion erfüllen können?

Meine Tante sagte nur:
– Oh, mein Gott.
Und verkniff sich das: Dieser Mann macht mich noch verrückt.
Es ließ sich kein Seil auftreiben, um das Tier festzubinden, mein Vater hatte nicht mal ein Abschleppseil im Auto, und mein Onkel war ganz stolz auf seinen Erfindungsreichtum, nachdem er die Picknickdecke in Streifen gerissen und das Schaf damit an einen tiefhängenden Ast des Baumes gebunden hatte.
– Siehst du, sagte er zu meinem Vater, um ihn zu ärgern.
– Wo willst du das Lamm denn unterbringen? fragte meine Tante.
– Es sind nur noch zwei Tage bis zum Opferfest, zwei Tage werden wir schon überstehen, sagte mein Onkel, wir binden es einfach in der Küche fest.
Meine Cousinen und ich streichelten das Tier ein wenig, versuchten, es zu füttern, aber es mochte nicht fressen und sah immer wieder hinüber zur Herde. Nachdem wir uns eine Weile mit dem Schaf beschäftigt hatten, wurde es uns zu langweilig, und wir gingen ans Wasser und versuchten, Steine springen zu lassen.
Abends banden wir dem Lamm mit den Streifen aus der Picknickdecke die Beine fest und legten es in den Kofferraum.
– Das arme Tier, sagte meine Mutter. Und mein Onkel bestätigte:
– Ja, im Land der Ungläubigen müssen die Tiere leiden.
Meine Tante hatte schon seit Stunden kein Wort mehr gesagt, sie schien den Tränen nahe zu sein.
Als wir bei meinem Onkel vor der Haustür hielten, sagte er:
– Die Nachbarn dürfen nichts mitkriegen.
Er hätte sicherlich gerne vor den anderen Türken in der Straße geprahlt, aber er wußte, daß die Deutschen sofort die Polizei rufen würden, wenn sie so etwas sahen.

Also wurde eine Decke über das Tier gelegt, und mein Onkel nahm es auf den Arm. Ein zappelndes Etwas unter einer Decke war nicht so auffällig wie ein Lamm, das man die Treppenstufen hochtrug. Doch es war schon dunkel, und im Treppenhaus begegnete uns niemand.

Wir folgten ihnen, nachdem wir die anderen Sachen, die wir auf unserem Schoß hierhergebracht hatten, wieder im Kofferraum verstaut hatten, den Grill, den Propangaskocher und das Geschirr. Sie hätten auch vorher in den Kofferraum gepaßt, aber mein Onkel hatte gesagt, sie würden eine erhebliche Verletzungsgefahr für das Schaf darstellen.

Oben banden sie das Lamm mit einem Seil an das Ofenrohr in ihrer Wohnküche, nachdem meine Tante eine große Decke auf dem Boden ausgebreitet hatte. Ich beneidete meine Cousinen, weil sie jetzt zwei Tage lang ein Haustier haben würden.

– Siehst du, äffte mein Onkel wieder meinen Vater nach und legte zufrieden die Hände auf seinen Bauch.

– Und wo willst du es schlachten? fragte mein Vater ganz unschuldig.

– Da wird mir schon etwas einfallen, sagte mein Onkel.

– Wenn sie dich draußen irgendwo erwischen, wie du ein Lamm schlachtest, dann ist die Kacke aber am Dampfen, das kann ich dir versprechen. Und zu Hause versaust du dir die ganze Wohnung.

– Mir fällt schon etwas ein.

Am Festtag hatten sich beide frei genommen, und meinem Onkel war wirklich etwas eingefallen, aber mein Vater war nicht so begeistert von der Idee.

– Nein, sagte er, nein, das ist ausgeschlossen.

– Wir leben hier im Land der Ungläubigen, und ich möchte nur die Regeln des Buches befolgen, und du willst mir deine Hilfe verweigern? Ich mache auch hinterher alles wieder sauber, du wirst sehen, das ist kein Problem.

– Nein, sagte mein Vater.

– Wann habe ich dich schon mal um einen Gefallen gebeten? fragte mein Onkel, obwohl er wußte, daß er dauernd mit etwas ankam. Aber wenn du es nicht für mich tun möchtest, dann tu es wenigstens, um Gott gefällig zu sein. Es ist Opferfest, und wir haben ein Lamm, das müssen wir schlachten. Das können wir doch nicht ein Jahr lang in der Küche durchfüttern und nächstes Jahr über die Grenzen schmuggeln, um es zu Hause zu schlachten.

– Das ist nicht mein Problem.

– Hast du gehört, was ich gesagt habe? Willst du es nicht aus Liebe zu Gott tun? Wirklich nicht?

– Siehst du, sagte mein Vater, ich habe dir gesagt, es würde Probleme geben.

– Was für Probleme? fragte mein Onkel, das sind doch keine Probleme, du machst welche, wo keine sind. Wenn du mich jetzt fortschickst, brauchst du auch nicht zu meiner Beerdigung zu kommen. Meine Güte, ich habe dich nicht um deinen kleinen Finger gebeten oder um Geld.

Mein Vater war der ältere und hätte sich weigern können, ohne daß es Folgen gehabt hätte, doch er zog seufzend die Schuhe an und fuhr mit meinem Onkel das Schaf abholen. Sie transportierten es wieder im Kofferraum, sie legten wieder eine Decke über das Tier und trugen es dann direkt ins Badezimmer.

– Ich kann deine Tante verstehen, murmelte meine Mutter, dieser Mann würde auch mich verrückt machen.

Auch sie schien nicht begeistert zu sein von der Idee meines Onkels, aber sie versuchte, sich nichts anmerken zu lassen.

Meine Tante und mein Onkel hatten keine Badewanne, sie hatten Dusche und Toilette auf dem Flur, während wir in einem Neubau mit Wannenbad wohnten. Und in der Badewanne lag nun das Lamm mit zusammengebundenen Beinen, weil mein Onkel fand, das wäre die beste Lösung.

– Später drehen wir einfach den Hahn auf, und das war's dann, sagte er, während er das Messer schliff.

Unser Badezimmer war ziemlich klein, also waren nur mein Vater und ich dabei, als mein Onkel sich die Socken auszog, die Hosenbeine hochkrempelte und in die Wanne stieg. Das Lamm lag mit dem Kopf zum Abfluß in der Badewanne, und mein Onkel hockte sich vor das Lamm, murmelte ein Gebet und setzte das Messer an. Ich hatte ja schon gesehen, wie mein Opa das machte, die ersten fontänenartigen, rhythmischen Spritzer konnten mich nicht beeindrucken, aber dann merkte ich, daß mein Onkel Schwierigkeiten hatte. Möglicherweise war unser großes Küchenmesser nicht scharf genug oder zu klein, oder mein Onkel konnte in dieser hockenden Haltung in der kleinen Wanne nicht genug Kraft aufbringen, auf jeden Fall schaffte er es nicht, durch die Kehle zu kommen. Das arme Tier röchelte und quiekte unnatürlich, Blut floß ihm aus der Nase, während mein Onkel schon anfing zu schwitzen, es war eine Sünde, das Tier leiden zu lassen. Als mein Onkel gerade mit einer letzten Anstrengung versuchte, das Messer weiter durch die Kehle zu bekommen, verlor er das Gleichgewicht und plumpste auf den Hintern. Er war ganz rot im Gesicht, und sein Hosenboden hatte wahrscheinlich die gleiche Farbe.

– Steh nicht so dumm rum, und hilf mir mal, schrie mein Onkel meinen Vater an, und mein Vater nahm ihm einfach das Messer ab und beugte sich über den Wannenrand, um das Werk zu vollenden. Und dann schrie er auf, ließ das Messer fallen, faßte sich ans Kreuz und richtete sich in Zeitlupe wieder auf. Er war ganz blaß im Gesicht, doch da war Zorn in seinen Augen, Zorn und Schmerz.

– Hol deine Mutter, stieß er hervor, die Zähne fest zusammengebissen, und ich lief los.

Vor einiger Zeit hatte er schon mal einen Hexenschuß gehabt und war drei Tage kaum in der Lage gewesen, ohne die Hilfe meiner Mutter auch nur auf die Toilette zu gehen.

– Siehst du, zischte er, als er sich bei meiner Mutter aufstützte, die nur noch, oh, mein Gott, oh, mein Gott, sagte.

Mein Onkel war von oben bis unten mit Blut beschmiert, ich weiß nicht, wie er das geschafft hatte, aber er schien mittlerweile kraft seiner Wut durch die Kehle des Lamms gekommen zu sein und atmete schwer. Sogar auf seiner Glatze waren dunkle Tropfen Blut.

Das Gesicht zusammengekniffen, setzte mein Onkel langsam das Messer an ein Bein, um einen Schlitz zwischen Fell und Knochen zu machen. Das hatte ich auch schon bei meinem Opa gesehen, da pustete man dann kräftig hinein, das Tier blähte sich auf, die Innenseite des Fells trennte sich von den Muskeln, und man konnte das Lamm besser häuten.

Doch das Pusten schien nicht so einfach, und sehr bald hatte mein Onkel einen noch röteren Kopf, und ich stand etwas hilflos im Bad, bis mir diese Idee kam. Ich lief zu meiner Mutter, die gerade meinen Vater ins Bett gelegt hatte und nun völlig schweißgebadet auf der Bettkante saß.

– Wir brauchen die Fußpumpe, sagte ich, die, mit der wir im Sommer immer die Luftmatratze aufpumpen.

– Oh, mein Gott, so ein Opferfest habe ich noch nie erlebt, sagte sie und holte die Fußpumpe aus einer Truhe unter dem Bett.

Die Badezimmertür war abgeschlossen, als ich meinem Onkel mit der Pumpe zu Hilfe eilen wollte. Ich klopfte.

– Ruhe, brüllte mein Onkel, Ruhe, ich möchte in Ruhe dieses Tier auseinandernehmen.

– Ich habe eine Luftpumpe.

Ich hörte, wie der Schlüssel herumgedreht wurde, dann öffnete sich die Tür einen winzigen Spalt, mein Onkel nahm die Luftpumpe entgegen und sagte, ich solle ihm auch gleich noch eine Säge bringen, am besten eine Eisensäge. Auch die reichte ich ihm wenig später durch den Spalt. Dann schloß er die Tür wieder ab, und wir hörten eine Menge Geräusche in den nächsten Stunden, ab und zu war ein lautes Fluchen zu vernehmen, und meine Mutter sagte mit Genugtuung:

– Dafür wird er in die Hölle kommen.

Mein Onkel weigerte sich, die Tür aufzumachen, bevor er fertig war, und als ich nicht mehr einhalten konnte, ging ich zu den Nachbarn auf die Toilette.

Meine Tante und meine Cousinen kamen um die Mittagszeit, meine Tante hatte nicht gewollt, daß ihre Töchter dabei waren, wenn das Lamm geschlachtet wurde. Als sie nun erfuhr, was passiert war und daß ihr Mann sich eingeschlossen hatte, sagte sie:

– Dieser Mann macht mich verrückt, er macht mich wirklich verrückt.

Das Fluchen und Sägen aus dem Bad dauerte bis in den frühen Abend, und meine Mutter und meine Tante schmierten uns Brote, weil wir es nicht mehr aushielten vor Hunger.

Als mein Onkel schließlich blutverschmiert aus dem Badezimmer kam, warf ich einen Blick hinein und sah, daß er das Lamm nicht zerlegt hatte. Er hatte es zerstückelt. Da war ein verwirrender Haufen Knochen und Fleisch und Fett und Blut, die Innereien hatte er in einen Wäschekorb gelegt, und es stank ganz entsetzlich. Als hätte er zudem noch das Klo verstopft bei dem Versuch, die Gedärme runterzuspülen.

Es hat fast ein halbes Jahr gedauert, bis ich danach wieder Fleisch gegessen habe.

Es lag an der Sonne, hat mein Vater gesagt, wenn in diesem Land einmal die Sonne scheint, beginnen die Dinge gleich, verkehrt zu laufen.

Mein Onkel und meine Tante sind später in ein Hochhaus mit Wannenbad gezogen, und mittlerweile ist es möglich, im Land der Ungläubigen ganz offiziell Schafe zu schächten, allerdings nur auf dem Land.

– Aber du darfst nicht mal auf deinem eigenen Balkon grillen, da kommt sofort die Feuerwehr und berechnet dir 2000 Mark für einen Großeinsatz, schimpft mein Onkel heutzutage. Und wenn er sich wieder beruhigt hat, muß man sich die Geschichte mit den hervorragenden Ärzten und seinem Magen noch mal anhören.

Leonid Andrejew

Bargamot und Garaska

Es wäre ungerecht, wollte man sagen, die Natur habe ihn benachteiligt, den Iwan Akindinytsch Bergamotow, im Dienst »Schutzmann Nr. 20«, inoffiziell aber einfach »Bargamot« genannt. Als die Bewohner eines Randbezirks der Gouvernementsstadt Orjol, die ihrerseits nach dem Wohngebiet, der Puschkarnaja, der Kanonierstraße, »Kanoniere« hießen und seitens der Geistlichkeit mit dem Spitznamen »Kanonier-Bumsköpfe« charakterisiert wurden, Iwan Akindinowitsch diesen Namen gaben, hatten sie zweifellos nicht die Merkmale im Auge, die einer so zarten und delikaten Frucht wie der Bergamotte eigen sind. Seinem Äußeren nach erinnerte »Bargamot« eher an ein Mastodon oder überhaupt eines jener liebenswerten, aber ausgestorbenen Geschöpfe, die mangels Raum schon längst die von Schwächlingen bevölkerte Erde verlassen haben. Der große, dicke, kräftige Bargamot mit der lauten Stimme gab am Polizeihorizont eine stattliche Figur ab und hätte sicherlich längst gewisse Dienstgrade erreicht, wenn seine von dicken Wänden zusammengequetschte Seele nicht in bleiernen Schlaf gesunken wäre. Die äußeren Eindrücke, die durch Bargamots verschwommene Äuglein in seine Seele wanderten, verloren unterwegs alle Schärfe und Kraft und gelangten nur als schwacher Widerhall oder Abglanz an ihren Bestimmungsort. Ein Mensch mit höheren Ansprüchen hätte ihn einen Fleischkloß genannt, die Revieraufseher titulierten ihn einen Hornochsen, wenn auch einen verläßlichen; bei den »Kanonieren« aber – die an dieser Frage am meisten interessiert waren – galt er als gesetzter, ernsthafter und solider Mann, dem jedwede Ehrerbietung und Achtung gebührte.

Was Bargamot wußte, das wußte er gründlich. Und wenn es auch nur eine Instruktion für Schutzleute war, die er sich einstmals unter Anspannung seines ganzen riesigen Körpers eingeprägt hatte; aber dafür hatte sich diese Instruktion derart in seinem schwerfälligen Hirn festgesetzt, daß man sie selbst mit hochprozentigem Wodka nicht herausbeizen konnte. Nicht weniger fest saßen in seiner Seele etliche Wahrheiten, die er durch Lebenserfahrung gewonnen hatte und die uneingeschränkt das Gelände beherrschten. Wußte Bargamot etwas nicht, dann schwieg er sich mit solch unerschütterlicher Ruhe aus, daß die Leute, die es wußten, sich gleichsam ein bißchen ihres Wissens schämten.

Die Hauptsache aber war: Bargamot verfügte über Riesenkräfte – und Kraft war auf der Puschkarnaja alles. Die von Schuhmachern, Hanfschwingern, Schneidern und Vertretern anderer freier Berufe bewohnte Puschkarnaja-Straße, die über zwei Schenken verfügte, widmete an Sonn- und Montagen all ihre Mußestunden einer homerischen Rauferei, an der zerzauste, barhäuptige Frauen, die ihre Männer auseinanderzerrten, und kleine Kinder, die voller Begeisterung ihre mutigen Papis betrachteten, unmittelbaren Anteil nahmen. Diese ganze ungestüme Woge von betrunkenen »Kanonieren« zerschellte wie an einem Steindamm an dem unerschütterlichen Bargamot, der systematisch ein paar der schlimmsten Radaubrüder in seine mächtigen Pranken nahm und sie höchstpersönlich hinter Schloß und Riegel verfrachtete. Die Krakeeler legten ihr Schicksal ergeben in Bargamots Hände und protestierten nur anstandshalber.

So war Bargamot auf dem Gebiet internationaler Beziehungen. In der Sphäre der Innenpolitik legte er nicht minder Würde an den Tag. Die windschiefe elende Hütte, die Bargamot mit seiner Frau und den beiden Kinderchen bewohnte und in der sein ungeschlachter Körper kaum Platz fand, zitterte vor Altersschwäche und Furcht um ihre Existenz, wenn Bargamot sich umdrehte, doch sie konnte ganz beruhigt sein – wenn auch nicht wegen ihrer Holzpfeiler, so doch wegen der Pfeiler des Familienbundes. Der wirtschaftliche, fürsorgliche Bargamot, der in seiner Freizeit gern im Gemüsegarten buddelte, war streng. Vermittels der bereits erwähnten physischen Einwirkung unterwies er Frau und Kinder – nicht so sehr deren tatsächlichen Bedürfnissen nach Wissenschaft Rechnung tragend als vielmehr den in dieser Hinsicht unklaren Impulsen, die in irgendeinem Winkel seines großen Kopfes lebten. Das hinderte seine Frau Marja, ein noch junges und hübsches Wesen, nicht daran, ihren Mann als besonnenen Menschen und Nichttrinker einerseits zu achten, ihn andererseits aber trotz seiner Bärenstärke mit solcher Leichtigkeit und Kraft am Gängelband zu führen, wie es nur schwache Frauen vermögen.

An einem warmen Frühlingstag stand Bargamot abends in der zehnten Stunde an seinem gewohnten Posten, Ecke Puschkarnaja, dritte Possadskaja. Er hatte abscheuliche Laune. Morgen war Ostersonntag; gleich würden die Leute in die Kirche strömen, er aber mußte bis drei Uhr nachts Wache schieben, würde nicht vor der ersten Fleischmahlzeit nach den Fasten heimkommen. Ein Bedürfnis zu beten empfand Bargamot nicht, doch die festtägliche, frohe Stimmung, die sich auf der ungewöhnlich stillen und friedlichen Straße breitgemacht hatte, erfaßte auch ihn. Der Fleck, an dem er zehn Jahre lang Tag für Tag ruhig stand, gefiel ihm nicht, er wollte genauso wie die anderen etwas Feiertägliches tun. Dunkle Empfindungen von Unzufriedenheit und Ungeduld stiegen in ihm auf. Zudem war er hungrig. Seine Frau hatte ihm heute noch kein Mittagessen gegeben. Nichts als Wassersuppe hatte er vorgesetzt bekommen. Der große Bauch forderte nachdrücklich Nahrung, aber wie lange war es noch bis zum ersten richtigen Essen nach den Fastentagen!

»Pfui!« Bargamot spuckte aus; er hatte sich einen Glimmstengel gedreht und begann unlustig daran zu ziehen. Zu

Hause hatte er gute Zigaretten, ein Geschenk des Krämers vom Ort, aber die waren gleichfalls »bis nach den Fasten« zurückgelegt.

Bald zogen auch die »Kanoniere« in die Kirche – sauber und würdevoll; sie trugen Jacketts und Westen über den roten und blauen Wollhemden und Stiefel mit hohen, spitzen Absätzen, die unendlich viele Falten warfen. Diese ganze Pracht würde morgen teils an den Theken der Schenken draufgehen, teils bei freundschaftlichem Handgemenge um der Eintracht willen zerrissen werden, doch heute strahlten die »Kanoniere«. Jeder hielt behutsam ein Bündel mit Osterkuchen und Osterbrot in der Hand. Auf Bargamot achtete keiner, aber auch er betrachtete seine »Patenkinder« nicht mit besonderer Liebe, denn ihm schwante, wie viele Reisen aufs Revier er morgen würde unternehmen müssen. Im Grunde beneidete er sie, weil sie frei waren und dorthin gingen, wo es hell war, laut und lustig zuging, er aber ohne Rast und Ruh am selben Fleck ausharren mußte.

Euretwegen steh ich hier, ihr Saufbolde, faßte er seine Überlegungen zusammen und spuckte noch mal aus – ihm war übel.

Die Straße lag verödet. Das Messeläuten war verstummt. Dann trug ein helles Gebimmel, das nach den schwermütigen Glocken der Großen Fasten so lustig klang, die frohe Botschaft von Christi Auferstehung in die Welt. Bargamot nahm die Mütze ab und bekreuzigte sich. Bald würde es nach Hause gehen. Seine Stimmung hob sich, als er sich den Tisch vorstellte, auf dem eine saubere Decke, Osterbrote und Eier lagen. Ohne Hast würde er mit allen den Osterkuß tauschen. Sie würden Wanjuschka wecken und hereintragen, und der Kleine würde als erstes das gefärbte Ei verlangen, über das er sich schon eine ganze Woche lang ausführlich mit dem erfahreneren Schwesterchen unterhalten hatte. Wie würde er den Mund aufsperren, wenn der Vater ihm nicht ein mit Fuchsin getöntes, abfärbendes Ei überreichen würde, sondern ein richtiges, marmoriertes, das er selbst von dem ihm zu Dank verpflichteten Krämer geschenkt bekommen hatte.

Drolliger kleiner Kerl! Bargamot grinste, weil er spürte, wie tief in seiner Seele etwas wie elterliche Zärtlichkeit aufstieg.

Doch Bargamots gute Laune wurde jäh auf ganz abscheuliche Weise unterbrochen. Hinter der Ecke waren unregelmäßige Schritte und ein heiseres Brummen zu hören. Wen treibt der Teufel bloß hierher? dachte Bargamot, warf einen Blick um die Ecke und war tief gekränkt. Garaska! In höchsteigener betrunkener Person – der hatte ihm gerade gefehlt! Wo er sich noch vor Tagesanbruch hatte vollaufen lassen, blieb sein Geheimnis, aber daß er sternhagelvoll war – daran gab es keinen Zweifel. Sein Benehmen, das jedem Außenstehenden rätselhaft scheinen mußte, war Bargamot, der die Seele der »Kanoniere« im allgemeinen und Garaskas widerwärtige Natur im besonderen studiert hatte, völlig klar. Von einer unüberwindlichen Kraft gezogen, war Garaska von der Straßenmitte, auf der er sonst zu schreiten pflegte, an einen Zaun gepreßt worden. Er stemmte sich mit beiden Händen gegen die Mauer und betrachtete sie konzentriert und fragend, schwankte und sammelte Kraft für einen neuen Kampf mit unerwarteten Hindernissen. Nach kurzem angespanntem Überlegen stieß sich Garaska energisch von der Mauer ab, stolperte rückwärts bis zur Straßenmitte und strebte nach einer entschlossenen Kehrtwendung mit großen Schritten dem Raum entgegen, der sich keineswegs als so endlos erwies, wie man immer sagt, sondern in Wirklichkeit von einer Menge Laternen eingeengt war. Mit der ersten von ihnen trat Garaska in engste Beziehungen – er schloß sie freundschaftlich fest in die Arme.

»Eine Laterne. Brrr!« konstatierte er bündig die vollendete Tatsache. Gegen seine Gewohnheit war er äußerst gutmütig gestimmt. Statt den Mast mit verdienten Schimpfwörtern zu belegen, wandte sich Garaska mit kurzen Vorwürfen an ihn, die recht familiären Charakter hatten.

»Halt, du Dummchen, wohin willst du denn?« brummte er, wankte von dem Mast weg, fiel aufs neue mit der Brust gegen ihn und hätte sich fast an der kalten und feuchten Oberfläche die Nase plattgedrückt. »Na, na!« Garaska, der schon halb den Mast herabgeglitten war, konnte sich gerade noch festhalten und versank in Nachdenken.

Bargamot blickte mit verächtlich geschürzten Lippen auf Garaska herab. Niemand bereitete ihm auf der Puschkarnaja soviel Verdruß wie dieser Saufbruder. Wenn man ihn so anschaut, meint man, er ist eine Seele von Mensch, dabei gibt es keinen größeren Randalierer in der Vorstadt als ihn. Kein Mensch ist das – eine Plage. Ein »Kanonier« betrinkt sich, krakeelt ein bißchen herum, übernachtet auf dem Revier – und all das geht bei ihm ganz gesittet zu, aber der Garaska ist ein rechter Heimlichtuer und Giftzahn. Halb totgeschlagen haben sie ihn, und auf dem Revier haben sie ihm den Brotkorb höher gehängt, aber das höchst beleidigende und lästerliche Schimpfen konnten sie ihm nicht abgewöhnen. Da bleibt er unter den Fenstern einer der angesehensten Persönlichkeiten der Puschkarnaja-Straße stehen und beginnt sie ohne jeden Grund, mir nichts, dir nichts, zu schmähen. Die Aufseher schnappen sich Garaska und schlagen ihn, die Menge wiehert, empfiehlt, ihm tüchtig einzuheizen. Bargamot selbst wurde von Garaska schon so phantastisch real beschimpft, daß er, selbst ohne den ganzen Pfeffer von Garaskas Witz zu begreifen, spürte, er war schlimmer beleidigt worden, als wenn man ihn verprügelt hätte.

Womit Garaska sein Brot verdiente, blieb für die »Kanoniere« eines jener Geheimnisse, von denen seine ganze Existenz umhüllt war. Nüchtern hatte ihn noch keiner gesehen, nicht einmal die Kinderfrau, die die Jungs prügelt und von der dann ein Spritgeruch auf sie übergeht – Garaska hatte schon vorher nach Fusel gestunken. Garaska lebte, das heißt, er übernachtete in Gemüsegärten, am Flußufer, unter Sträuchern. Im Winter verschwand er irgendwohin, doch beim ersten Hauch des Frühlings tauchte er wieder auf. Was ihn in die Puschkarnaja zog, wo ihn nur der Träge nicht schlug, blieb wiederum ein Geheimnis von Garaskas unerforschlicher Seele, aber vertreiben konnten sie ihn durch nichts. Man vermutete, und nicht zu Unrecht, daß Garaska stahl, aber ertappen ließ er sich dabei nicht, und so verprügelte man ihn nur aufgrund indirekter Beweise.

Diesmal hatte Garaska offensichtlich einen recht beschwerlichen Weg zurücklegen müssen. Die Lumpen, die den Anschein erweckten, als würden sie tatsächlich seinen mageren Körper bedecken, starrten vor Schmutz und waren noch nicht getrocknet. Garaskas von spärlichem und ungleichmäßig verteiltem Bartwuchs bedeckte Physiognomie mit der schlaffen roten Nase – zweifellos ein Grund für seine Haltlosigkeit – trug handfeste Spuren realer Beziehungen zum Alkohol und der Faust seines Nächsten. Auf der Wange prangte unmittelbar am Auge eine offensichtlich frische Schramme.

Schließlich gelang es Garaska, sich von dem Mast zu trennen; da bemerkte er die erhaben-schweigsame Gestalt Bargamots. Garaska freute sich.

»Habe die Ehre, Bargamot Bargamotytsch! Was macht die werte Gesundheit?« Galant warf er ihm ein Kußhändchen zu, doch da er leicht schwankte, lehnte er sich für alle Fälle mit dem Rücken gegen den Mast.

»Wohin des Wegs?« brummte Bargamot finster.

»Unser Weg führt geradeaus ...«

»Stehlen? Du willst wohl aufs Revier? Ich nehme dich gleich mit, du Lump.«

»Das können Sie nicht.«

Garaska wollte eine forsche Handbewegung machen, besann sich jedoch vernünftigerweise eines Besseren, spuckte aus und scharrte mit einem Fuß, als wollte er die Spucke verreiben.

»Na, dort auf dem Revier wirst du schon reden! Marsch!« Bargamots mächtige Hand griff nach Garaskas Kragen, der so speckig und zerrissen war, daß jedermann sah, Bargamot war nicht der erste Führer Garaskas auf dem dornigen Pfad der Tugend.

Nachdem Bargamot den Zechbruder leicht gerüttelt und seinem Körper die nötige Richtung und Standfestigkeit gegeben hatte, zerrte er ihn zu dem oben erwähnten Ziel und glich dabei vollkommen einem mächtigen Schlepper, der einen leichten Schoner hinter sich herzieht, welcher unmittelbar am Hafeneingang Havarie erlitten hat. Er war tief gekränkt. Statt sich der verdienten Ruhe hinzugeben, mußte er mit diesem Saufbold zum Revier abziehen. Ach! Bargamot juckte es in den Fingern; doch das Bewußtsein, daß es an einem so großen Tag doch eigentlich peinlich sei, sie zu gebrauchen, hielt ihn zurück. Garaska schritt munter aus: Selbstbewußtsein und sogar Verwegenheit mischten sich bei ihm auf ganz erstaunliche Weise mit Sanftmut. Er hing offensichtlich seinen eigenen Gedanken nach, an die er sich sokratisch herantastete.

»Sag mal, Herr Schutzmann, was für einen Tag haben wir denn heute?«

»Sei lieber still«, entgegnete Bargamot verächtlich. »Hast dich in aller Herrgottsfrühe schon vollaufen lassen.«

»Hat denn die Erzengel-Michael-Kirche schon geläutet?«

»Ja. Was kümmert's dich?«

»Also ist Christus auferstanden?«

»Ja, er ist auferstanden.«

»Dann gestatten Sie ...« Garaska, der sich bei diesem Gespräch Bargamot halb zugewandt hatte, drehte ihm entschlossen das Gesicht zu.

Bargamot, durch die seltsamen Fragen neugierig geworden, ließ unwillkürlich den speckigen Kragen los. Der seines Stützpunktes beraubte Garaska schwankte und fiel hin, er war nicht einmal mehr dazu gekommen, Bargamot den Gegenstand zu zeigen, den er gerade aus der Tasche gezogen hatte. Den Rumpf leicht angehoben, auf die Hände gestützt, blickte Garaska nach unten – dann fiel er mit dem Gesicht auf die Erde und heulte los, wie Frauen, die um einen Verstorbenen klagen.

Garaska heulte! Bargamot war verdutzt.

Hat sich wohl einen neuen Streich ausgedacht, entschied er dann, hätte aber doch gern gewußt, wie das ausgehen würde. Garaska heulte wortlos weiter wie ein Hund.

»He, bist wohl verrückt geworden, was?« Bargamot stieß ihn mit dem Fuß an.

Garaska heulte. Bargamot wurde nachdenklich.

»Ja, was fehlt dir denn?«

»Mein Ei-chen ...«

Garaska heulte noch immer, nun aber schon leiser; er setzte sich auf und hob die Hand. Sie war mit einer glitschigen Masse bedeckt, an der Stückchen gefärbter Eierschale klebten. Der immer noch verdutzte Bargamot spürte allmählich, daß etwas Unschönes geschehen war.

»Ich wollte ... ganz anständig ... den Osterkuß ... das Ei ... du aber ...«, jammerte Garaska zusammenhanglos, aber Bargamot begriff. Das also hatte Garaska vorgehabt: nach Christenbrauch ihm den Osterkuß geben und ihm dann ein Ei schenken – er aber, Bargamot, wollte ihn aufs Revier abführen. Wer weiß, woher er das Ei angeschleppt hatte, und jetzt war es kaputt. Und er weinte.

Bargamot stellte sich vor, das marmorierte Ei, das er für Wanjuschka aufhob, sei zerschlagen – wie hätte er, Bargamot, sich geärgert.

»Na, so eine dumme Geschichte.« Bargamot schüttelte den Kopf, als er den sich auf der Erde wälzenden Trunkenbold sah; er spürte, dieser Mensch tat ihm leid wie ein leiblicher Bruder, der von seinem Bruder tödlich beleidigt worden war.

»Den Osterkuß wollte er tauschen ... Ist ja schließlich auch eine lebendige Seele«, murmelte der Schutzmann, bemüht, sich trotz seines Ungeschicks klar Rechenschaft über die Lage der Dinge und über jenes komplizierte Gefühl der

Schande und des Mitleids zu geben, das ihn immer mehr bedrückte. »Und ich wollt dich ... aufs Revier ... Ach du!«

Ächzend und mit dem Säbel über die Steine schurrend, hockte sich Bargamot neben Garaska nieder.

»Na?« brummte er verwirrt. »Vielleicht ist es gar nicht kaputt?«

»Nicht kaputt ... du wärst ja imstande, einem die ganze Fresse zu zerschlagen. Unmensch!«

»Was sagst du da?«

»Was?« äffte ihn Garaska nach. »Da wendet man sich nun anständig an ihn, und er ... ab aufs Revier. Vielleicht war's mein letztes Ei? Ketzer!«

Bargamot schwitzte. Garaskas Geschimpf kränkte ihn kein bißchen; mit allen seinen Fibern spürte er dumpf eine Art Mitleid oder auch Gewissensbisse. Tief im Innern seines robusten Körpers bohrte und peinigte ihn etwas hartnäckig.

»Ja, kann man denn anders, als euch zu schlagen?« fragte Bargamot, halb an sich selbst und halb an Garaska gewandt.

»Ja, du elende Vogelscheuche, begreif doch ...« Garaska kam offensichtlich wieder ins gewohnte Gleis. Seinem ein wenig klarer gewordenen Hirn strömten höchst verführerische Schimpfwörter und beleidigende Spottnamen zu, als Bargamot nach einem schweren Schnaufer mit einer Stimme, die nicht den geringsten Zweifel an der Gültigkeit der von ihm getroffenen Entscheidung zuließ, verkündete: »Wir gehn zu mir zum Essen.«

»Zu dir dickbäuchigem Teufel werd ich grade gehn!«

»Komm, sag ich dir!«

Garaskas Verwunderung war grenzenlos. Er ließ sich widerstandslos auf die Beine stellen und ging, von Bargamots Hand geführt, er ging – wohin? – nicht etwa aufs Revier, nein, nach Hause zu Bargamot, und noch dazu, um dort das erste Fleischgericht nach der Fastenzeit zu essen! In Garaskas Kopf blitzte ein verführerischer Gedanke auf – vor Bargamot auszureißen; aber wenn sein Kopf durch das Ungewöhnliche der Lage auch etwas klarer geworden war, so befanden sich doch seine Gehwerkzeuge in einem üblen Zustand, es war wie verhext, sie verhedderten sich dauernd und hinderten einander am Laufen. Ja, und Bargamot war so sonderbar, daß Garaska eigentlich gar nicht fortrennen wollte. Mühsam die Zunge bewegend, nach Worten suchend und sich dabei verhaspelnd, erklärte ihm Bargamot bald die Instruktion für Schutzleute, bald kehrte er wieder zur Hauptfrage, dem Schlagen und dem Revier, zurück und löste sie im positiven, aber zugleich negativen Sinn.

»Recht haben Sie, Iwan Akindinytsch, man kann nicht anders als uns schlagen«, unterstützte ihn Garaska, und er schämte sich sogar ein wenig. Bargamot war wirklich recht sonderbar!

»Aber nein, das meine ich ja gar nicht ...«, murmelte Bargamot, der offensichtlich noch weniger als Garaska begriff, was er in seiner hölzernen Sprache daherredete ...

Schließlich kamen sie zu Hause an, und Garaska hatte schon aufgehört, sich zu wundern. Marja riß zuerst die Augen auf, als sie das seltsame Paar erblickte – doch das verwirrte Gesicht ihres Mannes ließ sie vermuten, daß es besser sei, nicht zu widersprechen; und in ihrer weiblichen Gutmütigkeit erfaßte sie sofort, was zu tun war.

Und schon sitzt der närrische und still gewordene Garaska am gedeckten Tisch. Er schämt sich so, daß er am liebsten in die Erde versinken würde. Er schämt sich seiner Lumpen, er schämt sich seiner schmutzigen Hände, er schämt sich seiner selbst, abgerissen, betrunken und widerlich, wie er ist. Er schluckt die höllisch heiße, fette Kohlsuppe und verbrennt sich dabei; er kleckert auf das Tischtuch, und obwohl sich die Hausfrau zartfühlend den Anschein gibt, als hätte sie nichts bemerkt, gerät er in Verwirrung und verkleckert noch mehr. So unerträglich zittern diese harten Finger mit den langen schmutzigen Nägeln, die Garaska zum erstenmal an sich bemerkt.

»Iwan Akindinytsch, was hast du denn dem Wanjatka als – kleine Überraschung ...?« fragt Marja.

»Nicht jetzt ... später ...«, entgegnet Bargamot rasch. Er verbrennt sich an der Kohlsuppe, pustet auf den Löffel, wischt sich gründlich den Schnurrbart ab – aber in dieser Gründlichkeit schwingt die gleiche Verwunderung wie bei Garaska mit.

»Langen Sie zu, langen Sie zu«, nötigt ihn Marja, »Gerassim ... Wie war doch Ihr Vatersname?«

»Andrejitsch.«

»Langen Sie zu, Gerassim Andrejitsch!«

Garaska bemüht sich, den Bissen hinunterzuschlucken, würgt, wirft den Löffel hin und läßt den Kopf mitten auf den Fettfleck fallen, den er gerade erst gemacht hat. Seiner Brust entringt sich wieder jenes jämmerliche und wilde Heulen, das Bargamot so verwirrt hatte. Die Kinderchen, die den Gast schon nicht mehr beachtet hatten, werfen die Löffel hin und fallen mit ihrem Diskant in seinen Tenor ein. Bargamot blickt verdutzt und kläglich seine Frau an.

»Aber was ist denn, Gerassim Andrejitsch! Aber nicht doch ...«, beschwichtigt diese den unruhigen Gast.

»Mit dem Vatersnamen ... Seit meiner Geburt hat mich keiner beim Vatersnamen genannt ...«

Oscar Wilde

Der eigensüchtige Riese

Jeden Nachmittag, wenn die Kinder aus der Schule kamen, gingen sie in den Garten des Riesen, um darin zu spielen. Es war ein großer, wunderschöner Garten, mit weichem grünem Gras. Hier und da lugten aus dem Grase herrliche Blumen wie Sterne, und zwölf Pfirsichbäume standen da, die sich im Frühling mit duftigen Blüten blaßrot und perlenfarbig übersprühten und im Herbst reiche Frucht trugen. Die Vögel saßen in den Bäumen und sangen so süß, daß die Kinder oft in ihren Spielen innehielten, um zu lauschen. »Wie glücklich sind wir hier!« rief eines dem andern zu.

Eines Tages kam der Riese heim. Er war bei seinem Freund, dem Werwolf von Cornwall, zu Besuch gewesen und sieben Jahre bei ihm geblieben. Als die sieben Jahre um waren, hatte er alles gesagt, was er zu sagen wußte, denn seine Unterhaltungsgabe war beschränkt; und so beschloß er, nach Haus in sein eigenes Schloß zurückzureisen. Da er nun heimkehrte, sah er die Kinder in seinem Garten spielen.

»Was macht ihr hier?« schrie er mit sehr barscher Stimme, und die Kinder liefen davon.

»Was mir gehört, gehört mir, und mein Garten ist mein Garten«, sagte der Riese, »das ist doch ganz klar, und ich erlaube keinem, darin zu spielen, außer mir selber.« Also baute er eine hohe Mauer ringsherum und stellte eine Warnungstafel auf.

Unbefugten ist der Zutritt bei Strafe verboten!

Er war ein sehr eigensüchtiger Riese.

Die armen Kinder hatten nun keine Stelle, wo sie spielen konnten. Sie versuchten es auf der Straße, aber die Straße war so staubig und voll harter Steine, und sie mochten sie gar nicht leiden. Wenn die Schulstunden zu Ende waren, liefen sie immer und immer wieder um die hohe Mauer und sprachen von dem schönen Garten drinnen. »Wie glücklich waren wir dort«, sagte eines zum andern.

Dann kam der Frühling, und überall im ganzen Land waren kleine Blüten und kleine Vögel. Nur im Garten des eigensüchtigen Riesen blieb es Winter. Den Vögeln machte es keinen Spaß, darin zu singen, weil die Kinder nicht da waren, und die Bäume vergaßen zu blühen. Einmal steckte eine schöne Blume ihren Kopf aus dem Grase, aber als sie die Warnungstafel sah, taten ihr die Kinder so leid, daß sie wieder in den Erdboden schlüpfte und weiterschlief. Die einzigen, denen das alles gefiel, waren der Schnee und der Frost. »Der Frühling hat diesen Garten vergessen«, riefen sie, »da wollen wir das ganze lange Jahr hierbleiben.« Der Schnee bedeckte das Gras mit seinem großen weißen Mantel, und der Frost malte alle Bäume silberweiß. Dann luden sie noch den Nordwind zu ihrer Gesellschaft ein, und er kam. Er war in Pelze gepackt und brüllte den lieben langen Tag durch den Garten und blies die Schornsteinaufsätze herunter. »Das ist ein entzückendes Fleckchen«, sagte er, »wir müssen den Hagel auffordern, daß er uns besucht.« Also kam auch der Hagel. Alle Tage prasselte er drei Stunden auf das Dach des Schlosses, bis er die meisten Schieferplatten zerbrochen hatte, und dann rannte er in einem fort durch den Garten, so schnell er nur laufen konnte. Er war ganz in Grau gekleidet, und sein Atemhauch war wie Eis.

»Ich kann nicht verstehen, warum der Frühling gar so spät kommt«, sagte der eigensüchtige Riese, als er einmal am Fenster saß und in seinen kalten weißen Garten hinausblickte. »Hoffentlich ändert sich das Wetter bald.«

Aber der Frühling kam nicht, und auch nicht der Sommer. Der Herbst brachte goldene Früchte in jeden Garten, doch dem Garten des Riesen brachte er nichts. »Er ist allzu selbstsüchtig«, sagte der Herbst. So blieb es dort beständig

Winter, und Nordwind und Hagel, Frost und Schnee tanzten zwischen den Bäumen umher.

Eines Morgens lag der Riese wach im Bett; da hörte er eine liebliche Musik. Es klang seinen Ohren so hold, daß er dachte, des Königs Musikanten zögen vorbei. In Wirklichkeit sang nur ein kleiner Hänfling draußen vor dem Fenster; aber da der Riese so lange schon keinen Vogel mehr in seinem Garten hatte singen hören, erschien ihm das als die herrlichste Musik der Welt. Nun tanzte der Hagel nicht weiter über seinem Kopf herum, und der Nordwind brüllte nicht mehr, und ein köstlicher Duft schwebte durch das offene Fenster in sein Zimmer. »Ich glaube, jetzt endlich ist der Frühling da«, sagte der Riese; und er sprang aus dem Bett und schaute hinaus.

Und was sah er?

Er sah ein höchst wunderbares Bild. Durch ein kleines Loch in der Mauer hatten sich die Kinder hereingestohlen und saßen nun in den Ästen der Bäume. In jedem Baum, den er sehen konnte, saß ein kleines Kind. Und die Bäume waren so froh, die Kinder wiederzuhaben, daß sie sich selber in Blüten gekleidet hatten, und sie wiegten ihre Arme freundlich über den Köpfen der Kinder. Die Vögel flogen hin und her und zwitscherten vor Wonne, und die Blumen guckten aus dem grünen Gras und lachten. Anmutig anzuschauen war das alles, nur in einem Winkel herrschte der Winter noch. Es war der entfernteste Winkel des Gartens, und dort stand ein kleiner Junge. Er war so winzig, daß er zu den Ästen nicht hinauflangen konnte, und er lief immerzu rund um den Baum und weinte bitterlich. Der arme Baum war noch ganz mit Reif und Schnee bedeckt, und der Nordwind schnob und brüllte über ihn hin. »Steig herauf, kleiner Junge!« sagte der Baum und neigte seine Zweige, so tief er konnte; aber der Junge war zu winzig klein.

Und des Riesen Herz schmolz dahin, als er hinuntersah. »Wie eigensüchtig bin ich gewesen!« sagte er. »Jetzt weiß ich, warum der Frühling nicht hierherkommen wollte. Ich will das arme kleine Jungchen ganz oben auf den Baum setzen, und dann will ich die Mauer niederreißen, und in meinem Garten sollen die Kinder spielen immerdar.« Er war wirklich sehr betrübt über das, was er getan hatte.

Also ging er auf Fußspitzen treppab und öffnete ganz sachte die Haustür und trat hinaus in den Garten. Doch als die Kinder ihn sahen, erschraken sie sehr und liefen alle davon, und im Garten wurde wieder Winter. Nur der kleine Junge rannte nicht fort, denn seine Augen waren so voll Tränen, daß er den Riesen nicht kommen sah. Und der Riese schlich sich hinter ihn und nahm ihn sanft auf seine Hand und hob ihn hinauf in den Baum. Und der Baum brach mit einemmal in Blüten aus, und die Vögel kamen und sangen in ihm, und der kleine Junge streckte seine beiden Arme aus und schlang sie um des Riesen Hals und küßte ihn. Und die anderen Kinder sahen, daß der Riese nicht mehr böse war, und sie kamen zurückgelaufen, und mit ihnen kam der Frühling. »Das ist nun euer Garten, Kinderchen«, sagte der Riese, und er nahm eine große Axt und riß die Mauer ein. Und als die Leute mittags zu Markte gingen, sahen sie, wie der Riese mit den Kindern spielte, in dem schönsten Garten, den sie je erschaut.

Den ganzen Tag über spielten sie, und am Abend kamen sie zu dem Riesen, ihm gute Nacht zu sagen.

»Aber wo ist euer kleiner Spielgefährte?« fragte er, »der Junge, den ich in den Baum gehoben habe?« Der Riese liebte diesen am zärtlichsten, denn der hatte ihn geküßt.

»Das wissen wir nicht«, antworteten die Kinder, »er ist weggegangen.«

»Ihr müßt ihm bestellen, daß er morgen ganz bestimmt herkommen soll«, sagte der Riese. Doch die Kinder sagten, sie wüßten nicht, wo er wohne, und sie hätten ihn nie vorher gesehen; und das machte den Riesen sehr traurig.

Jeden Nachmittag, wenn die Schule aus war, kamen die Kinder und spielten mit dem Riesen. Der kleine Junge jedoch, den der Riese liebte, ward nicht wieder gesehen. Der

Riese war sehr freundlich zu den Kindern allen, aber er sehnte sich nach seinem ersten kleinen Freunde und sprach oft von ihm. »Wie gern würde ich ihn wiedersehen!« sagte er dann immer.

Jahre vergingen, und der Riese wurde sehr alt und schwach. Er konnte nun nicht mehr draußen spielen; so saß er in einem riesigen Großvaterstuhl und sah den Kindern bei ihren Spielen zu und ergötzte sich an seinem Garten. »Viele schöne Blumen habe ich«, sagte er, »aber die Kinder sind die schönsten von allen.«

Eines Wintermorgens, als er sich eben anzog, blickte er zufällig aus dem Fenster. Er haßte den Winter jetzt nicht mehr, denn er wußte, daß der Winter nichts ist als der schlummernde Frühling und daß die Blumen währenddes nur ausruhen.

Plötzlich rieb er sich die Augen vor Staunen und schaute und schaute. Es war auch wirklich ein zauberischer Anblick. Im entferntesten Winkel des Gartens war ein Baum ganz bedeckt mit lieblichen weißen Blüten. Seine Zweige waren von lauterem Gold, und Silberfrüchte hingen von ihnen nieder, und unter dem Baum stand der kleine Junge, den er geliebt hatte.

Die Treppe hinab lief der Riese in großer Freude und hinaus in den Garten. Er ging eilends über den Rasen auf das Kind zu, und als er ganz dicht heran war, rötete sich sein Gesicht vor Zorn, und er sagte: »Wer hat gewagt, dich zu verwunden?« Denn in des Kindes Händen waren die Male zweier Nägel, und die Male zweier Nägel waren an seinen kleinen Füßen.

»Wer hat gewagt, dich zu verwunden?« rief der Riese. »Sag es mir, auf daß ich mein großes Schwert nehme und ihn erschlage.«

»Nein!« erwiderte das Kind, »nein, denn dies sind die Wunden der Liebe.«

»Wer bist du?« sagte der Riese, und eine seltsame Scheu überfiel ihn, und er kniete nieder vor dem kleinen Kinde.

Und das Kind lächelte auf zu dem Riesen und sprach zu ihm: »Einst ließest du mich in deinem Garten spielen; heut sollst du in meinen Garten mit mir kommen, der da ist das Paradies.«

Und als die Kinder an diesem Nachmittag hereingesprungen kamen, fanden sie den Riesen tot unter dem Baume liegen, ganz überdeckt von weißen Blüten.

Scholem Alejchem

Pessach im Dorfe

Mögen die Winde pfeifen, mögen die Stürme brausen, mag die Welt untergehen – was kümmert das den alten Eichbaum, der noch von den sechs Tagen der Schöpfung dasteht und dessen Wurzeln Gott weiß wie tief in die Erde hineinreichen? Was sind ihm Stürme? Was sind ihm Winde? ...

Mit dem alten Eichbaum ist hier ein lebendiger Mensch gemeint, mit Namen Nachman Worobjowker aus Worobjowka, ein großgewachsener, breitschultriger und derbknochiger Jude, ein wahrer Riese. Die Stadtjuden schauen ihn nicht ohne Neid an, machen sich aber zugleich über ihn etwas lustig: »Friede sei mit Euch! Wie steht es mit Eurer Gesundheit?« Nachman weiß, daß man sich über ihn und seinen Körperbau lustig macht. Darum krümmt er den Rücken, um etwas jüdischer auszusehen. Doch es hilft ihm nichts: er ist eben zu groß gewachsen.

Nachman Worobjowker ist in Worobjowka alteingesessen. »Unser Nachman« nennen ihn die Bauern von Worobjowka. Sie halten ihn für einen braven und klugen Menschen und plaudern mit ihm gerne über Wirtschaftsdinge. Man holt sich bei ihm zuweilen Rat: was soll man mit dem Getreide anfangen? Nachman besitzt einen Kalender und kann genau angeben, ob Getreide heuer teuer oder billig sein wird. Man spricht mit ihm auch über allgemeine Dinge, denn Nachman fährt öfters in die Stadt, kommt unter Menschen und weiß, was in der Welt vorgeht ...

Man kann sich Worobjowka schwer ohne Nachman den Worobjowker vorstellen. Denn nicht nur sein Vater, Veitel Worobjowker, war in Worobjowka geboren und gestorben, sondern auch sein Großvater Arje, seligen Angedenkens;

als kluger und witziger Jude pflegte er zu sagen, daß das Dorf nur darum Worobjowka heiße, weil er, Arje Worobjowker, dort wohne; denn noch bevor Worobjowka Worobjowka geheißen habe, sei er, Arje Worobjowker, schon ein Worobjowker gewesen. Das pflegte sein Großvater zu sagen. So waren eben die Juden in der guten alten Zeit!

Und glaubt ihr, daß Arje Worobjowker es so ohne jeden Grund, nur des Witzes wegen sagte? Arje war kein so einfacher Mensch und pflegte niemals einen Witz ohne tiefere Bedeutung zu erzählen. Er hatte dabei die Judenverfolgungen im Auge. Denn es gab auch schon zu seiner Zeit Judenverfolgungen. Schon damals gab es das Gerücht, daß man die Juden aus den Dörfern vertreiben würde. Und es war nicht nur ein Gerücht, sondern man begann sie auch tatsächlich zu vertreiben. Man hatte auch alle vertrieben. Nur der alte Arje Worobjowker blieb in Worobjowka. Selbst der Gouverneur konnte dagegen nichts machen, denn Arje wies nach, daß man ihn nach dem Buchstaben des Gesetzes unmöglich aus Worobjowka vertreiben könne. So waren eben die Juden in der guten alten Zeit!

Wenn einer so ein Privilegium hat, in Worobjowka bleiben zu dürfen, so ist er selbstverständlich stolz und selbstbewußt und lacht über die ganze Welt. Was gehen unsern Nachman Worobjowker alle Judengesetze an, was ist ihm der »Ansiedlungsrayon«, was sind ihm alle Ministerialerlasse? ... Was für einen Respekt hat Nachman vor dem Goj* Kurotschka und den Neuigkeiten, die ihm dieser jeden Tag aus der Dorfkanzlei bringt? Kurotschka ist ein untersetzter Bauer mit kurzen Fingern, er trägt hohe Stiefel, einen Rock aus Tuch und eine silberne Uhrkette; sieht ganz wie ein Gutsbesitzer aus! Kurotschka ist Schreiber in der Dorfkanzlei. Darum kennt er alle Sorgen, die die Leute im Dorfe haben. Darum liest er auch die aus Petersburg zuge-

* Nichtjude, Christ.

schickten schönen Zeitungen, die lauter Anschuldigungen gegen Juden enthalten.

Kurotschka ist sonst gar kein so übler Kerl. Er ist Nachmans Nachbar und sozusagen sogar ein guter Freund. Hat Kurotschka Zahnweh, so gibt ihm Nachman etwas zum Spülen. Muß Kurotschkas Weib niederkommen, so verrichtet bei ihr Nachmans Weib Hebammendienste. Doch seit einiger Zeit, nämlich seit er mit besonderem Eifer die gewissen Zeitungen studiert, ist Kurotschka plötzlich wie verändert. »Der Judenfeind Esau* spricht aus ihm!« Jeden Tag kommt er zu Nachman mit einer neuen Nachricht: »Ein neuer Gouverneur ...« – »Ein neues Rundschreiben aus dem Ministerium ...« – »Eine neue Verordnung wegen Juden...« Dem Nachman steht in solchen Augenblicken das Herz still, und die Muttermilch gerinnt in ihm, doch was braucht er es den Goj merken zu lassen? Und er hört Kurotschka lächelnd zu und zeigt ihm dann die flache Hand mit den Worten: »Wenn hier Haare wachsen, werden mich diese Dinge angehen ...«

Mögen die Gouverneure versetzt werden, mögen die Minister Rundschreiben erlassen, was kümmert das alles Nachman Worobjowker aus Worobjowka? ...

Nachman Worobjowker lebt in Worobjowka gar nicht so übel. Das heißt, mit den früheren Jahren ist es nicht zu vergleichen! Es versteht sich, daß es in den Tagen des Großvaters Arje ein ganz anderes Leben war. Ach, war das ein Leben! Man kann sagen, daß ihm ganz Worobjowka gehörte. Er hatte nicht nur eines, sondern mehrere Geschäfte: eine Schenke und einen Kramladen, eine Mühle und ein Getreidegeschäft, und das brachte so viel ein, daß man das Geld, wie man sagt, mit Tellern und Löffeln zusammenscharren konnte. Das alles war aber in der guten alten Zeit! Heute gibt es weder eine Schenke, noch einen Laden, noch ein Getreidegeschäft. Nichts ist davon geblie-

* erstgeborener Sohn des Isaak, hier für Nichtjude, Christ, als deren Vorfahr er gilt; sein Bruder Jakob dagegen gilt als Ahnherr der Juden.

ben, rein gar nichts. Kann man doch fragen: Wenn so, warum sitzt dann der Jude noch in Worobjowka? Wo denn soll er sitzen? Tief in der Erde? Wenn es Nachman nur einfallen wollte, sein Häuschen zu verkaufen, so würde er doch im gleichen Augenblick aufhören, ein Worobjowker zu sein; dann wäre er plötzlich ein Zugezogener, ein Fremder geworden. Und so hat er wenigstens einen eigenen Winkel, ein eigenes Haus und vor dem Haus einen Garten. Der Garten wird von seinem Weib und seinen Töchtern bestellt, und wenn Gott ein gutes Jahr schenkt, so gibt es den ganzen Sommer über Gemüse, und die Kartoffeln reichen manchmal bis kurz vor Pessach. Doch von Kartoffeln allein kann man nicht leben. Zu Kartoffeln braucht man auch etwas Brot. Und Brot hat er nicht. Also muß er den Stecken nehmen und durch das Dorf gehen und sehen, ob nicht irgendwo ein Geschäft zu machen ist. Und wenn Nachman durch das Dorf geht, kommt er niemals mit leeren Händen nach Hause. Er kauft alles, was ihm gerade in die Hände kommt: altes Eisen, einen Topf Hirse, einen alten Sack oder ein Fell. Das Fell wird aufgespannt, getrocknet und dann zu Awrohom-Eliohu, dem Kürschner, in die Stadt getragen. Und bei allen diesen Geschäften kann man etwas verdienen oder auch etwas draufzahlen: dazu ist man ja Kaufmann! »Ein Kaufmann ist wie ein Jäger!« pflegt Nachman zu sagen, der zuweilen gerne ein gojisches Sprichwort gebraucht. Und Awrohom-Eliohu, der Kürschner, ein Jude mit blau angelaufener Nase und schwarzen, wie in Tinte getunkten Fingern, lacht über ihn, weil er in seinem Dorf so verbauert sei, daß er sogar nur noch gojische Sprichwörter gebrauche ...

Ja, Nachman ist tatsächlich verbauert, und er fühlt es selbst, daß er von Jahr zu Jahr immer tiefer sinkt. Was würde zu ihm sein Großvater Arje Worobjowker, seligen Angedenkens, sagen, wenn er aus dem Grabe auferstünde? Der war ja zwar auch ein Riese gewesen, aber dabei ein gelehrter

Mann. Der hatte die »Sprüche der Väter« und das Feiertagsgebetbuch und alle Psalmen im Kopfe! So waren eben einst die Juden! Und was kann Nachman? Er kann kaum beten. Und das ist noch viel. Denn seine Kinder werden selbst das nicht mehr können. Wenn er seine Kinder anschaut, wie sie alle in die Höhe und Breite wachsen und ebenso unwissend sind wie er selbst, tut ihm das Herz weh. Und besonders weh tut es ihm, wenn er seinen jüngsten Sohn, Mutters Liebling, den kleinen Veitel anschaut. Er nannte ihn so seinem Vater Veitel Worobjowker, seligen Angedenkens, zu Ehren. Ein geratenes Kind ist dieser Veitel. Selbst sein Körperbau ist etwas zierlicher, schwächlicher und jüdischer. Ein jüdisches Kind! ... Dazu hat er einen wahren Ministerkopf. Man zeigte ihm nur ein einziges Mal, eigentlich nur zum Spaß, in einem Gebetbuche den »Alef« und den »Bejs«, und schon hat sich das Kind die beiden Buchstaben gemerkt: es wird niemals den »Alef« – »Bejs« nennen oder den »Bejs« – »Alef«. Und ein so goldiges Kind wächst in einem Dorfe auf, zwischen Kälbern und Schweinen, spielt mit Kurotschkas Sohn Fedka, reitet mit ihm auf dem gleichen Stock, jagt mit ihm derselben Katze nach, gräbt mit ihm dasselbe Loch und tut in seiner Gesellschaft alles, was kleine Jungen sonst noch zu tun pflegen. Und wie Nachman sieht, daß sein Kind mit dem Bauernjungen spielt, tut ihm das Herz weh, und er kränkelt wie ein angesägter Baum ... Fedka ist aber auch ein geratener Junge; hat ein hübsches, aufgewecktes Gesichtchen und flachsblondes Haar. Ist genauso alt wie Veitel und hält auch treu zu ihm. Und auch Veitel mag ihn gerne. Den ganzen Winter über sitzen die beiden Knaben bei ihren Eltern hinter dem Ofen, wollen immer zum Fenster und sehnen sich nacheinander. Doch wenn der lange Winter zu Ende ist und die Sonne wärmer scheint und die Pfützen trocknet, und die ersten Grashalme sich zeigen, und der Bach am Hügel zu rauschen beginnt, und das Kälbchen seine Nüstern bläht, und der Hahn mit einem geschlossenen Auge nachdenklich dasteht, und alles auflebt und sich freut: »Pessach ist ja vor der Türe!« – dann kann man weder Veitel noch Fedka auch nur einen Augenblick zu Hause halten! Dann zieht es die beiden ins Freie hinaus, in die weite Welt, die nun beiden gleich offensteht. Und sie nehmen sich bei den Händen und rennen zum Hügel, der ihnen beiden gleich zulächelt: »Kinder, hierher!« Und sie laufen der Sonne entgegen, die sie beide mit den gleichen Worten begrüßt: »Kinder, zu mir!« Und wenn sie vom Laufen müde werden, setzen sie sich auf Gottes Erde, die nichts von Juden und Christen weiß: »Kinder, setzt euch her!«

Sie haben einander genug zu erzählen, denn sie haben sich ja den ganzen langen Winter nicht gesehen: Veitel prahlt vor seinem Freund Fedka, daß er schon beinahe alle hebräischen Buchstaben kenne, und Fedka erzählt, daß er eine Peitsche besitze. Nun will ihn Veitel übertrumpfen und sagt, daß bei ihnen schon heute abend das Pessachfest beginne. Mutter hätte bereits Mazze für alle acht Tage und auch Wein zu den vier vorschriftsmäßigen »Bechern« angeschafft. »Weißt du noch, Fedka, wie ich dir im vorigen Jahr ein Stück Mazze gab?« – »Mazze!« sagte Fedka, und sein hübsches Gesicht erstrahlt in seligem Lächeln. Er hat es wohl noch nicht vergessen, wie im vorigen Jahre die jüdische Mazze geschmeckt hatte ... »Fedka, möchtest du jetzt ein Stück Mazze versuchen? Frische Mazze?« Eine Frage, ob Fedka es möchte! »Also komm mit!« sagt Veitel und zeigt auf den grünen Hügel, der den beiden Kindern zuwinkt: »Kinder, kommt her!« Und die Jungen kriechen den Hügel hinauf. Oben angelangt, stehen sie zuerst ganz verblüfft da, gucken durch die Finger auf die spielenden Strahlen der lieben Sonne und werfen sich dann auf die noch feuchte Erde nieder. Veitel zieht unter seinem Leibserdack* eine große, runde, frische, über und über mit winzigen

* ein viereckiges Tuch, das man unter der Kleidung trägt.

Löcherchen verzierte Mazze hervor. Während Veitel die Mazze in zwei gleiche Teile zerbricht, läuft Fedka schon das Wasser im Munde zusammen. »Nun, was sagst du zu der Mazze, Fedka?« Fedka kann aber nichts sagen, denn er hat den Mund voller Mazze, die unter den Zähnen knirscht und auf der Zunge wie Schnee schmilzt. Noch ein Augenblick, und die Mazze ist aufgegessen. »Ist das alles?« fragt Fedka. Seine grauen Augen schauen prüfend unter Veitels Leibserdack, und er beleckt sich die Lippen, wie eine Katze, wenn sie Butter sieht. »Möchtest du denn noch?« fragt ihn Veitel etwas naiv, indem er das letzte Stückchen verzehrt und den Freund schelmisch mit seinen schwarzen Augen anblickt. Auch eine Frage, ob Fedka noch Mazze möchte! »Also warte ein wenig«, sagt Veitel, »kommendes Jahr wird es wieder Mazze geben ...« Beide lachen über den gelungenen Witz und beginnen plötzlich wie auf Kommando den Hügel hinabzurollen.

Jenseits unter dem Hügel angelangt, stellen sie sich wieder auf die Beine und betrachten den rauschenden Bach, der nach links abbiegt. Sie selbst gehen nach rechts, immer weiter und weiter nach rechts, durch die Wiesen und Felder, die noch nicht überall grün sind und noch nicht nach Gras duften, aber bald grün zu werden und nach Gras zu duften versprechen. Und sie gehen, ohne miteinander zu sprechen, ganz erstaunt und berauscht immer weiter und weiter über die weiche Erde, unter der lächelnden Sonne. Sie gehen nicht – sie schwimmen. Und sie schwimmen nicht – sie fliegen. Sie fliegen zugleich mit den Vögeln, die in den Sonnenstrahlen baden, die Gott auf alles, was da lebt, ergießt. Nun sind sie bei der Windmühle. Die Mühle gehört jetzt dem Dorfschulzen; früher einmal hatte sie Nachman Worobjowker gehört. Der Schulze heißt Opanas und ist ein ganz schlauer Bauer. Er trägt einen Ohrring im linken Ohr und besitzt sogar einen Samowar. Opanas ist heute reich: außer der Windmühle hat er auch noch einen Kramladen. Es ist derselbe Laden, der einst Nachman Worobjowker gehörte: Opanas hat ihm beides abgenommen, die Mühle und den Laden. Die Windmühle pflegt sonst um diese Jahreszeit in Gang zu sein. Doch heute steht sie, denn es ist ganz windstill. Eine merkwürdige Pessachzeit: ohne den leisesten Wind! Aber den beiden Jungen macht es nichts, daß die Mühle steht: so kann man sie sogar noch besser betrachten. Denn an einer Mühle gibt es genug zu sehen. Und noch schöner als die Mühle selbst ist der schräge Balken, mit dem man die ganze Mühle nach der Seite umdrehen kann, von der der Wind kommt. Auf diesen Balken setzen sie sich hin, und nun kommen sie erst ins Gespräch. Es ist eines jener Kindergespräche, die keinen Anfang und kein Ende haben. Veitel erzählt, was für Wunder er in der Stadt gesehen hat. Vater hatte ihn neulich in die Stadt mitgenommen. Er war auf dem Markt und sah die Kaufläden. Dort gibt es nicht einen Laden, wie hier in Worobjowka, sondern viele Läden. Und am gleichen Abend waren sie auch in der Schul gewesen. Der Vater hatte »Jahrzeit« nach seinem verstorbenen Vater. »Nach meinem Großvater. Verstehst du es, Fedka, oder verstehst du es nicht?«

Es ist möglich, daß Fedka es versteht. Aber er hört gar nicht zu. Und er läßt plötzlich eine Geschichte los, die nicht den geringsten Zusammenhang mit Veitels Erzählung hat. Fedka erzählt, daß er im vorigen Jahre einmal auf einem Baum ein Vogelnest gesehen hat. Er wollte auf den Baum hinaufklettern, konnte es aber nicht. Dann wollte er das Nest mit einem Stock herunterholen, doch der Stock war zu kurz. Nun fing er an, mit Steinen nach dem Nest zu werfen, und tat es so lange, bis zwei kleine blutende Vögelchen herunterfielen.

»Hast du sie getötet?« fragt Veitel mit vor Schrecken verzerrtem Gesicht.

»Ganz jung waren sie«, sagt Fedka gleichsam zu seiner Verteidigung.

»Doch du hast sie getötet?«

»Noch ohne Federn, mit gelben Schnäbelchen und dicken Bäuchen ...«

»Du hast sie aber getötet? Getötet? ...«

Es war schon recht spät, als Veitel und Fedka nach der Sonne sahen und feststellten, daß es Zeit sei, nach Hause zu gehen. Veitel hatte bereits vergessen, daß heute abend Pessach beginnt. Nun fiel ihm plötzlich ein, daß die Mutter ihm noch das Haar kämmen und eine neue Hose anziehen wollte. Als ihm dieses einfiel, begann er zu laufen. Und Fedka blieb nicht zurück. So rannten sie, ebenso frisch und munter, wie sie den Hügel hinaufgekommen waren, dem Dorfe zu. Und damit der eine nicht vor dem andern zu Hause anlangte, nahmen sie sich, als wahre Freunde, bei den Händen. Und wie sie im Dorfe anlangten, bot sich ihnen folgender Anblick:

Nachman Worobjowkers Haus ist von Bauern und Bäuerinnen, Burschen und Mädchen belagert. Der Schreiber Kurotschka, der Dorfschulze Opanas, der Gemeindeälteste, der Vorsteher, der Dorfpolizist – alle sind zur Stelle. Sie alle reden durcheinander, aufgeregt und sehr laut. Und Nachman und seine Frau stehen vor dem Hause, fuchteln mit den Händen und scheinen sich gegen etwas zu verteidigen. Nachman steht mit gekrümmtem Rücken und wischt sich den Schweiß von der Stirn. Etwas abseits stehen Nachmans ältere Kinder mit finstern Gesichtern ... Und plötzlich verändert sich das ganze Bild. Jemand hat die beiden Knaben bemerkt und weist auf sie hin. Und der Schreiber, der Schulze, der Gemeindeälteste, der Vorsteher und der Dorfpolizist sind auf einmal wie gelähmt. Alle schauen zu Boden. Nachman aber richtet sich auf, blickt die Bauern triumphierend an und beginnt zu lachen. Und seine Frau schlägt die Hände über dem Kopf zusammen und bricht in Tränen aus. Der Schreiber, der Schulze, der Gemeindeälteste, der Vorsteher und der Dorfpolizist fangen die Kinder ab und fragen sie:

»Wo seid ihr gewesen?«

»Wo wir gewesen sind? Bei der Mühle sind wir gewesen ...«

Jeder der beiden Freunde bekam hinterher seine Strafe, doch keiner von ihnen konnte verstehen, wofür.

Nachman verabreichte seinem Veitel eine ordentliche Tracht Prügel mit seinem Käppchen und sagte dabei: »Der Junge soll es sich merken ...« Was soll sich der Junge merken? Und die Mutter entriß ihn, wohl aus Mitleid, dem Vater, gab ihm noch extra zwei Ohrfeigen und begann ihm gleich darauf sein schwarzes Köpfchen zu kämmen. Dann zog sie ihm die neue Hose an und seufzte dabei. Warum seufzte sie? ... Und Veitel hörte, wie Mutter zu Vater sagte: »Ach, gebe Gott, daß die Pessachtage gut ablaufen ... Von mir aus könnte der Pessach zu Ende sein, noch ehe er begonnen hat!« Veitel kann unmöglich begreifen, warum die Mutter sich so über das Fest äußert ... Und Veitel zerbricht sich den Kopf, er kann weder die Prügel des Vaters noch die Ohrfeigen der Mutter verstehen. Denn er weiß gar nicht, was für ein Pessach heute auf der Welt ist ...

Und sobald Veitels jüdisches Köpfchen es nicht verstehen kann, kann es Fedkas gojisches Köpfchen erst recht nicht verstehen. Sein Vater Kurotschka packte ihn bei seinem flachsblonden Schopf, beutelte ihn durch und gab ihm danach einige ordentliche Stöße ins Genick. Fedka nahm das wie ein Philosoph auf, denn er war derartige Dinge gewohnt. Und er hörte, wie seine Mutter mit den andern Frauen sprach, und er erfuhr merkwürdige Dinge: Sie sprachen von einem Kind, das die Juden vor Pessach zu sich gelockt und dann in einen Keller eingesperrt hätten. Im Keller sei das Kind einen Tag und eine Nacht gesessen. Als sie es nachher in Behandlung nehmen wollten, hätte das Kind zu schreien begonnen, Leute seien herbeigelaufen und hätten das Kind aus den jüdischen Händen gerettet.

Und das Kind hätte bereits Zeichen an seinem Leibe gehabt: vier Stiche in Form eines Kreuzes ...

Das erzählte eine besonders geschwätzige Frau mit breitem rotem Gesicht. Und die übrigen Frauen nickten mit den Köpfen und bekreuzigten sich in einem fort. Und Fedka konnte unmöglich verstehen, warum ihn die Frauen so merkwürdig ansahen? Und was die ganze Geschichte ihn und Veitel anginge? Und warum ihn sein Vater am Schopfe gepackt, durchgebeutelt und ihm nachher die Genickstöße verabreicht hatte? Und am meisten quälte ihn die Frage: warum war die Portion Prügel, die er vom Vater bekommen hatte, so extra groß? ...

»Nun?« fragt Nachman seine Frau, als das Pessachfest zu Ende ist, und sein Gesicht strahlt, als ob ihm Gott weiß was für ein Glück geschehen wäre. »Nun? ... Siehst du! Und du hattest solche Angst! ... Ein Frauenzimmer bleibt eben immer ein Frauenzimmer ... Nun sind unsere Feiertage vorüber, und auch ihre Feiertage sind vorüber, und gar nichts ist geschehen! ...«

»Gott sei gelobt!« sagt die Mutter, und Veitel kann wieder nicht verstehen, was die Mutter gefürchtet hat. Und warum es ein solches Glück ist, daß die Feiertage schon vorüber sind? Wäre es nicht besser, wenn der Pessach noch länger dauern würde?

Und als Veitel wieder einmal mit Fedka zusammenkommt, muß er ihm erzählen, wie bei ihnen das Fest begangen wurde und was es alles zu essen gab. Ja, da gab es Sachen! Und er versucht, Fedka eine Vorstellung vom Geschmack aller Pessachgerichte und des süßen Weines zu geben. Fedka hört andächtig zu und wirft einen prüfenden Blick unter Veitels Leibserdack. Er muß noch immer an die Mazze von neulich denken. Plötzlich schrillt durch die ganze Dorfstraße eine Sopranstimme:

»Fedka! Fedka!«

Fedka soll nach Hause zum Essen kommen. Doch Fedka

beeilt sich nicht; er weiß, daß man ihn diesmal nicht verprügeln wird: denn erstens sind sie nicht bei der Mühle gewesen, und zweitens ist der jüdische Pessach vorbei, also braucht man die Juden nicht mehr zu fürchten ... Er bleibt also ruhig auf dem Bauche liegen, den flachsblonden Kopf in beide Hände gestützt. Und ihm gegenüber liegt Veitel, ebenfalls auf dem Bauche und ebenfalls den Kopf in die Hände gestützt. Und der Himmel ist blau, und die Sonne liebkost und wärmt sie, und ein leiser Wind spielt in ihren Haaren. Auch das Kälbchen steht dabei und der Hahn mit allen seinen Weibern. Und beide Köpfchen, das flachsblonde und das schwarze, ruhen auf den Händen, schauen einander an, und beide plaudern und plaudern ohne Ende...

Nachman Worobjowker ist nicht zu Hause. Er hat schon in aller Frühe seinen Stecken genommen und seinen Rundgang durch das Dorf angetreten. Vor jedem Hause bleibt er stehen, wünscht jedem Bauern einen guten Morgen, nennt einen jeden bei seinem Namen und spricht über alle möglichen Dinge in der Welt, nur nicht von der Geschichte, die sich am Pessachvorabend ereignet hat ... Und bevor er weitergeht, fragt er den Bauern wie nebenbei: »Hast du nichts zu verkaufen, Bauer?« – »Nein, Nachman, ich habe nichts.« – »Vielleicht etwas altes Eisen, oder Hirse, oder gar ein Fell?« – »Nimm es mir nicht übel, Nachman, ich habe nichts. Es sind bittere Zeiten.« – »Bittere Zeiten? Hast wohl alles vertrunken? Dazu ist ja auch Feiertag!« – »Wer denkt an den Feiertag? Wer denkt ans Trinken? Es sind wirklich bittere Zeiten! ...«

Der Bauer seufzt, und Nachman seufzt auch. Und dann reden sie noch ein wenig von gleichgültigen Dingen, damit es nicht so aussieht, als ob Nachman nur des Handels wegen gekommen wäre. Und dann geht er zu einem andern Bauern, zu einem dritten und geht so lange herum, bis er etwas findet. Er kommt doch niemals mit leeren Händen nach Hause!

Nachman Worobjowker schreitet auf seinen Riesenfüßen schwer beladen und verschwitzt nach Hause und denkt immer an dieselbe Frage: Wieviel werde ich an diesem Zeug verdienen oder draufzahlen? Die Geschichte vom Pessachvorabend hat er bereits vergessen. Und er kümmert sich nicht mehr um seinen Nachbarn Kurotschka und dessen Ministerialerlasse und Gouverneure.

Mögen die Winde pfeifen, mögen die Stürme brausen, mag die Welt untergehen – was kümmert das den alten Eichbaum, der noch von den sechs Tagen der Schöpfung dasteht und dessen Wurzeln Gott weiß wie tief in die Erde hineinreichen? Was sind ihm Stürme? Was sind ihm Winde?

Tanja Dückers

Osterfeuer

Jason versucht, den Pfannkuchen hochzuwerfen, in der Luft zu drehen und wieder mit der Pfanne aufzufangen. Vielleicht klappt es ja diesmal. Marion blättert weiter in der »Zeit«. Seit zwei Stunden sitzt sie regungslos in dem großen Korbsessel und liest. Da sie ziemlich klein ist, kann Jason sie von hier aus kaum sehen. Nur durch das hin und wieder hörbare Rascheln des Papiers macht sie sich bemerkbar – ein Knistern, ein Windhauch, der durch ihren unsichtbaren Körper bläst.

Der Pfannkuchen klatscht auf die Steinablage neben dem Herd. Ein kreisrunder Fettfleck bleibt zurück, Jason leckt sich genüßlich die Finger. Schließlich bäckt er den letzten Pfannkuchen ohne weitere akrobatische Einlagen, die werden ja doch nur ignoriert. Er sieht zu Marion hinüber: Dünne, weißlich-graue Rauchschwaden schweben über ihrem wirren, dunklen, zu einem Knoten hochgesteckten Haar.

»So, alles ist fertig, ich bin am Verhungern, und es schmeckt köstlich!«

Jason schiebt sich noch ein kleines Stück mit den Fingern in den Mund, dann stellt er die Teller und das Besteck mit den eingravierten Namen »Gisela« und »Ernst« auf den großen runden Holztisch. Was für eine Idee, nachts um zwölf noch zu essen! Marion ist aus ihrem Sessel gekrochen, beginnt hastig, eine Tischdecke auseinanderzufalten und Servietten, Zucker und Zimt, Pflaumenmarmelade und Apfelmus vom Teewagen auf den Tisch zu räumen. Sie huscht zur Kammer, nur die weißen Knöchel werden unter ihrem langen, schwarzen Rock sichtbar, und holt die Kanne mit dem Hagenbuttentee heraus, die sie dort kühl gestellt hat. Dabei klappern unablässig ihre Holzarmreifen.

Schließlich sitzen sie bei Kerzenschein am Tisch und trinken Hagebuttentee aus Weingläsern, da sie sich nicht getraut haben, einfach irgendeine Weinflasche aus der Kammer zu nehmen, denn sie konnten sich nicht mehr erinnern, welches die heiligen Flaschen sind, die für Marions Vater unantastbare Schätze darstellen.

Marion ißt wie immer sehr wenig; die meisten Pfannkuchen vertilgt Jason allein. Er spürt, wie die Kälte langsam aus seinen Knochen weicht und ihn ein Gefühl wohliger Entspannung überkommt. Irgendwo in seinem Hinterkopf kreist noch das auf und ab blitzende Weiß des Leuchtturms, in dessen Richtung er, ohne zu wissen, wohin er eigentlich wollte, auf dem Deich geradelt ist.

Kaum hat sie den letzten Bissen ihres halben Pfannkuchens gegessen, raucht Marion schon wieder. Die ganze Zeit hat Jason ihr unruhiges Hantieren mit dem Besteck beobachtet. Schließlich legt er, beiläufig, eine Hand um Marions schmales Handgelenk, einen Moment lang läßt sie die Zigarette auf dem Aschenbecherrand liegen und sieht ihn an, nippt kurz an ihrem Tee, schüttelt den Kopf und greift wieder zur Zigarette.

Er schaut auf die Uhr: Jetzt ist schon der 15. April, und er spürt, wie ihn ein Gefühl freudiger Erregung überkommt. Als Kind hatten Mutter und Schwestern überall im Haus und im Garten Ostereier versteckt, und es gab leckeres Essen. Lisa, seine älteste Schwester, setzte ihm eine Karnevalskappe mit großen Hasenohren aus braunem Kunstfell auf, und er mußte damit zu ihrer Belustigung über den Hof hüpfen, was er jedoch, da er dafür überschwenglich mit Schokoladeneiern beworfen wurde, sehr gerne tat.

Nun waren Marion und er über Ostern für drei Tage aus Berlin geflohen und zu Marions Eltern nach Colingen, einem kleinen Ort an der Nordsee, gefahren. Marions Eltern wiederum sind heute früh zu Freunden nach Hamburg gereist. Jason ist anfangs neugierig und gespannt gewesen, wie Marions Eltern auf ihn reagieren würden. Doch sie redeten den ersten Abend fast ausschließlich mit Marion. Beide mit leisen, zischelnden Stimmen. Jetzt weiß Jason, woher Marion diese Sprechweise hat. Ihr Vater raucht auch Kette und ist wie sie Theaterfan. Abends haben Vater und Tochter Schach gespielt, während er Gisela beim Abwasch geholfen hat. Manchmal hat er aus der Durchreiche einen Blick zu ihnen geworfen: Regungslos saßen sie da, mit geraden, hageren Rücken unter dem weißen Licht des sechsarmigen Leuchters, nur das ruckweise Hin- und Herschieben der Schachfiguren auf dem Holzbrett und ein leises Husten waren zu hören.

Seit einer Stunde ist Ostern. Marion ist offensichtlich gerade ein Knopf von der Seidenbluse abgegangen, die sie heute unter ihrer schwarzen Strickjacke trägt. Mit in Falten gelegter Stirn nestelt sie daran herum. An welches Tier erinnert sie ihn jetzt? Normalerweise ist sie eine Spinne, ein Tausendfüßler, eine Spitzmaus oder irgend etwas anderes Dünnes, Graues. Aber aus dieser Perspektive tritt im Halbschatten ihre breite Stirn noch mehr hervor, darunter die winzigen Nasenflügel und der kleine Mund mit den stets geröteten und eingerissenen Mundwinkeln. Jason muß an eine Fledermaus denken. Wenn sie doch nur nicht soviel rauchen würde, dann hätte sie nicht diese fahle Haut und die gelben Zähne!

Normalerweise kriecht sie irgendwann nach dem Essen auf seinen Schoß. Nachdem sie ihn ein bißchen beleidigt hat, was er doch für ein Dummkopf ist, liebkost sie ihn. Jetzt sitzt sie ihm nur stumm gegenüber und zieht sich gerade ein Haar aus dem Mund.

Ihre Unruhe ist heute abend unerträglich, denkt Jason, und er beschließt, gleich noch einmal alleine mit dem Fahrrad zum Meer zu fahren. Auch wenn Marion sich wieder über seine kindliche Abenteuerlust mokieren wird.

Marion zündet sich eine Zigarette an. Jason sieht, wie die kleine hellrote Flamme aus dem silbernen Feuerzeug hervorspringt.

Plötzlich überkommt ihn ein Gefühl von Freude und Erregung.

»Marion? Du, wir sehen morgen nacht die Osterfeuer, nicht? Die Leute haben schon überall die Holzscheite aufgestapelt ...«

»Und dann gibt's ein paar Feuerchen, was ist so Besonderes daran?«

»Findest du das denn gar nicht spannend? Wenigstens früher als Kind, als du hier ... ich meine ...« Er bricht ab.

Marion macht einen tiefen Zug. Dann sagt sie, ohne ihn dabei anzusehen: »Morgen abend zeigen sie in Bremen ein Stück von Clay Greenwood: ›A Taste of Salt‹, das soll sehr gut sein. Ich habe nur Rezensionen, die voll des Lobes waren, gelesen, und Vater hat es uns auch noch einmal sehr ans Herz gelegt.«

»Worum geht's denn?«

»Also im Herbst 1965 ...«

»Aber wir haben jetzt Frühling!« ruft er.

Marion sieht ihn ruhig an, ohne ein Wort zu sagen. Schließlich senkt er seinen Kopf, weil er den Blick ihrer hellgrünen Augen nicht mehr ertragen kann. Dann springt er auf, läuft ziellos auf dem Perserteppich in der Mitte des Zimmers hin und her.

»Du weißt, daß Vater gesagt hat, du sollst hier die Schuhe ausziehen?«

Tatsächlich, Marion hat wieder diese scheußlichen Filzpantoffeln an, genau die gleichen wie ihre Eltern. Ihr Vater scheint es nicht lächerlich zu finden, den ganzen Tag in seinem eigenem Haus mit Anzug und Krawatte, aber dazu mit Filzpantoffeln herumzulaufen.

»Ich gehe noch mal raus ans Meer, ich will mich noch etwas bewegen«, sagt Jason.

»Ein Tanz auf den Dünen, übernimm dich nicht.«

Er steht schon in der Tür, will den Fahrradschlüssel aus seiner Hosentasche ziehen. Marion sitzt aufrecht, die »Zeit« wieder in den Händen, sagt nichts, bis er die Tür aufmacht. Ein rutschendes, gedämpftes Geräusch ist hinter ihm. Jason dreht sich um und sieht Marion in ihren Filzpantoffeln auf ihn zueilen. Sie streckt die Hände nach ihm aus und flüstert: »Du weißt doch, daß ich mich vor Feuer ... fürchte!«

Die Rauchwolke, die Jason jetzt, da sie sich dicht an ihn schmiegt, umfängt, gibt ihm das Gefühl, mit ihr verkettet und gefangen zu sein. Marion hebt ihr Gesicht langsam wieder, so daß er beobachten kann, wie sie von einer Fledermaus zu einer Spinne, zu einer ganz normalen Spitzmaus wird.

»Du weißt, Jason, was du mir damals versprochen hast, bevor wir es an diesem stinkenden Tümpel getrieben haben?«

Er wundert sich immer wieder über diese plötzlichen Einbrüche ordinärer Sprache in ihr ansonsten so gewähltes Deutsch. Er weicht dem scharfen Blick aus und läßt seine Gedanken zu jener Nacht an dem »stinkenden Tümpel«, damit meint sie den Teufelssee, schweifen: Sie waren direkt vom Steinplatz mit dem Moped dorthin gefahren, nachdem sie vorher mit ein paar Kunst-Studenten, für die er gelegentlich als Aktmodell sitzt, etwas getrunken hatten. Marion verwickelte ihn in ein endloses Gespräch, das ihn bald ziemlich nervte, zumal sie die Hälfte der Zeit nur über die Theaterkritiken, die sie schrieb, redete. Als dann irgendwann eine längere Gesprächspause eintrat, drückte sie ihre Zigarette, damals rauchte sie noch Roth-Händle, auf einem Maulwurfshügel aus und schlang sich plötzlich mit vorsichtig tastenden, unbeholfen wirkenden Bewegungen um ihn. Ihre vielen dünnen Finger krochen auf seiner Haut herum und rupften an seiner Kleidung. Dann, er kann sich noch genau an den Moment erinnern, schnellte ihre kleine Zunge aus diesem Mund hervor, und überall an seinem Körper war diese lauwarme, rauhe Zungenspitze. Ihre Hände haben seine braune, glatte Haut geknetet, massiert und gerieben. Schließlich hat sie ihn gefragt, ob er mit ihr schlafen wolle. Er hat etwas monoton »ja« gesagt und sich gewundert, warum sie ihn das überhaupt noch fragte. Doch dann sprudelte sie hervor: Ihr Ex-Freund, nein, ihr Verlobter, den sie heiraten wollte, er war so intelligent, er hat Theaterstücke und Hörspiele geschrieben, so einen Mann würde sie bestimmt nie wieder kennenlernen, also Lutz war vor zwei Jahren in der Wohnung seiner Eltern ums Leben gekommen. Verbrannt. Weil er eine Zigarette, die er nicht richtig ausgedrückt hatte, auf dem Wohnzimmertisch liegenließ. Sie und seine Eltern waren auf einem längeren Abendspaziergang gewesen und so den Flammen entronnen.

Während Marion ihm das alles erzählte, deckte sie ihn, nachdem sie ihn ausgezogen hatte, mit Blättern zu, damit ihm nicht so kalt war.

»Bitte!« Marion sieht ihn jetzt beschwörend an.

»Du kannst nicht weggehen, das kannst du mir nicht antun, du mußt jetzt meine Zigaretten mit mir aus den Aschenbechern nehmen und jede einzeln unter kaltes Wasser halten, ja? Kapierst du? Du wirfst die Kippen danach nicht sofort in den Abfall, das sind Plastiktüten, das ist alles hochbrennbar, begreifst du? Du legst sie erst einmal zurück in die Aschenbecher!« Sie heftet ihren Blick auf ihn, und ihre winzigen Pupillen ziehen sich zusammen.

»Und du kannst nicht eine halbe Stunde einfach keine Zigarette rauchen, und ich fahr mit dem Rad noch mal kurz ans Meer? Ich versprech dir, ich bin in einer halben Stunde zurück. Allein nachts am Meer, das stell ich mir ...«

»Das hast du doch schon heute nachmittag gesehen! Sei nicht kindisch. Außerdem weißt du, daß ich abends, wenn ich lese, immer rauche! Bitte, laß uns jetzt nach den Aschenbechern gucken und alle Kippen noch mal vorsichtshalber unter kaltes Wasser halten. Aber denk dran: nicht in den normalen Abfall in die Plastiktüten, sondern erst einmal zurück in die Aschenbecher, und bitte paß auf, daß keine Kippe über den Rand eines Aschenbechers ragt und vielleicht doch noch auf die Tischdecke fällt.«

Marion greift nach Jasons Hand, nicht ohne vorher kurz die Innenseite seines Oberschenkels gestreichelt zu haben, als würde er ihr dann zwangsläufig hinterherlaufen, und schließt die Haustür wieder. Sofort huscht sie zu dem großen Tisch, nimmt drei der randvollen Aschenbecher und geht damit zur Spüle. Sie und Jason halten abwechselnd eine Kippe nach der anderen unter das kalte, spritzende Wasser. Zwischendurch zündet sich Marion eine neue Zigarette an.

Jason rückt etwas weiter weg von ihr. Dann gleitet seine rechte braune Hand einen Moment unter sein Hemd und streichelt seinen glatten, schmalen Bauch.

Draußen tobt der Wind ums Haus, und Jason beginnt unruhig in der Küche hin und her zu laufen. Fast wäre ihm ein Aschenbecher aus der Hand geglitten. Er weiß, daß es sinnlos ist, dieses Thema noch einmal anzuschneiden, trotzdem fragt er leichthin: »Die Osterfeuer morgen ... wenn wir schon mal hier auf dem Land sind ... schauen wir nur mal kurz vorbei?«

Marion ringt die Hände: »Was willst du da? Ein paar brennende Holzscheite, willst du mit großen Augen davorstehen oder was? Du versprichst dir viel zuviel davon!«

»Ach, ich stell mir das schon toll vor, so überall auf dem Land diese brennenden Scheiterhaufen ...«

»Holzscheite, nicht Scheiterhaufen!«

»Na gut, Holzscheite. Viele Menschen stehen in der Kälte nah am Feuer ... ich kann halt so total wegdriften, wenn ich ins Feuer schaue ... keine Flamme ist wie die andere ...!« Er sieht sie hoffnungsvoll an.

»Hör zu, ich kann jeden Tag in die Flamme meines Feuerzeugs starren, wenn mich das befriedigen sollte! Aber du vergißt auch, daß mein Verhältnis zu Feuer nicht das ungetrübteste ist! Und dafür lasse ich mir auf keinen Fall ›A Taste of Salt‹ entgehen, es soll eine hervorragende Inszenierung sein, das Bühnenbild …«

»Na, dann machen wir's halt so«, unterbricht Jason sie, da er die Beschreibung des Bühnenbilds noch vom ersten Abend gut in Erinnerung hat. »Du fährst mit dem Bus oder Zug von hier nach Bremen, und ich gucke mir die Oster…«

»Du weißt, daß ich abends nicht alleine als Frau, und das Stück geht bis Viertel vor elf, in einem öffentlichen Verkehrsmittel zubringe – zumal, wenn theoretisch Begleitung vorhanden ist!« Marion läßt eine tropfende Kippe in einen der Aschenbecher sinken und sieht Jason durchdringend an.

»Bestimmt …«, versucht er es ein letztes Mal, ihre Einwände ignorierend, »sind da morgen viele Leute und ein Fest, vielleicht kann man tanzen …«

»Willst du was vortanzen oder was?«

Marion grinst kurz, wobei sich ihre Unterlippe etwas nach unten wölbt, so daß zwei, drei gelbe Zahnhälse sichtbar werden. Jason wendet sich ab und schaut aus dem Fenster, in seiner Hand eine nasse Kippe.

»Hier hinein!« ruft Marion.

Er läßt die Kippe auf den Boden fallen und öffnet das Fenster. Herrliche frische Luft umflutet ihn.

»Bist du wahnsinnig? Spinnst du? Du kannst doch nicht die Kippe …« Marion ist fassungslos. Dann, ohne ein weiteres Wort zu verlieren, bückt sie sich, hebt die Kippe auf und legt sie in einen der Aschenbecher im Spülbecken.

»Irgendwann mußt du doch mal die Aschenbecher leeren, bevor deine Eltern wiederkommen«, meint Jason.

»Ja, morgen früh, wenn sie ganz ausgekühlt sind.«

Jason sagt nichts. Er ärgert sich über ihre Bemerkung, ob er morgen abend anderen Leuten »etwas vortanzen« wolle. Er ist schließlich Tänzer, nur leider hat er sich mit seiner letzten Company gerade überworfen. Am Anfang hat Marion ihn gelobt, daß er »etwas Kreatives« mache, seinem Körper scheine das sehr gut zu bekommen, bemerkte sie, kurz bevor sie das erste Mal miteinander geschlafen haben, und sie hat ihn, als sie dies sagte, so seltsam angeschaut, unsicher und herablassend zugleich: ein Gesichtsausdruck, der sich ihm eingeprägt hat.

»Ich bin müde, ich gehe rüber und schlafe!« verkündet Marion jetzt. Es ist für ihre Verhältnisse wirklich schon spät. Sie ist ein Morgenmensch. Während er noch wohlig im Halbschlaf liegt, hört er bereits das Klappern der Kaffeemaschine und ihrer Armreifen.

Heute ist Ostern. Seine Eltern würden später mit Lisa und Petra und den drei Enkeln im Garten spielen. Abends würden viele Gäste kommen, einige würden tanzen, und wenn er etwas vortanzen wollte, würde man sich freuen und nicht jammern, daß man statt dessen etwas im Theater verpasse! Es müßte doch toll sein, einen langen Spaziergang am Meer zu machen und später am Feuer das kalte Gesicht, die rotgefrorenen Finger wieder zu wärmen. Warum ist Marion bloß so unromantisch?

Jason hört ein kurzes, letztes Klappern und Keuchen aus dem Gästezimmer im ersten Stock und sieht, wie das Licht ausgeknipst wird. Er streckt die Arme aus und atmet erst einmal tief durch. Dann öffnet er die anderen beiden großen Fenster. Er stützt die Ellbogen auf das Fensterbrett und schaut hinaus in die Dunkelheit. Wieder muß er an seine erste Nacht mit Marion am Teufelssee denken: Seitdem hat sie sich an seine Fersen geheftet, sein Leben mit ihren zittrigen Händen dirigiert und in einen blauen Dunst gelegt und irgend etwas in ihm, das neugierig und lebendig ist, langsam narkotisiert. Anfangs hat er sich eingeredet, daß er Mitleid mit ihr hat ... der schreckliche Tod ihres Verlobten, ihr verzweifelter Kampf seitdem, sich das Rauchen abzugewöhnen ... Oder sind es auch einfach praktische Erwägungen gewesen? Die Tatsache, daß sie seine Miete bezahlt, seine Tanzkurse, seine Kostüme, sein Moped, sein Essen, seine Telefonrechnung, im Grunde genommen, abgesehen von dem wenigen Geld, das er als Aktmodell verdient, alles? Oder sind es ihre seltsame, spröde Anschmiegsamkeit, ihre zuckenden Finger auf seinen Pobacken? Seine Freunde können das alles überhaupt nicht nachvollziehen und sind froh, wenn sie ihn alleine treffen. Ihnen gegenüber nennt er sie eine Spinne, Gottesanbeterin, Heuschrecke, und jetzt könnte man auch noch Fledermaus hinzufügen. Er verabscheut sie, er haßt ihre kleinen schwarzen Schnürstiefel und kann ihren Körpergeruch wochenlang nicht ertragen, und dennoch ist sein Leben sinnlos ohne sie. Sie ist der gerade Rücken, die sehnige Hand, der kleine schwarze Fixpunkt in seinem Kopf, die Ratte, die Fledermaus, die sich in seinem Leben festgebissen hat, die sein Leben davor bewahrt, in zusammenhanglose Episoden zu zerfallen. Sie ist der schwarze Felsen, an dem er sich die Zähne ausbeißen kann, im Gegensatz zu allen anderen Frauen, die weich in seinem Bett gelegen haben und wie Watte an ihm vorbei- und fortgeglitten sind.

Heute ist Ostern.

Er leert ein paar der mit Wasser und Zigarettenkippen gefüllten Aschenbecher in den Papierkorb, dann läuft er ein bißchen im Haus herum. Hinten liegt das Schlafzimmer von Marions Eltern, in das er bis jetzt nur einmal verstohlen hineingeschaut hat. Vorsichtig tritt er ein. Weicher weißer Teppich. Ein riesiger rotbrauner Schrank. Das Ganze erinnert an ein besseres Hotelzimmer.

Jason geht zurück auf den Flur. Links an der Wand über einer mit Eisenbeschlägen versehenen Holztruhe hängt eine Reproduktion von Dürers »Betenden Händen«. Jason tritt näher heran: Ein Paar alte, häßliche, zerfurchte Hände ist demütig gefaltet. Das Christentum. Immer leiden, arbeiten, sich quälen! Warum nicht einfach ... ums Feuer tanzen?

Er läuft auf Zehenspitzen am Gästezimmer vorbei, aus dem Marions kurze, abgehackte Atemzüge zu hören sind. Nach ein Uhr beginnt er aufzuleben. Jetzt kann er endlich tun, wozu er Lust hat. Zum Beispiel Steptanzen, wenn er es nicht zu laut macht. Vergnügt hüpft er zurück ins Wohnzimmer. Jetzt ist schon etwas bessere Luft hier. Er leert einen weiteren Aschenbecher in den Abfalleimer. Dann geht er zu dem Holztisch, auf dem Marions »Zeit« ausgebreitet herumliegt, und will den nächsten Aschenbecher leeren. In dem eckigen Glasaschenbecher liegt eine Zigarette, die nicht unter Wasser gehalten wurde. Er befühlt sie. Sie ist schön säuberlich ausgedrückt worden.

Jason nimmt die Zigarette zwischen zwei Finger, riecht daran. Wie einem so etwas schmecken kann. Jason starrt auf den Zigarettenstummel. Marion liebt ihn, weil er nicht raucht, weil er so gesund ist. Er ist einer der wenigen nicht rauchenden Männer, die sie nach Lutz' Tod kennengelernt hat, und er weiß, sie wünscht sich, daß er ihr hilft, dieses Laster endlich loszuwerden. Sie liebt mich also proportional dazu, wie sie ihr Laster haßt; und doch haßt sie mich, wenn ich morgens nicht in aller Frühe aufspringe und ihr Zigaretten hole, überlegt Jason.

Er legt die Zigarette zurück auf den Rand des Aschenbechers. Dann hebt er sie wieder auf. Er bleibt sitzen. Seine Hand schließt sich um das glänzende Feuerzeug, er läßt die Flamme hervorspringen und zündet die Zigarette an.

Heute ist Ostern.

Er läßt die Zigarette auf die Tischdecke sinken und brennt ein Loch hinein. Ein zweites, größeres. Die Tischdecke brennt. Die Zeitung brennt, die Papierservietten, der Korbstuhl brennt, der Teppich, die getrockneten Blumen fangen Feuer. Leichtfüßig hüpft Jason hinauf in den ersten Stock, zündet den Teppich an, er tanzt in das Schlafzimmer ihrer Eltern, zündet die Kopfkissen an, das Laken, eine weiße Bluse auf der Stuhllehne. Dann die Gardinen, die Fußabtreter im Bad, den Duschvorhang, die Handtücher.

Jason springt die Treppe wieder hinunter, schwer atmend, der Qualm schlägt ihm ins Gesicht, Asche fällt auf seine Hände. Er stürzt zur Haustür. Draußen holt er ein paarmal tief Luft, dann schaut er zu dem brennenden Haus. Das Feuer: Es knistert, es tobt, es verändert sich immer wieder, keine Flamme gleicht der anderen. Und irgendwo darin verkohlen jetzt Marions Spinnenbeine, Spinnenarme.

Er hört kein Schreien, keine Stimme. Sie ist bestimmt gleich am Rauch erstickt, denkt Jason. Verdächtigen wird man ihn nicht; alle Welt wird denken, daß sie das gleiche tragische Schicksal wie ihr Verlobter erlitten hat oder sogar aus Unglück über seinen Tod einen Selbstmord inszeniert hat. Und man wird ihn, Jason, zutiefst bedauern und froh sein, daß er mit dem Leben davongekommen ist.

Jason starrt in das Feuer: Unruhig flackert es in den Fenstern, eine Scheibe im ersten Stock zerspringt. Flammen, hellgelb, hellrot, tiefrot, schießen bis an die Dachrinne. Der Wind beschleunigt das Ganze.

Jason nimmt das Leihfahrrad, das neben der Garage steht. Er spürt noch den süßen Geschmack der Pfannkuchen unter seiner Zunge. Vor ihm liegt das Meer: blau und mit algenüberwachsenen grünen Steinen in der Brandung. Schön und sinnlos, einfach berauschend. Er rast über das kurzgeschnittene Gras den Deich hinunter, er streckt die Arme aus, er fährt freihändig. Süchtig atmet er die kalte, frische Seeluft ein.

Lew Tolstoi
Auferstehung

Zu dem Besuch der Tanten hatte sich Nechljudow entschlossen, weil ihr Gut auf dem Weg zu seinem schon vorher ausgerückten Regiment lag und die alten Damen ihn sehr darum gebeten hatten, vor allem aber, um Katjuscha wiederzusehen. Vielleicht hegte er schon im Grunde seines Herzens gegen Katjuscha schlechte Absichten, die ihm sein inzwischen entfesseltes animalisches Ich eingeflüstert hatte, doch war er sich dieser Absichten nicht bewußt, sondern er wollte einfach wieder jene Stätten aufsuchen, an denen er sich wohl gefühlt hatte, seine ein wenig komischen, doch herzensguten Tanten wiedersehen, die ihn ganz unauffällig stets mit einer von Liebe und Bewunderung erfüllten Atmosphäre umgaben, und zugleich auch der reizenden Katjuscha wieder begegnen, an die er eine so angenehme Erinnerung bewahrte.

Er kam Ende März an, am Karfreitag, als die Wege schon völlig aufgeweicht waren und es gerade in Strömen goß, so daß er bei seiner Ankunft zwar bis auf die Haut durchnäßt und durchfroren, aber dennoch frisch und frohen Mutes war, wie er es zu jener Zeit immer zu sein pflegte. Ob sie überhaupt noch bei ihnen ist? ging es ihm durch den Kopf, als er in den vertrauten, von einer Backsteinmauer eingefaßten und mit den vom Dach abgerutschten Schneemassen überschütteten altertümlichen Gutshof seiner Tanten einfuhr. Er erwartete, daß Katjuscha, auf das Schellengeläut seines Wagens aufmerksam geworden, aus dem Haus gestürzt kommen werde; doch nur aus der zu den Gesinderäumen führenden Tür kamen zwei barfüßige Frauen mit aufgeschürzten Röcken und mit Eimern in den Händen, die offenbar die Fußböden gescheuert hatten. Auch vor dem Hauptportal war nichts von ihr zu sehen; von dort kam ihm nur der Diener Tichon entgegen, dessen Schürze darauf hindeutete, daß auch er mit Hausputz beschäftigt war. Im Vorraum kam Nechljudow dann Sofja Iwanowna entgegen, im seidenen Kleid und mit einem Häubchen auf dem Kopf.

»Das ist aber lieb von dir, daß du gekommen bist!« sagte Sofja Iwanowna, als sie ihn zur Begrüßung küßte. »Maschenka fühlt sich nicht ganz wohl, sie ist in der Kirche müde geworden. Wir waren zum Abendmahl.«

»Möge es Ihnen gut gehen, Tante Sonja«, erwiderte Nechljudow und küßte ihr die Hände. »Verzeihen Sie, ich habe Sie ganz naß gemacht.«

»Geh in dein Zimmer. Du bist wirklich ganz durchnäßt. Und einen Schnurrbart hast du auch schon ... Katjuscha! Katjuscha! Schnell Kaffee für ihn!«

»Sofort!« ertönte aus dem Flur die ihm bekannte angenehme Stimme, und sein Herz zuckte freudig.

Sie ist da! Es war ihm, als hätte die Sonne plötzlich die Wolken durchbrochen. In beste Stimmung versetzt, folgte er Tichon in sein früheres Zimmer, um sich umzukleiden.

Er hätte sich bei Tichon gern nach Katjuscha erkundigt – wie es ihr gehe, was sie mache, ob sie nicht zu heiraten gedenke. Doch Tichon hatte eine so ehrerbietige, strenge Miene aufgesetzt und bestand so hartnäckig darauf, ihm selber das Wasser über dem Waschbecken auf die Hände zu gießen, daß Nechljudow sich nicht entschließen konnte, nach Katjuscha zu fragen, und ihn nur nach seinen Enkeln, nach dem alten braven Hengst und nach dem Hofhund Polkan fragte. Alle waren noch am Leben und gesund, bis auf Polkan, der im vorigen Jahr tollwütig geworden war.

Nachdem Nechljudow alles nasse Zeug abgelegt hatte und gerade im Begriff war, sich frisch anzuziehen, vernahm er im Flur schnelle Schritte, und gleich darauf wurde an die Tür geklopft. Er erkannte die Schritte und auch das Klopfen. Dieser Gang und diese Art zu klopfen waren nur ihr eigen.

Er warf sich den nassen Mantel über die Schultern und ging zur Tür.

»Herein!«

Ja, es war Katjuscha. Immer noch dieselbe, nur noch reizender als früher. Ebenso wie früher senkte sie ein wenig den Kopf, wenn sie mit dem naiven Ausdruck ihrer leicht schielenden schwarzen Augen lächelnd zu ihm aufblickte; ebenso wie früher hatte sie eine saubere weiße Schürze um. Sie brachte von den Tanten ein eben erst ausgepacktes Stück duftender Seife und zwei Handtücher: ein großes russisches und ein Frottiertuch. Die noch unbenutzte Seife mit eingepreßter Schrift, die Handtücher und sie selbst – alles machte den angenehmen Eindruck von Sauberkeit, Frische und Unberührtheit. Ihre festen, schön geschwungenen roten Lippen verzogen sich ebenso wie früher bei seinem Anblick zu einem unaufhaltsamen freudigen Lächeln.

»Willkommen, Dmitri Iwanowitsch!« stieß sie mühsam hervor und wurde über und über rot.

»Sei … seien Sie gegrüßt«, verbesserte sich Nechljudow, der nicht recht wußte, ob er sie mit Du oder mit Sie anreden sollte, und wurde ebenso rot wie Katjuscha. »Immer wohlauf und gesund?«

»Ja, gottlob … Hier schickt Ihnen Sofja Iwanowna ein Stück Rosenseife, die Sie doch so gern haben«, sagte sie, während sie die Seife auf den Tisch und die Handtücher über die Armlehne eines Sessels legte.

»Der gnädige Herr hat alles selber«, bemerkte Tichon, auf die Selbständigkeit des Gastes hinweisend, und zeigte stolz auf Nechljudows großes und offen daliegendes silberbeschlagenes Reisenecessaire mit den unzähligen Fläschchen, Bürsten, Pomaden, Parfüms und allem möglichen Toilettenzubehör.

»Bestellen Sie meiner Tante, ich ließe sehr danken. Ich bin ja so froh, hergekommen zu sein!« sagte Nechljudow und fühlte, daß ihm ums Herz ebenso licht und wohl wurde wie früher.

Katjuscha antwortete hierauf nur mit einem Lächeln und zog sich wieder zurück.

Die Tanten, die Nechljudow von jeher ins Herz geschlossen hatten, empfingen ihn diesmal noch herzlicher als sonst. Dmitri fuhr an die Front, wo er verwundet oder gar getötet werden konnte. Das rührte die alten Damen.

Ursprünglich hatte Nechljudow in seinem Reiseplan nur einen Aufenthalt von vierundzwanzig Stunden bei den Tanten vorgemerkt; doch nach dem Wiedersehen mit Katjuscha willigte er ein, zwei Tage zuzulegen und auch den Ostersonntag bei ihnen zu verbringen. Seinen Regimentskameraden und Freund Schönbock, mit dem er eigentlich in Odessa zusammentreffen wollte, forderte er telegraphisch auf, ebenfalls herzukommen.

Gleich am ersten Tag seines Wiedersehens mit Katjuscha empfand Nechljudow das frühere Gefühl für sie. Ebenso wie damals konnte er nicht ohne innere Erregung ihre weiße Schürze sehen, konnte nicht ohne Freude ihre Schritte, ihre Stimme, ihr Lachen hören, konnte nicht ohne Rührung in ihre schwarzen Augen blicken, die, besonders wenn sie lachte, wie feuchte schwarze Johannisbeeren glänzten, und konnte vor allem nicht, ohne verwirrt zu werden, sehen, wie sie bei jeder Begegnung mit ihm errötete. Er fühlte, daß er verliebt war, doch nicht auf dieselbe Art wie früher; früher war die Liebe für ihn von Geheimnissen umwittert gewesen, er hatte sich selbst nicht einzugestehen gewagt, daß er liebte, und war überzeugt gewesen, man könne nur einmal im Leben lieben. Jetzt war er verliebt, wußte es und freute sich darüber und ahnte dunkel, obwohl er es vor sich verbarg, worin die Liebe bestand und was sich daraus ergeben konnte.

In Nechljudow lebten, wie in allen Menschen, zwei verschiedene Wesen. Das eine – sein geistiges Ich – erstrebte für sich nur solcherart Gutes, das auch anderen Menschen zum Wohle gereichen würde; das andere – sein animalisches Ich – war einzig auf das eigene Wohl bedacht und bereit, diesem das Wohl der ganzen übrigen Welt zu opfern. In dieser Periode seiner wahnwitzigen Selbstsucht, hervorgerufen durch das Leben in Petersburg und beim Militär, hatte das animalische Wesen in ihm die Herrschaft an sich gerissen und das geistige Wesen völlig unterdrückt. Nach dem Wiedersehen mit Katjuscha jedoch, als sein früher für sie empfundenes Gefühl wieder wach wurde, da erhob das geistige Wesen das Haupt und begann auf seine Rechte zu pochen. An diesen zwei Tagen bis zum Osterfest spielte sich daher in Nechljudows Innern, unbewußt für ihn selbst, ein ununterbrochener Kampf ab.

Im Grunde seines Herzens wußte er, daß er hätte abreisen müssen, daß es keinen Grund gab, noch länger bei den Tanten zu verweilen, und daß dies zu nichts Gutem führen könne; doch ihm war so wohl, so warm ums Herz, daß er den Gedanken unterdrückte und eine sofortige Abreise unterließ.

Am Samstagabend erschienen der Pope, der Diakon und ein Vorsänger, die, wie sie erzählten, auf den drei Werst von der Kirche bis zum Gutshaus in ihrem Schlitten nur mit Müh und Not durch die Pfützen und über die vom Schnee entblößte Erde vorwärts gekommen waren, um vor dem heiligen Osterfest auf dem Gut die Frühmesse abzuhalten.

Nechljudow, der zusammen mit seinen Tanten und dem Hauspersonal dem ganzen Gottesdienst stehend beiwohnte, blickte unausgesetzt zu Katjuscha hinüber, die das Weihrauchbecken gebracht hatte und an der Tür stehengeblieben war. Als er dann mit dem Priester und den Tanten den Osterkuß getauscht hatte und – schon im Begriff, sich für die Nacht zurückzuziehen – die Vorbereitungen wahrnahm, die Matrjona Pawlowna, das alte Stubenmädchen Marja Iwanownas, im Flur traf, um zusammen mit Katjuscha in die Kirche zu gehen und dort die Osterkuchen weihen zu lassen, beschloß er sofort, sich ebenfalls in die Kirche zu begeben.

Da auf dem aufgeweichten Weg zur Kirche weder im Wagen noch im Schlitten vorwärts zu kommen war, ließ sich

Nechljudow, der bei den Tanten wie zu Hause schaltete und waltete, kurzerhand den alten Hengst satteln, zog, anstatt schlafen zu gehen, seine glänzende Uniform mit den straff anliegenden Reithosen und den Offiziersmantel an und ritt auf dem dick und schwerfällig gewordenen und unaufhörlich wiehernden Gaul in der Dunkelheit durch Pfützen und Schneematsch zur Kirche.

Die Frühmesse prägte sich ihm fürs ganze Leben als eine der lichtesten und eindrucksvollsten Erinnerungen ein.

Als er in der stockfinsteren, nur hie und da von schimmerndem Schnee etwas erhellten Nacht auf seinem mühsam durch den Schlamm watenden und beim Anblick der rings um die Kirche brennenden Öllämpchen die Ohren spitzenden Gaul vor der Kirche anlangte, hatte der Gottesdienst bereits begonnen.

Einige Bauern, die in ihm den Neffen Marja Iwanownas erkannten, führten das Pferd an einen verhältnismäßig trockenen Platz, wo er absitzen konnte, banden es an und geleiteten ihn in die von einer festlich gestimmten Menge überfüllte Kirche.

Rechter Hand standen die Männer: die alten in hausgefertigten Bauernröcken, Bastschuhen und sauberen weißen Fußlappen, die jüngeren in hohen Stiefeln und neuen, von grellfarbenen Gürteln zusammengehaltenen Tuchröcken. Linker Hand standen die Frauen in rotseidenen Kopftüchern, Samtmiedern mit grellroten Ärmeln, blauen, grünen oder roten Röcken und eisenbeschlagenem Schuhzeug. Hinter ihnen sah man bescheiden alte Mütterchen in weißen Kopftüchern, grauen Kitteln, altertümlichen Faltenröcken und in Lederschuhen oder neuen Bastschuhen; zwischen den Frauen standen feiertagsmäßig angezogene Kinder mit eingefettetem Haar. Die Männer warfen das Haar zurück, wenn sie das Kreuz schlugen und sich verneigten; die Frauen, besonders die alten, hefteten die mit der Zeit glanzlos gewordenen Augen auf das eine oder andere der von brennenden Kerzen umgebenen Heiligenbilder, drückten beim Bekreuzigen die fest zusammengepreßten Finger andächtig auf das Tuch über der Stirn, auf die Schultern und den Leib und murmelten etwas, bevor sie sich stehend verneigten oder niederknieten. Die Kinder ahmten die Erwachsenen nach und beteten eifrig, wenn sie sich beobachtet fühlten. Der goldene Ikonostas leuchtete im Widerschein der ringsum aufgestellten goldumrankten hohen Kerzen; der Kronleuchter strahlte im Lichterglanz, und von der Empore des Chores erklang der Jubelgesang der freiwilligen Sänger, in dem dröhnende Bässe mit dem Diskant heller Knabenstimmen verschmolzen.

Nechljudow ging nach vorn. In der Mitte hatte die Aristokratie Aufstellung genommen: ein Gutsbesitzer mit seiner Frau und einem Sohn in Matrosenbluse, der Landpolizeihauptmann, der Telegraphenbeamte, ein Kaufmann in hohen Schaftstiefeln, der Dorfälteste mit einer Medaille auf der Brust, und rechts vom Lesepult, hinter der Gutsbesitzerin, standen Matrjona Pawlowna in einem schillernden lila Kleid und einem von einer Bordüre eingefaßten weißen Schal und Katjuscha in einem weißen, in der Taille in Falten gelegten Kleid mit blauem Gürtel und mit einer roten Schleife im schwarzen Haar.

Alles war festlich, feierlich, erbaulich und schön: die Priester in ihren silbernen, mit einem goldenen Kreuz geschmückten Soutanen, der Diakon und die Vorsänger in feiertagsmäßigen silbernen und goldenen Chorgewändern, die freiwilligen Sänger im Sonntagsstaat und mit pomadisiertem Haar, die fröhlichen Melodien der festlichen Lieder, das unausgesetzte Segnen der Menge durch die Priester mit drei blumengeschmückten Kerzen und die sich ständig wiederholenden Ausrufe: »Christus ist auferstanden! Christus ist auferstanden!« Alles war wunderschön, doch am allerschönsten war Katjuscha in ihrem weißen Kleid mit blauem Gürtel, mit der roten Schleife im schwarzen Haar und den vor Begeisterung leuchtenden Augen.

Nechljudow fühlte, daß sie ihn, ohne sich zu ihm umzuwenden, sah. Er bemerkte es, als er auf dem Wege zum Altar dicht an ihr vorbeikam. Obgleich er ihr nichts auszurichten hatte, flüsterte er ihr auf gut Glück im Vorbeigehen zu: »Meine Tante läßt sagen, daß sie zur Beendigung der Fasten ein Fleischgericht nach der Spätmesse zu sich nehmen will.«

Wie immer, wenn sie mit ihm zusammentraf, ergoß sich ihr junges Blut über das ganze reizende Gesicht. Und den Kopf leicht senkend, blickte sie mit ihren schwarzen, vor Freude strahlenden Augen zu ihm auf.

»Ich weiß«, antwortete sie lächelnd.

Ein Diakon, der sich in diesem Augenblick mit einem Kupfergefäß in den Händen durch die Menge drängte, streifte Katjuscha im Vorbeigehen versehentlich mit dem Saum seines Chorhemdes. Offenbar aus Ehrerbietung vor Nechljudow war er diesem ausgewichen und hatte dabei, ohne es selber zu bemerken, Katjuscha gestreift. Nechljudow indes wunderte es, wie dieser Diakon nicht begreifen konnte, daß alles ringsum, ja in der ganzen Welt einzig und allein für Katjuscha da war und daß man alles in der Welt achtlos behandeln mochte außer Katjuscha, die den Mittelpunkt des Ganzen darstellte. Um ihretwillen glänzte das Gold des Ikonostas und brannten all die Kerzen im Kronleuchter und in den Kandelabern, um ihretwillen erklangen die Jubelgesänge: »Der Herr ist auferstanden, freuet euch, ihr Menschen!« Und alles, was immer es Gutes in der Welt gab, war einzig für sie da. Auch Katjuscha selbst, so schien es Nechljudow, begriff offenbar, daß alles ringsum nur für sie bestimmt war. Das erschien ihm so, wenn er den Blick auf ihre schlanke Gestalt in dem weißen, gerafften Kleid und auf ihr strahlendes Gesicht richtete, an dessen konzentriertem Ausdruck er zu erkennen glaubte, daß genau dasselbe, was in seinem Herzen jubelte, auch das ihre erfüllte.

In der Pause zwischen der Früh- und der Spätmesse begab sich Nechljudow vor das Kirchenportal. Die Menge machte ihm den Weg frei und verneigte sich vor ihm. Die einen erkannten ihn, andere erkundigten sich, wer er sei. Auf der Treppe oben blieb er stehen. Von Bettlern umringt, verteilte er unter sie das ganze Kleingeld, das er bei sich hatte, und ging dann die Stufen hinunter.

Es war mittlerweile so weit hell geworden, daß man ringsum alles erkennen konnte, aber die Sonne ging noch nicht auf. An den die Kirche umgebenden Grabstätten kauerten überall Menschen. Katjuscha war noch in der Kirche geblieben, und Nechljudow blieb stehen, um auf sie zu warten.

Unterdessen kamen immer mehr Leute aus der Kirche, sie gingen, laut mit ihren eisenbeschlagenen Stiefeln polternd, die Stufen hinunter und zerstreuten sich auf dem Platz vor der Kirche oder auf dem Friedhof.

Ein weißhaariger Greis, der Zuckerbäcker Marja Iwanownas, kam mit zitterndem Kopf auf Nechljudow zu, um mit ihm den Osterkuß zu tauschen, während seine Frau, ein altes Mütterchen mit runzliger Kehle unter dem seidenen Kopftuch, ihrem Bündel ein goldgelb gefärbtes Ei entnahm und es Nechljudow reichte. Zugleich trat lächelnd ein stämmiger junger Bauer in einem Kittel mit grünem Gürtel heran.

»Christus ist auferstanden!« sagte er, indem er Nechljudow seine frischen vollen Lippen entgegenstreckte, ihn mit einem Hauch angenehmen, typisch bäuerlichen Geruchs umfing und ihn, mit seinem krausen Bart kitzelnd, dreimal auf den Mund küßte.

Noch während Nechljudow mit dem Bauern Küsse tauschte und von ihm ein dunkelbraunes Ei entgegennahm, erblickte er das schillernde Kleid Matrjona Pawlownas und daneben das reizende Köpfchen Katjuschas mit der roten Schleife im schwarzen Haar.

Sie entdeckte ihn sofort über die Köpfe der vor ihr gehenden Leute hinweg, und er sah, wie sich ihr Gesicht verklärte. Matrjona Pawlowna und Katjuscha blieben vor dem

Kirchenportal stehen und verteilten Almosen unter die Armen. Ein Bettler, in dessen Gesicht sich an Stelle der Nase eine verkrustete rote Narbe abzeichnete, trat an Katjuscha heran. Nachdem sie etwas aus ihrem Bündel genommen und es ihm gegeben hatte, beugte sie sich zu ihm hinüber und tauschte mit ihm, ohne sich im geringsten zu ekeln, nein, mit unverändert strahlenden Augen dreimal einen Kuß. Während sie den Bettler küßte, begegneten ihre Augen dem Blick Nechljudows. Es schien, als wollte sie fragen: Ist es recht, was ich tue?

Es ist recht, es ist recht, Liebste, alles ist gut und schön, und ich hab dich so lieb!

Sie kam mit Matrjona Pawlowna auf den Platz vor der Kirche, und Nechljudow gesellte sich zu ihnen. Ihn trieb nicht die Absicht, mit ihnen den Osterkuß zu tauschen, sondern einfach der Wunsch, in Katjuschas Nähe zu sein.

»Christus ist auferstanden!« sagte da Matrjona Pawlowna mit einem verschmitzten Lächeln, als wollte sie damit andeuten, daß es heute keine Standesunterschiede gäbe; zugleich wischte sie sich mit dem in der Hand zusammengeknüllten Taschentuch den Mund ab und hielt ihm ihre Lippen hin.

»Er ist wahrhaftig auferstanden«, antwortete Nechljudow und küßte sie.

Er wandte sich nach Katjuscha um. Sie wurde feuerrot und trat zugleich dicht an ihn heran.

»Christus ist auferstanden, Dmitri Iwanowitsch!«

»Er ist wahrhaftig auferstanden«, erwiderte Nechljudow. Sie küßten einander zweimal, zauderten einen Augenblick, als überlegten sie, ob sie fortfahren sollten, und küßten sich – gleichsam zu dem Schluß gekommen, daß es so nötig sei – ein drittes Mal. Beide lächelten.

»Wollen Sie nicht in die Kirche zurückgehen?« fragte Nechljudow.

»Nein, Dmitri Iwanowitsch, wir setzen uns lieber hier ein Weilchen hin«, antwortete Katjuscha, wie nach einer mit Freuden geleisteten Arbeit aus voller Brust schwer atmend, und blickte ihm dabei mit ihren leicht schielenden, Demut und Liebe ausdrückenden Augen offen an.

In der Liebe zwischen einem Mann und einer Frau tritt immer ein Augenblick ein, in dem die Liebe ihren Höhepunkt erreicht und aller Vernunftsgründe, Erwägungen und Sinnlichkeit bar ist. Einen solchen Augenblick erlebte Nechljudow in jener Nacht vor dem Ostersonntag, an dem die Auferstehung Christi gefeiert wird. Wenn er jetzt an Katjuscha zurückdachte, überdeckte die Erinnerung an das Zusammensein mit ihr in der Osternacht alle anderen mit ihr verbundenen Erinnerungen. Ihr Köpfchen mit dem glatt anliegenden, glänzend schwarzen Haar, das in Falten gelegte weiße Kleid, das keusch ihre schlanke Figur und den jungfräulich zarten Busen umschloß, die rosigen Wangen, der zärtliche Blick ihrer glänzenden, nach der schlaflosen Nacht ein wenig stärker schielenden schwarzen Augen und vor allem ein Zug, der ihrem ganzen Wesen das Gepräge gab: die Reinheit ihrer jungfräulichen Liebe, die sie – das wußte er – nicht nur für ihn, nicht nur für alles Gute und Schöne auf Erden empfand, sondern auch für den Bettler, den sie geküßt hatte, alles dies wurde in seinem Gedächtnis wieder wach.

Weil er eine solche Liebe in jener Nacht, an jenem Morgen selbst ausgekostet und gespürt hatte, wußte er, daß auch sie von ihr beseelt gewesen war, daß er mit ihr in dieser Liebe zu einer Einheit verschmolzen gewesen war.

Ach, wenn es bei jenem Gefühl geblieben wäre, das er in jener Nacht empfunden hatte! All das Schreckliche hat sich ja erst im Anschluß an jene lichte Osternacht zugetragen! dachte Nechljudow, während er im Geschworenenzimmer am Fenster saß.

Nach der Rückkehr aus der Kirche nahm Nechljudow zusammen mit seinen Tanten den zum Abschluß der Fastenzeit üblichen Imbiß zu sich und trank dazu, wie er es sich beim Regiment angewöhnt hatte, zur Kräftigung ein paar Schnäpse und Wein; dann ging er in sein Zimmer und schlief, ohne sich erst auszukleiden, auf der Stelle ein. Geweckt wurde er durch ein Klopfen an der Tür. An der Art des Klopfens erkannte er, daß sie es war; er richtete sich auf, rieb sich die Augen und reckte die Glieder.

»Katjuscha, bist du's? Komm herein!« rief er und sprang aus dem Bett.

Sie öffnete einen Spaltbreit die Tür.

»Sie möchten zum Essen kommen«, sagte sie.

Sie hatte noch dasselbe weiße Kleid an, aber nicht mehr die Schleife im Haar. Als sie ihm in die Augen blickte, erstrahlte sie so, als hätte sie ihm eine außergewöhnlich freudige Nachricht überbracht.

»Ich komme gleich«, antwortete er und griff nach dem Kamm, um sein Haar in Ordnung zu bringen.

Sie blieb noch einen Augenblick zögernd stehen. Er bemerkte ihr Zögern, warf den Kamm hin und ging auf sie zu. Doch nun drehte sie sich schnell um und eilte mit den ihr eigenen leichten, flinken Schritten über einen hanfleinenen Läufer den Korridor hinunter.

Ich Narr! dachte Nechljudow. Daß ich sie nicht zurückgehalten habe!

Er lief ihr nach und holte sie noch im Korridor ein.

Was er von ihr wollte, wußte er selber nicht. Doch er hatte das Gefühl, etwas versäumt zu haben, weil er, als sie zu ihm ins Zimmer kam, nicht das getan hatte, was jeder andere an seiner Stelle getan hätte.

»Katjuscha, einen Augenblick!« rief er ihr zu.

Sie wandte sich um.

»Was wünschen Sie?« fragte sie und blieb stehen.

»Nichts weiter, aber ...«

Er faßte sich ein Herz, dachte daran, wie alle anderen in einer solchen Situation handeln würden, und schlang den Arm um ihre Taille. Sie blickte ihm in die Augen.

»Nicht doch, Dmitri Iwanowitsch, nicht doch«, sagte

sie, bis zu den Haarwurzeln errötend, und schob mit ihrer rauhen, kräftigen Hand seinen Arm zurück.

Nechljudow gab sie frei, und für einen Augenblick fühlte er sich nicht nur unbeholfen und beschämt, sondern empfand geradezu Abscheu vor sich selbst. Er hätte sich von seinem Gefühl leiten lassen sollen, allein er begriff nicht, daß sich in dieser Beklommenheit und Scham die besten Eigenschaften seiner Seele offenbarten und nach außen drängten, sondern glaubte, sie seien eine Folge seiner Dummheit, nicht ebenso wie andere zu handeln.

Er lief ihr nochmals nach, umschlang sie und küßte sie auf den Hals. Dieser Kuß war indes von anderer Art als die ersten beiden – jener, den er ihr einst ganz unvermittelt hinter dem Fliedergebüsch, und der andere, den er ihr heute morgen vor der Kirche gegeben hatte. Dieser Kuß bedeutete Schlimmes, und das fühlte auch Katjuscha.

»Was tun Sie?« rief sie so verzweifelt, als hätte er endgültig etwas unendlich Kostbares zerstört, und hastete davon.

Er begab sich ins Speisezimmer. Beide Tanten, festlich gekleidet, der Hausarzt und eine Nachbarin standen vor dem Tisch, auf dem verschiedener Imbiß aufgetragen war. In alldem lag nichts Aufregendes, doch in Nechljudow tobte ein Sturm. Er verstand nicht, was zu ihm gesagt wurde, antwortete zerstreut und dachte einzig an Katjuscha und an das, was er empfunden, als er sie vorhin im Korridor eingeholt und geküßt hatte. Sooft sie den Raum betrat, spürte er, ohne sie anzusehen, mit allen Fibern seines Seins ihre Anwesenheit, und es kostete ihn große Überwindung, nicht zu ihr hinzublicken.

Nach dem Essen begab er sich sofort in sein Zimmer und ging dort lange auf und ab, wobei er auf alle Geräusche im Haus horchte und auf das Ertönen ihrer Schritte wartete. Jenes animalische Wesen, das sich in seinem Innern barg, hatte jetzt nicht nur das Haupt erhoben, es hatte mit Füßen das geistige Wesen zerstampft, das er bei seinem ersten Besuch und selbst noch heute morgen in der Kirche gewesen war: es übte jetzt die alleinige Herrschaft über ihn aus. Obwohl er Katjuscha unablässig auflauerte, glückte es ihm während dieses ganzen Tages kein einziges Mal, sie allein anzutreffen. Offenbar ging sie ihm aus dem Weg. Gegen Abend brachte es indes ein Zufall mit sich, daß sie in dem Zimmer zu tun hatte, das neben dem von Nechljudow bewohnten lag. Der Doktor blieb zur Nacht, und Katjuscha mußte dort das Bett für ihn richten. Als Nechljudow ihre Schritte hörte, schlich er ihr wie jemand, der ein Verbrechen im Schilde führt, auf Zehenspitzen und mit angehaltenem Atem ins Nebenzimmer nach.

Sie hatte beide Hände in den Kissenbezug gesteckt und hielt die Ecken des Kissens fest, als sie sich zu ihm umwandte und ihn lächelnd ansah; doch es war jetzt nicht wie früher ein fröhliches, freudiges Lächeln, sondern ein erschrockenes, schmerzliches. Dieses Lächeln schien ihm sagen zu wollen, daß das, was er vorhatte, schlecht sei. Einen Augenblick blieb er stehen. Noch bestand die Möglichkeit, gegen sich selbst anzukämpfen. Noch hörte er, wenn auch nur leise, in seinem Innersten die Stimme der reinen Liebe zu ihr, die ihm von *ihr*, von *ihren* Gefühlen, von *ihrem* Glück sprach. Aber eine andere Stimme sagte: Sieh zu, daß du dir nicht *deinen* Genuß, *dein* Glück entgehen läßt! Und diese zweite Stimme erstickte die erste. Er ging entschlossen auf Katjuscha zu. Das böse, nicht zu bändigende animalische Gefühl in ihm hatte ihn überwältigt.

Ohne sie aus den Armen zu lassen, zwang er Katjuscha, sich aufs Bett zu setzen, und setzte sich, in dem Gefühl, daß er nun weiter handeln müsse, neben sie.

»Dmitri Iwanowitsch, Herzensguter, lassen Sie mich doch bitte«, stammelte sie mit flehender Stimme. »Matrjona Pawlowna kommt!« schrie sie auf, als jetzt draußen Schritte laut wurden, und riß sich von ihm los.

»Dann komme ich in der Nacht zu dir!« raunte ihr Nechljudow zu. »Du schläfst doch allein?«

»Wo denken Sie hin? Um keinen Preis! Das geht nicht«,

widersprach sie; aber ihr ganzes erregtes und verwirrtes Wesen besagte etwas anderes als das, was ihr über die Lippen kam.

Es war wirklich Matrjona Pawlowna, deren Schritte man im Flur gehört hatte. Sie kam mit einer Bettdecke über dem Arm ins Zimmer, warf Nechljudow einen vorwurfsvollen Blick zu und erteilte Katjuscha einen strengen Verweis, weil sie eine falsche Decke genommen hatte.

Nechljudow ging schweigend hinaus. Er schämte sich nicht einmal. An Matrjona Pawlownas Gesichtsausdruck merkte er, daß sie ihn verurteilte, er sah auch ein, daß sie es mit Recht tat und daß alles, was er im Schilde führte, schlecht sei; doch das animalische Wesen in ihm, das sich vom Zwang seiner früheren reinen Liebe zu Katjuscha befreit hatte, beherrschte ihn jetzt ganz und ließ nichts anderes gelten. Er wußte nun, was er zur Befriedigung seines animalischen Wesens tun mußte, und suchte nur noch nach dem Weg, um es auszuführen.

Den ganzen Abend über quälte ihn eine innere Unruhe: bald ging er zu den Tanten, bald verließ er sie wieder und begab sich in sein Zimmer oder auf die Terrasse. Er dachte immer nur daran, wie er mit Katjuscha unter vier Augen zusammentreffen könnte; aber sie mied ihn, und überdies war Matrjona Pawlowna darauf bedacht, sie nicht aus den Augen zu lassen.

So verlief der ganze Abend, und die Nacht brach an. Der Doktor zog sich zurück, um zu Bett zu gehen. Auch die Tanten bereiteten sich für die Nachtruhe vor. Nechljudow wußte, daß sich Matrjona Pawlowna jetzt im Schlafzimmer der alten Damen aufhielt und Katjuscha allein im Mädchenzimmer sein mußte. Er trat wieder auf die Terrasse vor dem Haus. Draußen war es dunkel, und in der feuchten, warmen Luft lag jener milchige Nebel, der im Frühjahr den letzten Schnee vertreibt oder von tauenden Schneeresten ausgeht. Vom Fluß her, der sich etwa hundert Schritt vom

Haus entfernt am Abhang hinzog, schallten eigentümliche Laute herüber: Das Eis brach auf.

Nechljudow stieg die Stufen der Veranda hinunter und begab sich, durch die vereisten Lachen des geschmolzenen Schnees stapfend, zum Fenster des Mädchenzimmers. Sein Herz hämmerte so laut, daß er es hören konnte; bald stockte ihm der Atem, bald entlud er sich in einem schweren Aufseufzen. Im Mädchenzimmer brannte eine kleine Lampe. Katjuscha saß allein am Tisch und blickte in Gedanken versunken vor sich hin. Nechljudow beobachtete sie, ohne sich zu rühren, eine ganze Weile und wollte abwarten, was sie, in der Annahme, daß niemand sie sehe, tun werde. Zwei Minuten etwa blieb sie reglos sitzen, dann blickte sie auf, lächelte, schüttelte den Kopf, als wiese sie einen sich selbst gemachten Vorwurf zurück, legte, ihre Stellung wechselnd, beide Hände ruckartig auf den Tisch und starrte wieder vor sich hin.

Während Nechljudow am Fenster stand und zu ihr hinblickte, hörte er zugleich das Klopfen seines Herzens und die eigentümlichen Laute, die vom Fluß herüberdrangen. Dort, in dem über dem Fluß lagernden Nebel, vollzog sich unaufhörlich eine langsame Arbeit: bald zischte, bald krachte es, bald stürzte etwas ein, bald stießen, wie Glas klirrend, die dünnen Eisschollen zusammen.

Er sah von seinem Platz aus das versonnene, von schweren Gedanken zerquälte Gesicht Katjuschas, und sie tat ihm leid; doch seltsamerweise steigerte das Mitleid, das er für sie empfand, seine Begierde nach ihr nur noch mehr.

Diese Begierde beherrschte ihn jetzt ganz.

Er klopfte ans Fenster. Sie zuckte, wie von einem elektrischen Schlag getroffen, mit dem ganzen Körper zusammen, und in ihrem Gesicht drückte sich Entsetzen aus. Dann sprang sie auf, kam ans Fenster gelaufen und beugte das Gesicht zur Scheibe vor. Der Ausdruck von Entsetzen wich aus ihrem Gesicht auch nicht, als sie beide Hände scheuklappenartig an die Augen legte und ihn erkannte. Ihr

Gesicht war ungewöhnlich ernst, so wie er es noch nie gesehen hatte. Zu einem Lächeln verzog sie es nur – sich ihm gleichsam unterwerfend –, wenn er lächelte; aber in ihrem Herzen war kein Lächeln, nur Entsetzen. Er machte ihr ein Zeichen, zu ihm auf den Hof zu kommen. Aber sie schüttelte den Kopf und blieb am Fenster stehen. Er drückte das Gesicht nochmals gegen die Scheibe und wollte ihr zurufen, sie möge doch herauskommen; aber in diesem Augenblick wandte sie sich zur Tür: anscheinend war sie von jemand gerufen worden. Nechljudow zog sich vom Fenster zurück. Der Nebel war jetzt so dicht, daß man fünf Schritt vom Haus entfernt nichts mehr von den Fenstern, sondern nur noch eine dunkle Masse sah, aus der ungeheuer groß das Licht der Lampe hervorleuchtete. Vom Fluß her tönte immer noch das eigentümliche Zischen, das Knistern, Krachen und Klirren des Eises herüber. Durch den Nebel hindurch hörte er auf dem Hof einen Hahn krähen, in der Nähe antworteten andere, und aus der Ferne schallte, sich gegenseitig überbietend und dann miteinander verschmelzend, das Krähen der Dorfhähne herüber. Sonst war es ringsum ganz still. Es war in dieser Nacht bereits das zweite Krähen der Hähne.

Nachdem Nechljudow hinter der Hausecke, mit dem Fuß mehrmals in Pfützen versinkend, eine Weile auf und ab gegangen war, begab er sich aufs neue ans Fenster des Mädchenzimmers. Die Lampe brannte immer noch, und Katjuscha saß wieder am Tisch und schien etwas zu überlegen. Kaum daß er herangetreten war, da richtete sie den Blick auf das Fenster. Er klopfte. Ohne sich erst zu vergewissern, wer geklopft hatte, lief sie nun schnell aus dem Zimmer, und er hörte, wie die Außentür knarrend aufging. Schon im nächsten Augenblick stand er vor dem Flurausgang und schloß sie wortlos in die Arme. Sie schmiegte sich an ihn, hob den Kopf und bot ihre Lippen seinem Kusse dar. Ganz von seinen quälenden, unbefriedigten Wünschen besessen, stand er mit ihr an der Hausecke auf einer schon schneefreien, trockenen Stelle. Plötzlich knarrte abermals die Flurtür, und zugleich ertönte Matrjona Pawlownas zornige Stimme: »Katjuscha!«

Sie riß sich von ihm los und kehrte ins Mädchenzimmer zurück. Er hörte, wie der Türriegel vorgeschoben wurde. Gleich darauf trat ringsum Stille ein, der rote Schein im Fenster erlosch, und nur vom Fluß her war noch das Getöse des Eisgangs zu hören.

Nechljudow trat an das Fenster heran – niemand war zu sehen. Er klopfte – nichts rührte sich. Nun kehrte er durch das Hauptportal ins Haus zurück, ging jedoch nicht zu Bett. Er zog die Stiefel aus und schlich im Korridor an die Tür zu Katjuschas Zimmer, das neben dem Matrjona Pawlownas lag. Anfangs hörte er, wie Matrjona Pawlowna ruhig schnarchte, und wollte schon bei Katjuscha eintreten, als Matrjona Pawlowna plötzlich zu husten begann und sich im knarrenden Bett auf die andere Seite drehte. Er erstarrte und blieb ein paar Augenblicke reglos stehen. Nachdem alles wieder ruhig geworden war und aufs neue das ruhige Schnarchen Matrjona Pawlownas ertönte, ging er – ängstlich bemüht, das Knarren der Dielenbretter zu vermeiden – weiter und blieb an Katjuschas Tür stehen. Nichts war zu hören. Zu schlafen schien sie jedoch nicht, denn er vernahm keine Atemzüge. Und als er nun leise ihren Namen rief, kam sie an die Tür gestürzt und redete, scheinbar entrüstet, auf ihn ein, wieder zu gehen.

»Gehört sich denn so was? Wie können Sie bloß? Ihre Tanten werden es noch hören!« strömten ihr die Worte über die Lippen, während ihr ganzes Wesen sagte: Ich bin dein!

Und nur dies hörte Nechljudow heraus.

»Mach wenigstens für einen Augenblick auf! Ich beschwöre dich«, stammelte er, seiner selbst nicht mehr mächtig.

Sie sagte nichts mehr, doch dann hörte er, wie sie mit der Hand nach dem Riegel tastete. Der Riegel knirschte, und er drang durch die aufgehende Tür zu ihr ein.

So wie sie vor ihm stand, nur mit einem grobleinenen ärmellosen Hemd bekleidet, ergriff er sie und trug sie auf seinen Armen zur Tür hinaus.

»Ach! Was machen Sie?« stammelte sie.

Doch er achtete nicht auf ihre Worte und trug sie in sein Zimmer.

»Ach, das ist nicht recht, lassen Sie mich!« sagte sie, schmiegte sich aber zugleich an ihn.

Nachdem sie ihn zitternd und schweigend, ohne auf seine Worte zu antworten, wieder verlassen hatte, ging er auf die Veranda hinaus und blieb stehen, um seine Gedanken zu sammeln und über die Bedeutung des Geschehenen Klarheit zu gewinnen.

Draußen war es mittlerweile heller geworden. Unten, auf dem Fluß, hatte sich das Knistern, Krachen und Klirren der Eisschollen noch verstärkt, und zu den vorherigen Geräuschen war noch das Plätschern von Wasser hinzugekommen. Der Nebel begann zu sinken, und aus seinem Schleier schob sich langsam der abnehmende Mond hervor und beleuchtete trübselig etwas Schwarzes und Schreckliches.

Was ist mir nun widerfahren – ein großes Glück oder ein großes Unglück? fragte sich Nechljudow. So ist es immer, so machen es alle, antwortete er sich selbst und kehrte ins Haus zurück, um zu Bett zu gehen.

Um Nechljudow abzuholen, traf am nächsten Tag Schönbock auf dem Gut ein, ein schneidiger, lebensfroher Offizier, der die Tanten sofort durch Eleganz, Liebenswürdigkeit, Fröhlichkeit und Freigebigkeit sowie durch Anhänglichkeit an Dmitri bezauberte. Seine Freigebigkeit imponierte den alten Damen sehr, versetzte sie aber durch ihr übertriebenes Ausmaß doch in einige Verwirrung. Er gab blinden Bettlern, die aufs Gut kamen, einen ganzen Rubel, verteilte fünfzehn Rubel Trinkgelder an das Hauspersonal, und als sich Sjussetka, das Schoßhündchen Sofja Iwanownas, während seines Aufenthalts eine Pfote wundgerieben hatte, zerriß er, ohne sich auch nur einen Augenblick zu besinnen, sein handgesäumtes Batisttaschentuch (Sofja Iwanowna wußte, daß solche Taschentücher mindestens fünfzehn Rubel je Dutzend kosteten) und benutzte es zum Verbinden des Hündchens. Die alten Damen hatten so etwas noch nicht erlebt und wußten nicht, daß Schönbock zweihunderttausend Rubel Schulden hatte, die er – darüber war er sich im klaren – nie tilgen würde, so daß für ihn fünfundzwanzig Rubel mehr oder weniger überhaupt keine Rolle spielten.

Schönbock blieb nur einen Tag und reiste in der darauffolgenden Nacht zusammen mit Nechljudow ab. Sie konnten nicht länger warten, weil bereits die letzte Frist für ihre Meldung beim Regiment gekommen war.

An diesem letzten bei den Tanten verbrachten Tag, als er sein Erlebnis der vorausgegangenen Nacht noch frisch in Erinnerung hatte, lagen in Nechljudows Seele zwei verschiedene Gefühle miteinander im Widerstreit: das eine bestand in der Erinnerung an den Genuß glühender sinnlicher Liebe, obgleich ihm diese bei weitem nicht gegeben, was sie verheißen hatte, sowie in einer gewissen Selbstzufriedenheit darüber, das gesteckte Ziel erreicht zu haben; das andere beruhte auf der Erkenntnis, daß er etwas sehr Schlechtes getan hatte und daß dieses Schlechte, wenn auch nicht dem Mädchen zuliebe, so doch seinetwegen wieder in Ordnung gebracht werden mußte.

In dem Zustand wahnwitziger Selbstsucht, von dem Nechljudow damals beherrscht war, dachte er nur an seine eigene Person, nur daran, ob und inwieweit man ihn verurteilen würde, wenn es herauskäme, wie er an Katjuscha gehandelt hatte; wie ihr zumute war, wie sich ihr Schicksal gestalten werde, darüber machte er sich keine Gedanken.

Er wußte, daß Schönbock seine Beziehungen zu Katjuscha erraten hatte, und das schmeichelte seiner Eigenliebe.

»Daher also plötzlich eine so große Liebe zu deinen Tanten, daß du gleich eine ganze Woche hiergeblieben bist«, hatte Schönbock zu ihm gesagt, nachdem er Katjuscha gesehen hatte. »Na, auch ich wäre da an deiner Stelle nicht abgereist. Ein Prachtmädel!«

Er dachte auch daran, daß es zwar schade sei abzureisen, ohne vorher die Liebe zu Katjuscha vollauf ausgekostet zu haben, daß die Notwendigkeit der Abreise aber insofern etwas Gutes hatte, als sich dadurch ganz von selbst der Abbruch seiner Beziehungen zu ihr ergab, deren Aufrechterhaltung ja doch schwierig gewesen wäre. Ferner dachte er daran, daß er ihr Geld geben müsse – nicht um ihretwillen, nicht weil sie das Geld vielleicht nötig haben würde, sondern weil das immer so gemacht wird und man ihn für ehrlos halten könnte, wenn er, nachdem er sie ausgenutzt hatte, nicht dafür bezahlte. So beschloß er denn auch, ihr einen Betrag zu geben, den er seiner und ihrer Lage nach für angemessen hielt.

Am Tag der Abreise lauerte er ihr nach dem Mittagessen im Flur auf. Als sie ihn erblickte, wurde sie feuerrot und wollte, mit den Augen auf die offenstehende Tür des Mädchenzimmers deutend, an ihm vorübergehen; doch er hielt sie zurück.

»Ich möchte mich verabschieden«, sagte er, während er in der Hand den Umschlag mit einem Hundertrubelschein zusammenknüllte. »Hier habe ich ...«

Sie erriet, worum es sich handelte, verzog unwillig das Gesicht, schüttelte den Kopf und stieß seine Hand zurück.

»So nimm doch«, murmelte er und steckte ihr den Umschlag in den Ausschnitt; dann lief er, als hätte er sich die Hand versengt, zutiefst aufgewühlt und stöhnend in sein Zimmer.

Dort ging er noch lange auf und ab, krümmte sich, setzte sich, sprang wieder auf und stöhnte laut, wie von einem physischen Schmerz gequält.

Doch was war zu tun? So geht es immer. So war die Liebschaft zwischen Schönbock und der Gouvernante ausgegangen, von der ihm dieser erzählt hatte, so war es mit Onkel Grischa und auch mit seinem eigenen Vater gewesen, als diesem während seines Landaufenthalts von einem Bauernmädchen ein unehelicher Sohn geboren wurde – jener Mitenka, der auch jetzt noch am Leben war. Und wenn alle dasselbe tun, dann muß es doch wohl in Ordnung sein. Mit solchen Erwägungen versuchte sich Nechljudow zu trösten, vermochte es jedoch nicht. Die Erinnerung an das Geschehene lag ihm brennend auf dem Gewissen.

Im Grunde, im tiefsten Grunde seines Herzens war er sich bewußt, schlecht, gemein und grausam gehandelt zu haben und daß es ihm infolge seines eigenen Vergehens nicht nur nicht zustand, über irgend jemand anders abfällig zu urteilen, sondern auch unmöglich war, den Menschen frei ins Auge zu blicken, geschweige denn, sich für den untadeligen, hochgesinnten jungen Mann zu halten, der zu sein er sich einbildete. Diese Einbildung brauchte er indessen, um das fröhliche, unbekümmerte Leben fortzusetzen. Und hierfür gab es nur ein Mittel: solche Gedanken zu unterdrücken. So verfuhr er auch.

Das veränderte Leben, das jetzt für ihn begann – neue Eindrücke, der Krieg, die Kameraden –, half ihm dabei. Je mehr Zeit verstrich, um so seltener dachte er an das Gewesene zurück und vergaß es schließlich ganz.

Nur einmal, als er nach dem Krieg, in der Hoffnung, Katjuscha wiederzusehen, nochmals seine Tanten besuchte und von ihnen hörte, sie sei nicht mehr bei ihnen, sondern habe bald nach seiner Abreise ihre Stellung aufgegeben, weil sie ein Kind erwartete, sie sei dann auch wirklich irgendwo niedergekommen und seitdem dem Vernehmen nach völlig auf die schiefe Ebene geraten – da preßte sich sein Herz zusammen. Der Zeit nach zu urteilen, konnte das Kind von ihm, doch ebensogut auch von sonstjemand sein. Die Tanten meinten, Katjuscha sei ebenso wie ihre Mutter ein verdorbenes, von Natur aus zu einem lockeren

Lebenswandel geneigtes Geschöpf gewesen. Dieses Urteil der Tanten war ihm sogar angenehm, weil es ihn gewissermaßen entlastete. Anfangs hatte er dennoch die Absicht, sie und das Kind ausfindig zu machen, doch dann unterließ er es – gerade deshalb, weil ihm die Erinnerung daran im Grunde seines Herzens doch zu schmerzlich und beschämend war –, die Nachforschungen mit dem nötigen Nachdruck zu betreiben. Er vergaß seine Sünde nun vollends und hörte auf, daran zu denken.

Erich Kästner

Die Entlarvung des Osterhasen

Ich muß ein geradezu reizendes Kind gewesen sein. –

Wer mich noch nicht lange genug oder gar nicht kennt, der kann das nicht beurteilen. Denn ich habe mich im Laufe der Jahre ziemlich verändert ... Trotzdem soll mich niemand um Photographien aus jener Zeit bitten, damit er meine damaligen Vorzüge begreife! Nicht etwa, daß solche Photographien nicht existieren! Aber Sie werden mir nicht gerecht; ich bin darauf einfach nicht gut getroffen.

Eher möchte ich schon empfehlen, sich an meine Mutter zu wenden, deren Adresse mitzuteilen ich gern erbötig bin. Ihre Auskünfte, sicher auch die meiner Tante Lina, ferner die weit zurückreichenden Erinnerungen des Fräuleins Haubold aus der Färbereifiliale und der Bäckermeisterin Wirth – um nur einige Kronzeugen meiner Kindheit zu nennen –, kurz, eine imposante Summe des vollsten Vertrauens werter mündlicher Überlieferung wäre recht wohl dazu geeignet, auch den letzten Zweifel gegenüber meiner Behauptung zu entkräften, die ich zu meinem eigenen Bedauern wie einen mathematischen, jedes Beweises gern entratenden Lehrsatz wiederholen will: Ich muß ein geradezu reizendes Kind gewesen sein. –

Nichts wird dem, der Gemüt zu besitzen vorgibt, verständlicher sein, als daß ich mich mit einer ans Leidenschaftliche grenzenden Vorliebe jenes vergangenen Lebensabschnittes erinnere, in dem es mir vergönnt war, staunende Beachtung zu finden. Ja, ohne Übertreibung darf ich es aussprechen: Ich werde mir unvergeßlich bleiben ...

Wie wundervoll war es doch, das Raunen der Erwachsenen zu kosten, wenn ich anläßlich der öffentlichen Osterprüfungen vor das Katheder trat, um ein Gedicht von Viktor Blüthgen oder Ludwig Uhland zu deklamieren! Wie ergriff mich die Feststellung, daß die Augen des Oberlehrers voller Zärtlichkeit auf mir ruhten und daß über die Wangen auch der neidischsten Mütter Tränen der Rührung bis zu Erbsengröße rollten!

Oft hat man böse Worte gegen die Musterschüler gesprochen und geschrieben; man hat sehr unrecht daran getan. Mehr sage ich nicht, obwohl gerade ich dazu berufen wäre; denn ich war ein Musterschüler, wie er prächtiger und exemplarischer nicht wieder zur Welt kommen dürfte ...

Musterschüler zu sein ist eine keineswegs jedem Beliebigen zugängliche Aufgabe. Es ist vielmehr ein Talent, dessen Geheimnis darin besteht, den Lehrern nicht nur Freude zu machen, sondern sogar Freude an ihnen zu haben. Wer zweifelt noch daran, daß dies besondere Eignung voraussetzt?

Am liebsten rufe ich Erinnerungen an das erste Schuljahr wach ...

Denn jener Schritt, mit dem ich über die Schwelle des Klassenzimmers stolperte, daß die Zuckertüte ihre bunte Spitze und ihren süßen Inhalt verlor – jener Schritt bedeutete das Heraustreten des Kindes aus dem engen Kreis der Familie in die Bezirke des öffentlichen Lebens; jener Schritt galt gewissermaßen der erstmaligen Ausübung staatsbürgerlicher Pflichten.

Ich wage nicht zu behaupten, daß mir damals die ganze Schwere jenes stolpernden Schrittes klar zum Bewußtsein gekommen wäre. Das wohl nicht. Aber im Herzen des zum Bürger geborenen Kindes muß sich dergleichen instinktiv geltend machen, ehe es mit dem Kopfe begriffen wird. So erging es mir. –

Und ähnlich, wie ich die Bedeutung des Schulbeginns empfand, sollte ich bald auch die der Persönlichkeit nachteiligen Folgen des öffentlichen Lebens spüren. –

Der Lehrer meines ersten Schuljahres hieß Bremser. Genauer: Herr Bremser.

Ihm verdanke ich wesentliche Förderungen. Sein Name soll mich nicht ungerecht machen. Ohne jede Übertreibung darf ich sogar sagen: Ich habe seitdem nicht mehr allzuviel hinzugelernt. Natürlich einzelne Dinge, tausend Zahlen, windige Neuigkeiten, das wohl. Doch was ich ihm verdanke, ist weit mehr. Er lehrte mich die Wirklichkeit sehen; er ließ mich wissen, daß nichts ohne Ursachen und Folgen geschieht und daß die Phantasie ein Organ ist, das weggeschnitten zu werden verdiente, da es doch nichts nützt und, wenn es sich bemerkbar macht, schlimme Erkrankungen hervorruft.

Und das kam so: Die letzte Stunde vor den Osterferien – ein ganzes Jahr war bereits verflossen –, diese letzte Stunde wurde weder mit komplizierten Schreibübungen noch mit einstelligen Rechenkünsten zugebracht, sondern mit improvisierten Darbietungen des Lehrers selber. Eine fraglos schöne alte Sitte. Er ging so weit, daß er uns fragte, was er denn nun erzählen solle.

Wie ein Magier, der jeden Wunsch zu erfüllen imstande ist, lehnte er seine halbkugelrunde Weste gegen die Bordkante des Katheders und ließ Blicke väterlicher Güte über die kleinen Männer gleiten. Da zuckte es in den vorschriftsmäßig gefalteten Händen; da wurden die arglosen Gesichter nachdenklich; da gingen die wunderlichsten Wünsche und Rätsel hinter den sauber gekämmten Haarschöpfen spazieren.

Herr Bremser war die Geduld in Person. Ermunternd wanderten seine Augen von einem zum anderen. Schließlich sagte irgendein munteres Stimmchen: »Etwas vom Osterhasen!« Dieser Wunsch war, da Ostern vor der Schultür stand, vollkommen begreiflich. Und ebenso begreiflich war es, daß alle einverstanden waren. Jeder war willens, etwas vom Osterhasen zu hören. Freilich nicht die allgemein bekannten Tatsachen vom Legen, Färben und Verstecken der Eier, nein, etwas Apartes! Am liebsten eine kleine spannende Geschichte, in der jener wundervolle Hase die Heldenrolle spielen sollte …

Herr Bremser nickte mit dem Kopf, schwenkte das eine Bein über die Kathederecke, wie er das so zu tun liebte, schaute sinnend in den Schulgarten hinaus, der schon zu grünen anhub, räusperte sich und fragte: »Ja, glaubt ihr denn noch an den Osterhasen?« Und von dem Bedürfnis hingerissen, Kinderpsychologie experimentell zu betreiben, fuhr er fort: »Also – wer noch an den Osterhasen glaubt, der hebe die Hand!« Schon reckte er den Arm, um besser zählen zu können. –

Aber niemand hob die Hand ... So sicher es war, daß alle an den Osterhasen glaubten, so klar wurde es ihnen plötzlich, daß dieser Glaube ein Zeichen von Dummheit sei. Welcher Mensch aber hat den Mut, sich zu seiner Dummheit zu bekennen? Und gar welches Kind?

Mit einem Male wußten alle, daß es keinen Osterhasen gab. Niemand wußte noch, wie sich das Eierlegen sonst erklären lasse. Nun, diesen Bildungsdefekt zu beheben war das Werk einer kurzen Stunde.

Der radikale Inventurausverkauf unseres Märchenglaubens kam überraschend. Ich kann es nicht leugnen. Und daß ich zu Hause schrecklich geheult habe und daß meine Mutter sehr geschimpft hat, weiß ich noch recht gut.

Aber, nicht wahr, was will das besagen gegenüber der Tatsache, daß man uns an diesem Tage menschenunwürdigen Einbildungen entriß! Nun waren wir doch auf der kerzengeraden Marschroute in den Konfirmationsanzug! Noch ein paar Jahre Addieren und Dividieren, Bibelsprüche und Gesangbuchverse, Jangtsekjang und Ludwig den Bayern – das war das wenigste ...

An jenem Tage ging eine neue Sonne auf und eine alte Welt unter ...

Im Ernst: Wenn ich meinem Lehrer noch einmal begegnen sollte – der Wahrscheinlichkeitsrechnung nach kann er noch rüstig am Leben sein –, ich würde ihm sagen: »Werter Herr! Sie waren seinerzeit so liebenswürdig, mich etwas plötzlich auf die Wirklichkeit vorzubereiten, als Sie den

Osterhasen umbrachten. Beim Fortschritt der Menschheit, an den Sie glauben, das war für mich ein wenig hart. Und wüßte ich, daß Sie noch heute an jenen Fortschritt glauben – ich bin gern bereit, Sie von diesem Märchen zu erlösen. Eine Liebe ist der andern wert.«

Aber er wird mir nicht begegnen. Und das ist ebenso gut. –

Heute hat sich wohl auch das geändert. Heute sagen die Kinder, während sie zur Welt kommen, zu ihren Eltern: »Also, daß ihr es wißt! Die Geschichte mit dem Storch, die könnt ihr euch schenken! Apropos, was haltet ihr vom Darwinismus?«

Ja, der Fortschritt …

Quellenverzeichnis

Siegfried Lenz: Der Ostertisch. Aus: Siegfried Lenz, So zärtlich war Suleyken. © 1955 by Hoffmann und Campe Verlag, Hamburg

Anatole France: Der Christus aus dem Ozean. Aus: Moderne französische Erzählungen. Hrsg. und übers. von Ulrich Friedrich Müller. © der deutschen Übersetzung Verlag Langenwiesche-Brandt KG, Ebenhausen 1962
Aus dem Französischen von Ulrich Friedrich Müller

Vladimir Nabokov: Osterregen. Aus: Vladimir Nabokov, Erzählungen 1. 1921–1934. Gesammelte Werke Bd. 13. © 1966, 1983, 1989 by Rowohlt Verlag GmbH, Reinbek 1997
Aus dem Russischen von Rosemarie Tietze

William Faulkner: Schall und Wahn. Aus: William Faulkner, Schall und Wahn. © 1956 by Fretz & Wasmuth Verlag AG Zürich. © der revidierten Übersetzung 1973 Diogenes Verlag Zürich
Aus dem Amerikanischen von Helmut Braem und Elisabeth Kaiser

Hermann Hesse: Die Verlobung. Aus: Hermann Hesse, Sämtliche Werke, Bd. 7. © Suhrkamp Verlag, Frankfurt am Main 2001

Alexander Kuprin: Wie eine Familie. Deutsche Erstveröffentlichung. © der deutschen Übersetzung Aufbau Taschenbuch Verlag GmbH, Berlin 2003
Aus dem Russischen von Margit Bräuer

Wolfdietrich Schnurre: Wovon man lebt. Aus: Wolfdietrich Schnurre, Als Vaters Bart noch rot war. © 1996 Berlin Verlag, Berlin

Guy de Maupassant: Im Frühling. Aus: Guy de Maupassant, Novellen 1875–1881. © der deutschen Übersetzung Aufbau-Verlag Berlin und Weimar 1982
Aus dem Französischen von Christel Gersch

Selma Lagerlöf: Das Rotkehlchen. Aus: Selma Lagerlöf, Gesammelte Werke, Bd. 2: Geschichten und Legenden. © 1948 by Nymphenburger in der F. A. Herbig Verlagsbuchhandlung, München
Aus dem Schwedischen von Marie Franzos

Gustavo Adolfo Bécquer: Das Miserere. Aus: Gustavo Adolfo Bécquer, Die grünen Augen. © der deutschen Übersetzung Klett-Cotta, Stuttgart 1982
Aus dem Spanischen von Fritz Vogelsang

Jitzchak Leib Perez: Der Zauberkünstler. Aus: Jitzchak Leib Perez, Volkstümliche Erzählungen, Jüdischer Verlag, Berlin 1913
Aus dem Jiddischen von Mathias Acher

Wladimir Korolenko: Die Nacht vor dem Auferstehungsfest. Aus: Russische Ostergeschichten. Hrsg. von Bernd Rullkötter. © der deutschen Übersetzung Verlag Herder, Freiburg/Basel/Wien 1984
Aus dem Russischen von Barbara Conrad

Antonio Carbonaro: Ostern. Aus: Über Grenzen/Berichte, Erzählungen, Gedichte von Ausländern. Hrsg. von Karl Esseborn, Deutscher Taschenbuchverlag, München 1987. © beim Autor

Ana Maria Matute: Das Osterlämmchen. Aus: Ana Maria Matute, Seltsame Kinder, Verlag Die Arche, Zürich 1961. © der spanischen Originalfassung bei der Autorin
Aus dem Spanischen von Gerda Theile-Bruns

Hans-Henner Hess: Osterglühen. Erstveröffentlichung. © Aufbau Taschenbuch Verlag GmbH, Berlin 2003

Anton Tschechow: Ein unbedeutender Mensch. Aus: Anton Tschechow, Vom Regen in die Traufe. © der deutschen Übersetzung Rütten & Loening, Berlin 1964
Aus dem Russischen von Gerhard Dick und Ada Knipper

Marie Luise Kaschnitz: Der Deserteur. Aus: Marie Luise Kaschnitz, Lange Schatten. © 1993 Claassen Verlag, München

Selim Özdogan: Opferfest. Erstveröffentlichung. © Aufbau Taschenbuch Verlag GmbH, Berlin 2003

Leonid Andrejew: Bargamot und Garaska. Aus: Leonid Andrejew, Das rote Lachen. © der deutschen Übersetzung Aufbau-Verlag Berlin und Weimar 1986
Aus dem Russischen von Charlotte Kossuth

Oscar Wilde: Der eigensüchtige Riese. Aus: Oscar Wilde, Sämtliche Märchen und Erzählungen. © der deutschen Übersetzung Dieterich'sche Verlagsbuchhandlung, Leipzig 1959
Aus dem Englischen von Alice Seiffert

Scholem Alejchem: Pessach im Dorfe. Aus: Izchok Lejb Perez/Scholem Alejchem, Ein Zwiegespräch, Dieterich'sche Verlagsbuchhandlung, Leipzig 1981
Aus dem Jiddischen von Alexander Eliasberg

Tanja Dückers: Osterfeuer. Aus: Tanja Dückers, Café Brazil. © Aufbau-Verlag GmbH, Berlin 2001

Lew Tolstoi: Auferstehung. Aus: Lew Tolstoi, Gesammelte Werke in zwanzig Bänden, Bd. 11. © der deutschen Übersetzung Rütten & Loening, Berlin 1969
Aus dem Russischen von Hermann Asemissen

Erich Kästner: Die Entlarvung des Osterhasen. Aus: Neue Leipziger Zeitung vom 12. April 1925. © Atrium Verlag, Zürich und Thomas Kästner

Geschichten für alle Fälle: Anthologien bei AtV

Statt Blumen
Die schönsten Geschichten von Liebe und Freundschaft
Blumen vergessen? Erfreuen Sie Ihre Lieben mit diesem originellen Buch! Statt Blumen die schönsten Geschichten von Liebe und Freundschaft, von Leidenschaft, Trennung und Wiederfinden, erzählt von Theodor Storm, Hans Fallada, Lion Feuchtwanger, Klaus Mann, Marieluise Fleißer, Carl Zuckmayer, Günter de Bruyn und vielen anderen. *Ausgewählt von Elga Abramowitz. 272 Seiten. AtV 1659*

Neues vom Storch
Geschichten vom Kinderkriegen
Wenn Rassel, Fläschchen und Windeln in die Wohnung Einzug halten, wird es ernst, und man begreift: Bald kommt ein Baby. Von Freude und Verwirrtheit, Hoffnungen und Plänen, aber auch von der Melancholie der vergehenden Zeit erzählen in den Geschichten dieses Bandes u. a. Michail Bulgakow, Christine Nöstlinger, John Updike, Ernest Hemingway, Irmtraud Morgner und Erich Loest.
264 Seiten. AtV 1336

Hunde wie wir
Geschichten über den besten Freund des Menschen
Hunde wie wir haben's schwer in letzter Zeit. Manche von uns sind ziemlich in Verruf geraten. Aber die meisten sind treue Gefährten des Menschen und eigentlich sehr liebenswert. Geschichten aus dem Hundeleben erzählen Ihnen Anton Tschechow, Franz Kafka, Hans Fallada, Jaroslav Hašek, Patricia Highsmith u. v. a.
Ausgewählt von Elga Abramowitz. 268 Seiten. AtV 1708

Miau! Mio!
Die frechsten Katzengeschichten
Hat Ihre Katze schon mal versucht, einen Ehepartner für Sie aufzutreiben? Oder trägt sie gar die Schuld an einem Mord? Unsere Sammlung beweist einmal mehr: Katzen sind den Menschen einfach überlegen! Wenn Sie Katzen mögen, werden Ihnen diese Geschichten von Mark Twain, Rudyard Kipling, Ann Granger u. v. a. gefallen.
Herausgegeben von Lesley O'Mara. 268 Seiten. AtV 1337

Tut's noch weh?
Geschichten zum Gesundwerden
Die in diesem Band versammelten Geschichten versprechen Linderung für Gebrechen jedweder Art. Mark Twain weiß, wie man eine Erkältung kuriert, Strittmatter berichtet von seiner zweiten Geburt, Tschechows Apothekersfrau hat Elixiere für Liebeskummer und andere Leiden, und Ludwig Thoma gelobt nach einer Nikotinvergiftung endlich Besserung.
Herausgegeben von Franziska Günther-Herold. 237 Seiten. AtV 1718

AtV

Noch mehr Herz als Kopf: Junge Literatur bei AtV